Journalistische Praxis

Gründungsherausgeber
Walther von La Roche, München, Deutschland

Reihe herausgegeben von
Gabriele Hooffacker, Leipzig, Deutschland

EBOOK INSIDE

Die Zugangsinformationen zum eBook inside finden Sie am Ende des Buchs.

Der Name ist Programm: Die Reihe Journalistische Praxis bietet ausschließlich praxisorientierte Lehrbücher für Berufe rund um Journalismus und Medien. Praktiker aus Redaktionen und aus der Journalistenausbildung zeigen, wie's geht, geben Tipps und Ratschläge. Alle Bände sind Leitfäden für die Praxis - keine Bücher über ein Medium, sondern für die Arbeit in und mit einem Medium. Walther von La Roche begründete die Reihe 1975 mit der „Einführung in den praktischen Journalismus" (heute: „La Roches Einführung in den praktischen Journalismus"). Seit 2013 erscheinen die Bücher bei SpringerVS.

Die gelben Bücher mit ihren Webauftritten geben allen, die journalistisch tätig sind oder sein wollen, ein realistisches Bild von den Anforderungen redaktionellen Arbeitens und zeigen, wie man sie bewältigt. Lehrbücher wie „Recherchieren", „Informantenschutz", „Frei sprechen" oder „Interviews führen" konzentrieren sich auf Tätigkeiten, die in mehreren journalistischen Berufsfeldern gefordert sind. Andere Bände führen in das professionelle Arbeiten bei einem Medium ein (die Klassiker zu Radio-, Fernseh- oder Online-Journalismus). Es gibt Bücher zu journalistischen Techniken („VR-Journalismus", „Mobiler Journalismus" oder „Social Media für Journalisten"), und zu Berufsfeldern wie Pressearbeit und Corporate Media („Pressearbeit praktisch") oder redaktionellem Arbeiten für Unternehmen oder Institutionen („Gebrauchstexte schreiben").

Jeden Band zeichnet ein gründliches Lektorat und sorgfältige Überprüfung der Inhalte, Themen und Ratschläge aus. Sie werden regelmäßig überarbeitet und aktualisiert, oft in weiten Teilen neu geschrieben, um der rasanten Entwicklung in Journalismus und Medien Rechnung zu tragen. Viele Bände liegen inzwischen in der dritten, vierten, achten oder noch höheren Auflagen vor wie La Roches „Einführung" selbst. Allen Bänden gemeinsam ist der gelbe Einband. Deshalb ist die Reihe unter Lehrenden, Studierenden und angehenden Journalistinnen und Journalisten auch als „Gelbe Reihe" bekannt.

Martin Beils

Sportjournalismus

Formate und Produkte in zeiten von Digitalisierung und Globalisierung

Martin Beils
Leichlingen, Deutschland

ISSN 2524-3128　　　　　　ISSN 2524-3136　(electronic)
Journalistische Praxis
ISBN 978-3-658-40903-6　　　ISBN 978-3-658-40904-3　(eBook)
https://doi.org/10.1007/978-3-658-40904-3

Die Deutsche Nationalbibliothek verzeichnet diese Publikation in der Deutschen Nationalbibliografie; detaillierte bibliografische Daten sind im Internet über https://portal.dnb.de abrufbar.

© Der/die Herausgeber bzw. der/die Autor(en), exklusiv lizenziert an Springer Fachmedien Wiesbaden GmbH, ein Teil von Springer Nature 2023
Das Werk einschließlich aller seiner Teile ist urheberrechtlich geschützt. Jede Verwertung, die nicht ausdrücklich vom Urheberrechtsgesetz zugelassen ist, bedarf der vorherigen Zustimmung des Verlags. Das gilt insbesondere für Vervielfältigungen, Bearbeitungen, Übersetzungen, Mikroverfilmungen und die Einspeicherung und Verarbeitung in elektronischen Systemen.
Die Wiedergabe von allgemein beschreibenden Bezeichnungen, Marken, Unternehmensnamen etc. in diesem Werk bedeutet nicht, dass diese frei durch jedermann benutzt werden dürfen. Die Berechtigung zur Benutzung unterliegt, auch ohne gesonderten Hinweis hierzu, den Regeln des Markenrechts. Die Rechte des jeweiligen Zeicheninhabers sind zu beachten.
Der Verlag, die Autoren und die Herausgeber gehen davon aus, dass die Angaben und Informationen in diesem Werk zum Zeitpunkt der Veröffentlichung vollständig und korrekt sind. Weder der Verlag, noch die Autoren oder die Herausgeber übernehmen, ausdrücklich oder implizit, Gewähr für den Inhalt des Werkes, etwaige Fehler oder Äußerungen. Der Verlag bleibt im Hinblick auf geografische Zuordnungen und Gebietsbezeichnungen in veröffentlichten Karten und Institutionsadressen neutral.

Springer VS ist ein Imprint der eingetragenen Gesellschaft Springer Fachmedien Wiesbaden GmbH und ist ein Teil von Springer Nature.
Die Anschrift der Gesellschaft ist: Abraham-Lincoln-Str. 46, 65189 Wiesbaden, Germany

Inhaltsverzeichnis

1 Einleitung 1

2 Sportjournalist werden 5
   2.1 Berufsstart 5
   2.2 Ständig im Wandel 7
   2.3 Interesse an einzelnen Sportarten 11

3 Aus- und Fortbildung 15
   3.1 Allgemeines Volontariat in einem Medienhaus 15
   3.2 Sportvolontariat in einem Medienhaus 17
   3.3 Volontariat in Presse- und Öffentlichkeitsarbeit 17
   3.4 Studium Sportjournalismus 18
   3.5 Journalistenschulen 20
   3.6 Anderes Studium 20
   3.7 Weiterbildung 21

4 Kompakt: Elf Spannungsfelder 23
   4.1 Für Laien vs. für Experten 23
   4.2 Unterhaltung vs. Politik/Gesellschaft 24
   4.3 Recherche vs. Spekulation 25
   4.4 Neutralität vs. Parteilichkeit 26
   4.5 Unabhängigkeit vs. Abhängigkeit 26
   4.6 Fußball vs. anderer Sport 27
   4.7 Journalismus vs. PR 28

	4.8	Männer vs. Frauen	28
	4.9	Digital vs. analog	29
	4.10	National vs. international	29
	4.11	Im Team vs. allein	30

5	**Leitmedien**		31
	5.1	„Bild" als Leitmedium	31
	5.2	Leitmedien Nachrichten	33
	5.3	Leitmedien Meinung	34
	5.4	Umfrage unter Sportchefs	34
	5.5	Neue Vielfalt	35
	5.6	Leitjournalistinnen und -journalisten	36

6	**Eilmeldung**		37
	6.1	Wozu die „Eil"?	37
	6.2	Eilmeldungen im Sport	39
	6.3	Überraschung!	40
	6.4	Todesmeldungen	42

7	**Aktueller Spielbericht (Schnellschuss)**		45
	7.1	Mit Schlusspfiff fertig	45
	7.2	Standardaufbau	46
	7.3	Onlinemedien brauchen Schnellschuss	48
	7.4	WM-Finale 2022 der Fußballer	49

8	**Live-Ticker**		55
	8.1	Bedeutung von Live-Tickern	55
	8.2	Anforderungen an Ticker	57
	8.3	Nachrichtlicher Fußball-Ticker	58
	8.4	Feuilletonistischer Fußball-Ticker	59
	8.5	Schach	60
	8.6	Jenseits des Sports	61

9	**Noten, Ranglisten, Einzelkritik**		65
	9.1	Noten	65
	9.2	Ranglisten	67
	9.3	Einzelkritik	68
	9.4	Spieler im Fokus	69
	9.5	Elf des Tages	70

10	**Sprüche**	73
	10.1 Zitatgeber	73
	10.2 Fußballspruch des Jahres	74
	10.3 Guter Spruch	77
	10.4 Mixed Zone	78
11	**Flashinterviews**	81
	11.1 Sinn, Zweck und Regeln	81
	11.2 Interviews mit Folgen	84
12	**Bilderstrecke**	89
	12.1 Große Bildauswahl	89
	12.2 Kader bewerten	91
	12.3 Bildrechte	91
13	**Pro & Kontra**	95
	13.1 Freizeitsport E-Bike	95
	13.2 Blicke auf Fußball-Trainer	97
14	**Strukturierte Texte**	101
	14.1 In Häppchen zerlegt	101
	14.2 Fragen und Antworten aus dem Sport	103
	14.3 Das Servicestück I	103
	14.4 Das Servicestück II	104
	14.5 Nachricht, Einordnung, Gliederung	105
	14.6 Listicle	106
15	**Faktencheck**	109
	15.1 Faktencheck – was ist das?	109
	15.2 Reaktion auf neue Herausforderung	110
	15.3 Leichtere Themen	111
16	**Infografik**	113
	16.1 Optisch attraktiv	113
	16.2 Prinzipien des Doyens	114
	16.3 WM 2018	115
	16.4 „Die richtige Sportart"	116
	16.5 Inspiration	116

17 Datenjournalismus ... 119
17.1 Was ist Datenjournalismus? ... 119
17.2 Dirk Nowitzkis Würfe ... 120
17.3 Alltägliche Themen ... 121
17.4 Vorsicht, Fake! ... 122

18 Investigativ-Story ... 125
18.1 Juristisch heikle Themen ... 125
18.2 Football Leaks ... 127
18.3 Änderungen durch Causa Relotius ... 129
18.4 Anforderungen an Investigativ-Journalisten ... 130
18.5 Rückhalt ... 131

19 Satire ... 133
19.1 Wandel auch zur Heiterkeit ... 133
19.2 Fantrip nach Frankfurt/Oder ... 135
19.3 „Titanic" und die WM 2006 ... 136

20 Newsletter ... 139
20.1 Was Newsletter leisten ... 139
20.2 Fever Pit'ch ... 141
20.3 „Finanztip" ... 144

21 Podcast ... 147
21.1 Geschichte des Podcast ... 147
21.2 Podcasts im Sport ... 149
21.3 „Ball you need is love" ... 151
21.4 „Sport inside" ... 152

22 Live-Streaming ... 155
22.1 Programm für Spezialisten ... 155
22.2 Sportdeutschland.tv ... 157
22.3 Bedeutung für den klassischen Journalismus ... 159
22.4 Weitere Live-Stream-Anbieter ... 160
22.5 Trend zum Streaming ... 160

23 Magazine ... 163
23.1 Sportmagazine ... 163
23.2 Beispiel „Bravo Sport" ... 167
23.3 Sechs Prinzipien der Magazin-Produktion ... 168

Inhaltsverzeichnis

24 Sportbuch 173
24.1 Bücher schreiben 173
24.2 Autoren 174
24.3 Themen und Umsetzung 175

25 Instagram-Kanal 181
25.1 NBA Overtime 181
25.2 Mission Statement 182
25.3 Inhalte 183

26 Frauen im Sportjournalismus 187
26.1 Sportjournalistinnen 187
26.2 Frauensport als Thema 189

27 PR kontra Journalismus 195
27.1 Miteinander, gegeneinander, nebeneinander 195
27.2 Selbstverständnis 196
27.3 Agentur für Bundesligisten 197
27.4 Krise des Journalismus 199

28 Automatisierter Journalismus 203
28.1 Von Menschen gemacht 203
28.2 Schnellschüsse von Mensch und Maschine 204
28.3 Dritte Liga 205
28.4 Wahlen, Verkehr und US-Sport 208

29 Monokultur Fußball 211
29.1 Fußball und dann lange nichts 211
29.2 Events im Blickpunkt 215
29.3 Folgen für Journalisten 216

30 Internationalisierung 219
30.1 Blick weiten 219
30.2 US-Sport am mitteleuropäischen Morgen 220
30.3 Marketing der US-Ligen 221
30.4 Herausforderung für Journalismus 222

31 E-Sport 225
31.1 E-Sport – was ist das? 225
31.2 E-Sport in den Medien 226

31.3 E-Sport in klassischen Medien 228
31.4 Real und virtuell 229

32 Nähe und Distanz 231
32.1 Distanz als Prinzip 231
32.2 Duzen oder siezen? 233
32.3 Räumliche Nähe 235

33 Rassismus 239
33.1 Sensibilität besonders in Live-Situation 239
33.2 Rassismus als Thema 240
33.3 Fehlende Vielfalt in Redaktionen 242

34 Lokalsport 245
34.1 Nah an der Kundschaft 245
34.2 Abwechslung als Prinzip 247
34.3 Leserforschung 247
34.4 Veränderung in Pandemie 248

35 Vorsicht, Falle! 251
35.1 Sportfachliches 251
35.2 Inflationär verwendet 257
35.3 Allgemein Sprachliches 259
35.4 Umgangsformen 260

36 Stilblüten 263
36.1 Redigieren 263
36.2 Düsseldorfer Blüten 264

37 Expertinnen und Experten 265

Einleitung 1

Earl Warren, eine der prägenden Persönlichkeiten der US-amerikanischen Justizgeschichte, begann den Tag vorzugsweise mit der Lektüre des Sportteils seiner Tageszeitung, „denn er verzeichnet menschliche Leistungen. Auf der Titelseite stehen immer nur die Fehlleistungen"[1]. Nun ja, an Fehlleistungen herrscht auch im Sport kein Mangel, gerade an moralischen an der Schnittstelle zu Politik, Wirtschaft und Gesellschaft. Der Sport ist nicht besser und nicht schlechter als der Rest der Gesellschaft. Ein Faszinosum ist er allemal, von Warrens Zeit im 20. Jahrhundert bis in die absehbare Zukunft. Der Wandel prägt den Sport wie auch die Berichterstattung über seine Akteure und Strukturen. Nie vergessen: Sport soll in erster Linie Freude bereiten, aktivieren, animieren.

Es gibt einige wissenschaftliche Betrachtungen über den Sportjournalismus. Und es gibt interessante berufskundliche Werke, in denen die Vielfalt der Jobs in der Branche herausgearbeitet wird. Dieses Buch nun gibt in erster Linie Hinweise aus der Praxis für die Praxis, Kern ist solides Handwerk. Die Kombination „Global und lokal, digital und analog" verdeutlicht die Bandbreite der Zugänge.

Im zentralen Teil geht es um Formate, die im Sportjournalismus entwickelt wurden oder im Sport besonders zur Geltung kommen: der Live-Ticker etwa, Noten und Einzelkritiken, die Bilderstrecke oder der sogenannte Schnellschuss, der mit Schlusspfiff zum Beispiel eines Fußball- oder Eishockeyspiels fertig ist. Zur Vertiefung dienen Übungen, die sich in der Lehre bewährt haben, und Tipps nam-

---

1 zitiert nach Presseclub.info, http://www.presseclub.info/zitate-mit-medienbezug/, abgerufen 8. März 2023.

© Der/die Autor(en), exklusiv lizenziert an Springer Fachmedien Wiesbaden GmbH, ein Teil von Springer Nature 2023
M. Beils, *Sportjournalismus*, Journalistische Praxis,
https://doi.org/10.1007/978-3-658-40904-3_1

hafter Expertinnen und Experten, die ihre Erfahrungen unter anderem vom „Spiegel" und von der „FAZ", von „Kicker" und „11Freunde", von der „Sportschau" und von „Sport1" einbringen. Diese Hinweise wiederum werden garniert mit Anekdoten und eingebunden in Erlebnisse aus dem Berufsleben.

Im weiteren Teil dreht es sich um Produkte, die den Journalismus und im Besonderen den Sportjournalismus derzeit prägen oder zumindest in der Diskussion darum eine wichtige Rolle spielen. Stichworte: automatisierter Journalismus, Datenjournalismus, Podcasts, Newsletter.

Der abschließende Teil beschäftigt sich mit Phänomenen und grundlegenden Diskussionsthemen im aktuellen Sportjournalismus wie dem komplizierten Miteinander, Gegeneinander und Nebeneinander von Journalismus und Public Relations. Die Interessenverlagerung des Publikums (noch stärker) auf Fußball, teilweise auf den US-Sport und auf zeitlich klar umrissene Events wird thematisiert.

Den Bedarf an solch einem Buch habe ich während der vergangenen Jahrzehnte festgestellt, als ich mit der Aus- und Fortbildung junger Kolleginnen und Kollegen befasst war. „Learning by doing" ist ein verbreiteter und auch erfolgreicher Konzeptansatz. Das eine oder andere aber gründlicher zu hinterfragen und Standards etwa für den Aufbau bestimmter Texte zu formulieren, hilft meines Erachtens, um in den Job zu finden (oder auch um die Entscheidung zu treffen, diesen Beruf eben nicht zu ergreifen).

Ich verdiene seit meiner Studienzeit in den 1990er Jahren meinen Lebensunterhalt als Journalist bzw. Kommunikator, die meiste Zeit davon als Sportjournalist. Ich gehörte unter anderem zum Leitungsteam des Sports der „Rheinischen Post" in Düsseldorf, war Leiter der sportaffinen Infografik-Redaktion der Deutschen Presse-Agentur in Berlin und danach in der Hauptstadt dpa-Deskchef Sport. Die viel besprochene andere Seite des Schreibtischs lernte ich als Leiter der Öffentlichkeitsarbeit im nordrhein-westfälischen Innenministerium kennen. Seit Ende 2022 arbeite ich hauptberuflich für die Welthochschulspiele, die Mitte 2025 an Rhein und Ruhr stattfinden. Als Dozent bin ich unter anderem an der Deutschen Sporthochschule Köln und an der Hochschule Macromedia in Köln tätig.

Ich habe von Olympischen Spielen, Olympischen Winterspielen, Fußball-Weltmeisterschaften und ungezählten internationalen, nationalen und besonders gern auch von lokalen Veranstaltungen im Fußball, Wintersport, Radsport und in der Leichtathletik berichtet. Diese Vielfalt empfand ich immer als besonders attraktiv.

Einer der größten Schätze, die man im Laufe der Jahre und Jahrzehnte erwirbt, entwickelt sich in bisweilen hitzigen, oft tiefgründigen, manchmal entspannten Diskussionen mit Kolleginnen und Kollegen, bei Reisen in ferne Länder, in Wartezeiten auf Flughäfen und bei elend langen Busfahrten. Es sind die Kontakte zu anderen Journalistinnen und Journalisten. Einige wesentliche davon will ich in diesem Buch nutzen, um den Leserinnen und Lesern die Besonderheiten, die Tücken und die Attraktivität des Sportjournalismus zu verdeutlichen.

Wer einwendet, dass die Auswahl dieser Fachleute a) auffällig rheinisch und b) etwas zu männlich ist, hat vollkommen recht. Der rheinische Schwerpunkt insbesondere mit dem Medienzentrum Köln rührt aus meiner beruflichen Sozialisierung und wird ergänzt um andere – vornehmlich deutsche – Schauplätze des Journalismus wie etwa Berlin oder München. Die unleugbare und aus meiner Sicht problematische Männerlastigkeit im Sportjournalismus wird in einem gesonderten Kapitel behandelt.

Im Untertitel betont dieses Buch, dass es auf die Besonderheiten in Zeiten von Digitalisierung und Globalisierung eingeht. Die Präsentation der Inhalte im Sport war immer schon einem Wandel unterworfen. Vielfach war der Sport Vorreiter bei der Durchsetzung technologischer Entwicklungen (z. B. Pay-TV). Doch dieser Wandel wird immer schneller. Es geht deshalb hier nicht darum, für jedes einzelne Medium, für jeden Ausspielkanal ein „Wie helfe ich mir selbst?" nach dem Vorbild des Autoreparaturbuchs aus den 1970ern zu präsentieren, das nach einem halben Jahr schon überholt wäre. Es geht viel mehr darum, ein Verständnis dafür zu schaffen, welche Inhalte mit welchen Grundprinzipien heute und in absehbarer Zeit im Sportjournalismus transportiert werden können und sollten. Die Palette reicht so vom polarisierenden Roboterjournalismus bis zum höchst analogen Sportbuch, das sich in Deutschland seit knapp zwei Jahrzehnten wachsender Beliebtheit erfreut.

Journalistisches Handwerk ist meines Erachtens mehr denn je noch ein hohes und erstrebenswertes Ziel. Alte Weisheiten haben Bestand: etwa „Wahrheit & Klarheit" als Perspektive. Oder der Satz von Altkanzler Willy Brandt: „Wenn der Journalismus harmlos wird, dann kann er abdanken." Oder die Gewissheit, dass das Prinzip, „Mann beißt Hund", also der Blick auf das Außergewöhnliche, die Story trägt.

Ich danke insbesondere meiner Frau Andrea, meinen Kindern Franziska, Jan und Malin für ihr Verständnis, das sie angesichts meines facettenreichen Jobs für mich aufbringen, der nie mit Nine-to-five-Arbeitszeiten zu tun hatte. Für ihre prägenden Impulse möchte ich die früheren RP-Kollegen Udo Bonnekoh, Friedhelm Körner und Wolf Römer hervorheben. Als Sparringspartner auch für dieses Buch haben mich mein früherer Kompagnon bei der RP, Robert Peters, und der Digitalexperte Robert Fahle unterstützt.

Außerdem gilt mein Dank den vielen im Buch genannten Kolleginnen und Kollegen, die mich mit ausführlichen Inhalten und mit kleinen, aber feinen Tipps gefüttert haben. Ein besonderes Lob verdient sich Bernd Jolitz, der seit Jahrzehnten liebevoll den Düsseldorfer Lokalsport der RP prägt und Generationen von freien Mitarbeiterinnen und Mitarbeitern vorangebracht hat. Aus seiner Sammlung von (lehrreichen) Stilblüten zitiere ich am Ende des Buchs gern. Da gibt es viel zu schmunzeln. An Heiterkeit mangelt es im Sportjournalismus übrigens viel zu oft.

Leichlingen im Februar 2023 — Martin Beils

Sportjournalist werden 2

> **Zusammenfassung**
>
> Warum Sportjournalist trotz aller Widrigkeiten ein erstrebenswerter Beruf ist. Für Berufsanfängerinnen und -anfänger im Journalismus empfiehlt es sich, zumindest eine Weile im Sportressort zu arbeiten. Denn handwerkliche Fähigkeiten werden hier besonders geschult.

> **Stichworte**
>
> Berufsanfänger, Berufsaussichten, Arbeitszeiten, Arbeitsdruck

2.1 Berufsstart

Verlockende Aussichten. Was für ein cooler Beruf: Sportjournalist/Sportjournalistin! Das Hobby zum Beruf machen. Sich den lieben lang Tag mit Fußball, Football oder Basketball beschäftigen. Von Event zu Event um die Welt jetten. Mit den Stars auf Du und Du, ein dickes Telefonverzeichnis mit geheimen Nummern auf dem Smartphone, mittendrin statt nur dabei. Vielleicht selbst zum Star werden als TV-Kommentator wie Esther Sedlaczek, Frank Buschmann oder Wolf-Christoph Fuss …

Die Mühen der Ebenen. Das kann so kommen. Doch so kommt es in den seltensten Fällen. Der Beruf des Sportjournalisten ist unendlich vielfältig, und die meisten Kolleginnen und Kollegen stehen nicht im Rampenlicht (wollen sie zum Glück auch gar nicht), sind keine Edelfedern, die mit feuilletonistischen Texten die Welt sezieren, heben oder senken nicht den Daumen über Nationalspieler und sitzen auch nicht als Experten alle paar Wochen am Sonntagmorgen bei Sport1 im Stammtisch „Doppelpass". Vieles ist Handwerk, vieles ist Kleinkram, vieles sind die Mühen der Ebene, Redigieren und Recherchieren – und das ist gut so. Die Mehrzahl der 5000 bis 6000 Sportjournalistinnen und -journalisten in Deutschland sind „stille Arbeiter im Weinberg des Herrn", wie mein Kollege von der Rheinischen Post (RP), Georg Amend, gern betont.

Flexibilität und Innovationsfreude. Stephan Klemm, viele Jahre Sportredakteur beim „Kölner Stadt-Anzeiger" und seit geraumer Zeit in koordinierender Funktion für die Gesamtredaktion tätig, sagt dennoch: „Ich kann nur jedem jungen Kollegen empfehlen, eine Zeitlang im Sport zu arbeiten." Während Sportjournalisten noch in den 1990er-Jahren als schräge Gesellen (Gesellinnen gab es damals noch viel weniger als heute) angesehen und nicht für voll genommen wurden, hat sich ihr Standing in den Redaktionen komplett geändert. Belastbarkeit, Flexibilität, Schnelligkeit, Entscheidungsvermögen unter Druck, handwerkliche Sicherheit – diese Attribute werden ihnen heute in den meisten Medienhäusern zugesprochen. Hinzu kommt ein hohes Maß an Innovationsfreude. Das Ausprobieren neuer Formate fällt im Sport leichter als in anderen Ressorts, was auch daran liegen mag, dass die Themen nicht ganz so bedeutungsschwer sind wie in Politik oder Wirtschaft – gerade in Kriegs- und Krisenzeiten.

Wer eignet sich? Es hört sich banal an: Aber wer in den Sportjournalismus will, braucht Begeisterung für Sport und für Journalismus. Wobei ich sagen möchte, dass die Hingabe für den Journalismus, für das Sammeln, Prüfen und zielgruppengerechte Aufarbeiten von relevanten Informationen meines Erachtens wichtiger ist als die überschäumende Begeisterung für den Sport. Wer den Antrieb für den Beruf vor allem aus seiner Leidenschaft für den Sport bezieht, begegnet dem Gegenstand der Berichterstattung oftmals zu unkritisch – so jedenfalls meine Erfahrung mit zahlreichen Jahrgängen an verschiedenen Ausbildungseinrichtungen. Halb im Scherz habe ich hin und wieder gesagt, Studien der Pharmazie (Doping!) und der Medizin (Schienbeinköpfchen und andere merkwürdige Körperteile), des Finanzwesens (Steuerskandale!) und der Betriebswirtschaft (Profisport ist Business) seien die beste Vorbereitung auf den Sportjournalismus. Und das bisschen, was da zwischen den Kreidelinien auf dem Rasen passiert, kriegt man schon ohne akademische Studien in den Griff. Das mag etwas übertrieben sein. Denn auch das Durchdringen des Sports an sich und die Fähigkeit, seine Faszination zu transportieren, sind essenziell.

2.2 Ständig im Wandel

Gute Gründe gegen den Beruf. In jüngerer Zeit hat die Faszination junger Leute für den Journalismus insgesamt und damit auch für den Sportjournalismus nachgelassen. Das liegt insbesondere an den Sparzwängen bei den Medienhäusern, damit einhergehend an der schlechteren Bezahlung von Journalisten (oft weit unterhalb der von den Tarifparteien erzielten Ergebnisse), an weniger festen Stellen, an schlechteren Arbeitsbedingungen, insbesondere weniger Reisen.

Buschmanns Kritik. Bezeichnend ist auch die Kritik des populären TV-Reporters Frank Buschmann zur Ankündigung seines Karriereendes. Der Hagener kritisiert, dass ihm der unmittelbare Kontakt zu den Sportereignissen zu kurz komme, wenn Fußball- oder Basketballspiele nicht am Ort des Geschehens kommentiert werden: „Du kannst dir noch so viele Statistiken gemerkt haben, aber vor einem Bildschirm in einem Kellergewölbe, Büro oder Tonstudio wird man niemals das Gefühl für das Ereignis bekommen. Und wenn man dieses Gefühl nicht hat, wird man es auch dem Publikum nicht vermitteln können ... Aber wir erleben es ja inzwischen sogar bei der Bundesliga, dass die Reporter nicht mehr zwangsläufig im Stadion sind." Und weiter: „Ich bin Sportreporter geworden mit der Illusion, nah dran zu sein am Geschehen ... Dort habe ich das Knistern gespürt und Dinge gesehen, die nie von Kameras eingefangen wurden. Zumindest bei größeren Sportereignissen kann ich die derzeitige Entwicklung daher nicht verstehen – auch wenn die betriebswirtschaftliche Herangehensweise natürlich nachvollziehbar ist."

Fußball-WM und Skispringen aus Katar. Aus solchen Zwängen entstand im Dezember 2022 eine besondere Konstellation. ARD-Mann Tom Bartels kommentierte samstags aus Doha/Katar live das Skispringen im Schweizer Engelberg. Experte Sven Hannawald unterstützte ihn dabei aus dem Studio in Köln-Bocklemünd. Tags drauf hatte Bartels seinen Einsatz als Fußball-Finalreporter in Katar.

Drohender Qualitätsverlust. Noch genereller fällt die Bestandsaufnahme der Otto-Brenner-Stiftung, das ist die Wissenschaftsstiftung der IG Metall, mit Blick auf den Journalismus insgesamt aus. In der Studie „Arbeitsdruck – Anpassung – Ausstieg" von 2022 heißt es, die Herausforderungen der Transformation im deutschen Mediensystem bewirken nach Wahrnehmung der Mehrheit der Befragten, dass sich durch die Digitalisierung sowie die ökonomische Krise der sowieso schon große Druck auf Journalistinnen und Journalisten weiter erhöhe. Ein Drittel der Interviewten sehe einen durch diese Faktoren bedingten bestehenden oder drohenden Qualitätsverlust im Journalismus.

Vereine haben größere Content-Buden. „Sport1"-Chefredakteur Pit Gottschalk klagte nach der Meldung vom Ende der traditionsreichen „Aachener Nachrichten", der ersten nach dem Zweiten Weltkrieg in Deutschland erschienen Zeitung: „Ich fürchte, in nächster Zeit wird es noch mehr Schreckensnachrichten geben. Ist auch kein Wunder. Wenn allein Sparmaßnahmen die Antworten auf den medialen Wandel und ausbleibende Erlöse sein sollen, geraten Redaktionen schnell an Grenzen. Das Produkt wird ja weder besser noch innovativer, wenn Geld fehlt. Wir Sportjournalisten merken es bei jeder Gelegenheit: Die Vereine haben inzwischen größere Content-Buden als die Medienmarken. Mehr Output bei weniger Ressourcen: Darunter leidet beides – Qualität und Zuspruch."

Neue Möglichkeiten. Diese Kritiken aus berufenem Munde bzw. auf wissenschaftlicher Basis sind sicher richtig. Doch daraus den Schluss zu ziehen, lieber nicht den Weg in den Journalismus/Sportjournalismus zu suchen, halte ich für grundfalsch. Denn nie war der Journalismus gerade mit seinen immer neuen technischen Möglichkeiten spannender als heute. Wer hätte vor wenigen Jahr geglaubt, dass sich Hörfunkformate im neuen technischen Gewand des Podcast in dieser Weise durchsetzen? Nie war das Interesse an richtigen und relevanten Inhalten größer als in dem immer undurchdringlicher werdenden Dschungel an Informationen (und Desinformationen). Nie war die Herausforderung größer, Fake News als solche zu entlarven.

Café statt Stadion. Für Aufsehen in der Szene sorgte zuletzt der Abschied von Marko Schumacher, eines langjährigen und angesehenen Sportreporters der „Stuttgarter Zeitung/Stuttgarter Nachrichten", nach 20 Jahren aus dem Beruf. Im Zuge von Stellenabbau und mit einer Abfindung. Er wechselte das Fach und eröffnete in Bad Cannstatt das Café „Gottlieb" – und zwar nicht aus Groll gegen den früheren Beruf. „Verabschiede mich nun auch offiziell vom tollen Beruf des Sportjournalisten und VfB-Reporters", twitterte Schumacher[2] und schrieb von „einer großartigen Zeit mit großartigen Kolleginnen und Kollegen". Dass diese Aussage gerade von einem Aussteiger kommt, gibt ihr besonderen Charme.

---

2   Tweet vom 2. Mai 2022, https://twitter.com/markoschumacher/status/1521037108294606849, abgerufen 8. März 2023.

Folge Deinem Herzen. Grundsätzlich halte ich es bei der Berufswahl für wichtig, nicht nur der Stimme der Vernunft zu folgen und sich nicht von Bedenkenträgern beeinflussen zu lassen. Bei mir war es zu Beginn der 1990er-Jahre so, dass ich als Fundament für eine journalistische Tätigkeit Volkswirtschaftslehre studieren wollte, der Studiengang aber überlaufen war. Also suchte ich mir etwas Verwandtes: Wirtschaftsgeographie. In unserem Arbeitsamt in Bergisch Gladbach gab es damals zu jedem Studiengang einen Ordner mit Empfehlungen. Bei Geografie stand im ersten Absatz (ich kann mich bis heute an den exakten Wortlaut erinnern): „Das Arbeitsamt rät dringend davon ab, diesen Studiengang zu ergreifen, er führt geradewegs in die Arbeitslosigkeit." So kann man sich täuschen. Ich war bislang keinen Tag arbeitslos und konnte viel Gelerntes aus dem Studium im Berufsleben (etwa als Leiter von dpa-Infografik) wunderbar umsetzen. Übrigens sind meines Wissens auch praktisch alle Mitstudentinnen und Mitstudenten beruflich gut untergekommen.

Wechsel der Stellen. Hinzu kommt heute eine andere Komponente: Anders als meine älteren Kollegen bei der „Rheinischen Post", die alle ein Studium abgebrochen hatten (Recht, Chemie, Sport) und danach bis ans Ende ihrer beruflichen Karriere durchgängig in der Sportredaktion gearbeitet haben, wird kaum jemand, der heute in den Beruf einsteigt, bis zu seinem 67. Geburtstag oder länger auf der gleichen Stelle sitzen. Von daher kann eine Station im Sportjournalismus auch eine unter vielen auf einem langen Berufsweg sein. Wie gesagt: Schnelligkeit, Flexibilität, Entscheidungsfreude usw. – all das lässt sich hier lernen und in andere Jobs mitnehmen. Und dass der Bereich Kommunikation – auf das Gegeneinander, Miteinander und Nebeneinander von Journalismus und PR komme ich in diesem Buch vielfach zu sprechen – immer weiter an Bedeutung gewinnt und damit journalistisches Handwerk immer mehr gefragt sein wird, steht für mich außer Frage.

Augen auf bei der Berufswahl. Ein Punkt allerdings sollte jedem klar sein, der im Journalismus und erst recht im Sportjournalismus tätig werden möchte. Ich bin immer wieder überrascht, wie oft es Berufsanfängerinnen und -anfängern nicht klar ist, wann ihre Arbeitskraft gefragt ist. Ganz einfach: Wenn der Kunde sie braucht. Und das ist im Sport gern am Wochenende, oft samstags und dazu auch noch sonntags. Hinzu kommen viele Spätdienste bis Mitternacht oder darüber hinaus in der Woche. Froben Homburger, Nachrichtenchef der Deutschen Presse-Agentur, hat auf seinem Twitterprofil ein Foto, das seinen Arbeitsplatz um 5.51 Uhr an einem Oktober-Morgen zeigt. Sein Text dazu: „Ich bin Journalist geworden, weil mir 1982 ein Zeitungsredakteur sagte: Vor 11.00 Uhr fangen wir nie an. Und jetzt sitze ich hier."³ 1982 gab es allerdings noch kein Internet und damit nicht diese kaum zu stillende Gier nach frischen Nachrichten morgens im Bus auf dem Weg zur Arbeit. So hat sich die Kundennachfrage geändert – und damit die Arbeitszeit im Journalismus.

Neue Konkurrenz. Nachwuchsmangel ist ein Problem des Journalismus wie auch vieler verwandter Branchen. dpa-Chefredakteur Sven Gösmann sagt: „Alle haben ein ähnliches Problem. Es gibt einen gewissen Nachwuchsmangel zumindest an qualifiziertem oder originellem Nachwuchs. Weil wir in schmaleren Geburtenjahrgängen konkurrieren wir mit vielleicht attraktiveren Start-ups mit anderen interessanten Arbeitgebern im E-Commerce oder dergleichen. Wir bewerben uns um einen kleiner werdenden Kuchen. Deshalb müssen wir uns auch bewegen, um guten Nachwuchs zu bekommen." Dass das Einkaufszentrum in meiner Nachbarstadt Monheim am Rhein jüngst einen Multimedia-Manager suchte, ist bezeichnend. Jede bessere Pommesbude mit Ambitionen sucht derzeit nach jungen Leuten, die im Zweifel für wenig Geld, Informationen kundengerecht aufarbeiten und präsentieren können und damit zumindest über Fähigkeiten verfügen, die dem Journalismus verwandt sind.

Learning by doing. Wer sich ein Bild von dem Beruf machen will, unterhält sich am besten mit Praktikern (und liest vielleicht vorher dieses Buch). Ein Anruf in einer Redaktion oder Kontaktaufnahme per Social Media – die meisten Kolleginnen und Kollegen finden es gut, wenn sich jemand für ihren Beruf interessiert. Und dann: einfach mal machen. Als Praktikant oder noch besser als freier Mitarbeiter, weil es da ein paar Euro zu verdienen gibt. Auf den üblichen Jobportalen findet sich da im Internet mitunter das eine oder andere Interessante. Kürzlich fand sich zum Beispiel das Jobangebot eines Münsteraner Dienstleisters, der für die Berichterstattung aus der National Football League freie redaktionelle Mitarbeiter für Live-Ticker gegen Honorar sucht, in einer Berufsbörse. Als Einstieg in den Job eignet sich so etwas ganz besonders. Einer meiner ersten Jobs war übrigens so ähnlich: als Mitarbeiter für das Sportangebot im Videotext bei RTL.

Dahin gehen, wo es weh tut. Eins dabei aber bitte nicht vergessen: Wer den Sport erleben und das Erlebte an die Kunden weitergeben will, kann das nicht allein vom Bildschirm machen. Also: Gehen Sie hinaus zu Sportereignissen, sprechen Sie mit Akteuren, üben Sie. Und draußen wird man dann auch gern mal auf das

---

3   Tweet vom 17. Oktober 2016, https://twitter.com/fhomburger/status/787868301183639554, abgerufen 8. März 2023.

angesprochen, was man veröffentlicht hat. Kritik einstecken bzw. sich mit ihr auseinandersetzen, das gehört auch zum Beruf. Dieser Hinweis kommt im Folgenden öfter.

2.3 Interesse an einzelnen Sportarten

Fußball und dann lange nichts. Wir, die wir uns brennend für den Sport interessieren, glauben häufig, diese Begeisterung müsste alle Welt teilen. Das ist nicht ganz so. Die Marktforscher aus Allensbach am Bodensee haben ermittelt, dass aber immerhin bei 64,8 Prozent der Deutschen über 14 Jahren ein „Informationsinteresse an Sport" vorliegt[4]. Dass der Fußball weit vorn rangiert, überrascht sicher nicht. Die klare Sportart Nummer 2, wie es sie mit Motorsport oder Tennis in Deutschland einst gab, lässt sich derzeit nicht erkennen. Das ist spannend für den Sportjournalismus und seine Themenwahl. Tab. 2 macht die große Bedeutung des Fußballs deutlich.

Tab. 2 Interesse an Sportarten 2022

Rang	Sportart	Informationsinteresse in %
1.	Fußball	57,6
2.	Leichtathletik	38,7
3.	Skispringen	37,6
4.	Handball	36,3
5.	Biathlon	32,8
6.	Automobilrennsport	31,3
7.	Tennis	30,8
8.	Schwimmen	30,3
9.	Ski alpin	29,9
10.	Boxen	29,0

Quelle: https://www.ifd-allensbach.de/awa/inhalte/uebersicht/sport-freizeit.html, abgerufen am 28. 2. 2023.

---

4 Quelle: https://www.ifd-allensbach.de/awa/inhalte/uebersicht/sport-freizeit.html, abgerufen am 28. 2. 2023.

▶ **Tipp** Buchautor und „11Freunde"-Redaktionsmitglied Christoph Biermann betont, wie wichtig es aus seiner Sicht ist, „dass die Leute, die über Sport berichten, sich echt damit auskennen. Ganz oft ist das nämlich nicht so". Ihm ist es wichtig, dass sich Sportjournalistinnen und -sportjournalisten ernsthaft und tiefgehend mit dem Gegenstand ihrer Berichterstattung beschäftigen. „Ich meine damit kein nerdiges Faktenwissen nach Art von ‚Wer war vor 17 Jahren Rechtsverteidiger bei Arminia Bielefeld?'", betont er. Für Biermann war es immer ein beruflicher Antrieb, „zu kapieren, was die da machen". Ob bei der Fußballtaktik oder ob heute bei den Optimierungsprozessen durch Digitalisierung. So hat er es genossen, den Fußball-Bundesligisten 1. FC Union Berlin ein Jahr lang für ein Buchprojekt zu begleiten und die inneren Zusammenhänge in einer Mannschaft aus nächster Nähe kennenzulernen. Glückliche Umstände und eine gewisse Beharrlichkeit machten dieses Projekt möglich. „Sich auskennen, sich damit beschäftigen, das finde ich extrem wichtig", sagt Biermann. „Du wirst auch von den Protagonisten des Sports dafür belohnt, wenn die merken, dass du respektvoll mit ihnen umgehst. Und respektvoll heißt jetzt nicht, in Verehrung zu versinken, sondern dich mit dem ernsthaft zu beschäftigen, was sie da treiben."

Und noch ein Tipp, der altväterlich wirken mag, das Ansehen gerade von jungen Mitarbeiterinnen und Mitarbeiterin in Redaktionen aber enorm erhöht: Wer die deutsche Rechtschreibung, Grammatik und Zeichensetzung beherrscht, ist ganz weit vorn.

Verwendete Quellen

- Studie der Otto-Brenner-Stiftung zur Arbeitsbelastung: https://www.otto-brenner-stiftung.de/fileadmin/user_data/stiftung/02_Wissenschaftsportal/03_Publikationen/AP55_Medienmacher_innen_Vierseiter.pdf, abgerufen 21. März 2023.
- Verband deutscher Sportjournalisten: https://www.sportjournalist.de/, abgerufen 21. März 2023.
- Interview mit WM-Finalkommentator Tom Bartels: https://www.t-online.de/sport/fussball/wm/id_100098860/tom-bartels-kommentiert-das-wm-finale-der-fussball-nimmt-sich-zu-wichtig-.html, abgerufen 21. März 2023.
- Tweet vom 2. Mai 2022, https://twitter.com/markoschumacher/status/1521037108294606849, abgerufen 8. März 2023.
- Tweet vom 17. Oktober 2016, https://twitter.com/fhomburger/status/787868301183639554, abgerufen 8. März 2023.
- Allensbacher Markt- und Werbeträgeranalyse, https://www.ifd-allensbach.de/awa/inhalte/uebersicht/sport-freizeit.html, abgerufen am 28.2.2023.

Gesprächspartner und -partnerinnen

- Sven Goesmann, dpa
- Pit Gottschalk, Chefredakteur, Sport1, München
- Stephan Klemm, redaktionelle Koordination, „Kölner Stadt-Anzeiger", Köln
- Christoph Biermann, „11Freunde"
- Frank Buschmann, Sportmoderator, SKY, RTL

Aus- und Fortbildung 3

> **Zusammenfassung**
>
> Egal, welcher der zahlreichen Ausbildungswege für Sportjournalistinnen und Sportjournalisten eingeschlagen wird: Wichtig ist die Mischung aus qualifizierter Praxis und sinnvoller Theorie. Eine akademische Ausbildung ist als ein Baustein mittlerweile Standard. Da die Berufsbezeichnung Journalist/Journalistin nicht geschützt ist, gibt es viele Wege in den Job.
>
> **Stichworte**
>
> Universität, Hochschule, Volontariat, Journalistenschule

3.1 Allgemeines Volontariat in einem Medienhaus

Veränderter Markt. Ein Volontariat ist nach wie vor der klassische Weg in die Medien. Voraussetzung, von einem Medienhaus angenommen zu werden, ist in der Regel ein abgeschlossenes akademisches Studium (oft reicht der Bachelor). Das Fach kann durchaus exotisch, muss aber begründbar sein. Während die Chancen auf einen Volontariatsplatz bis vor einigen Jahren wegen der großen Zahl der Interessentinnen und Interessenten – schon mathematisch betrachtet – überschaubar waren, hat sich der Markt komplett verändert. Viele Häuser kämpfen um Nachwuchs, so wie sich der Journalismus insgesamt auf dem Arbeitsmarkt gegen andere Bereiche der Kommunikationsbranche im Kampf um gutes Personal behaupten muss.

Große Qualitätsunterschiede. Ziel eines Volontariats ist grundsätzlich, die Praxis vornehmlich in der Praxis zu erlernen: Recherche, Darstellungsformen, Planung, Technik usw. Das führt rein systemisch schon dazu, dass Volontärinnen und Volontäre nach und nach wie vollausgebildete Redakteurinnen und Redakteure zum Einsatz kommen. Das ist kostengünstig für den Arbeitgeber und kann lehrreich für die Lernenden sein – wenn es nicht übertrieben wird. Ich hatte das zunächst zweifelhaft anmutende Vergnügen, meine Ausbildung als vierwöchiger Ersatz für den Kollegen Henning Schlüter im Remscheider Lokalsport der „Bergischen Morgenpost" zu beginnen: Am Anfang war das der blanke Horror, in der Rückschau war es mit der lehrreichste Monat meines Berufslebens. Eine gute Volontariatsleitung („Volontärspapa/-mama") wird sich im Sinne von Fördern und Fordern um eine gesunde Balance kümmern und sich für ihre Schützlinge einsetzen. Eine gute Ausbildung will – freundlich, aber bestimmt – auch von Volontärinnen und Volontären regelmäßig eingefordert werden.

Eigene Journalistenschulen. Immer mehr Medienhäuser bieten ihre Ausbildung in eigenen so genannten Journalistenschulen an. Das klingt mutmaßlich cooler, moderner, hochwertiger und erleichtert einigen Häusern argumentativ den Ausstieg aus dem Ausbildungstarifvertrag. Als mein Kollege Maximilian Plück aus dem Wirtschaftsressort und ich so eine Organisation 2014 bei der RP aufbauten, stand die Reform der journalistischen Ausbildung im Mittelpunkt: stärkere Vernetzung in der Mediengruppe, persönliche Betreuung durch Mentoren, Schulung in ergänzenden Technologien, externe Praktika bei Partnern wie „Zeit" oder „Bild", etwas Betriebswirtschaft und einiges mehr. Mehr Inhalte sollten ein zeitgemäßes Niveau gewährleisten. Die Dauer stieg zeitweise von zwei auf zweieinhalb Jahre, wurde später aber wieder reduziert.

Fragen des Nachwuchses. Auch hier erfordert das vielfältige Angebot Fragen an sich selbst und an das einstellende Unternehmen: Wie gut ist die Ausbildung (bei Absolventen nachfragen)? Wie wichtig ist mir die Höhe der Vergütung? Wie sind die Perspektiven des Unternehmens? Welche überbetrieblichen Ausbildungsteile gibt es? In welchen Ressorts wird intern ausgebildet? Ein reines Sportvolontariat ist selten, aber wer unbedingt Sportjournalistin oder Sportjournalist werden möchte, sollte sich doch zusichern lassen, mindestens ein halbes Jahr der in der Regel zweijährigen Ausbildung in der Sportredaktion verbringen zu dürfen.

3.2 Sportvolontariat in einem Medienhaus

Spezialisierung auf Sport. Ich habe es geschätzt, als Volontär die thematische und regionale Vielfalt kennengelernt zu haben. Sport war nur ein Baustein, wenngleich ein wesentlicher. Doch hier und dort gibt es in Medienhäusern auch Sportvolontariate. Naturgemäß beim monothematisch aufgestellten Sportinformationsdienst in Köln, durch dessen Ausbildung Scharen späterer Hochkaräter gegangen sind. Manchmal finden sich auch Anzeigen wie die des renommierten „Südkuriers" aus Konstanz am Bodensee von 2022. Textauszug: „In der zweijährigen Ausbildung bist Du 18 Monate Teil unserer Sportredaktion und arbeitest überwiegend im Regionalsport. In den restlichen sechs Monaten des Volontariats erwirbst Du Dir in einer Lokalredaktion sowie den überregionalen Ressorts weitere Grundlagen als Redakteur. Während jeder Station bist Du von Beginn an festes Teammitglied und packst sofort im Tagesgeschäft mit an: von der Inhalteerstellung über das Themenmanagement bis zur Medienproduktion. Deine spezialisierten Redakteurskollegen machen Dich fit in journalistischen Darstellungsformen, der Themenfindung, SEO, Fotografie, Video, Daten und der crossmedialen Steuerung von Inhalten."[5] Das nenne ich mal ein Ausbildungsversprechen, das eingefordert sein will.

Zu frühe Spezialisierung. Ich bin kein Freund einer frühzeitigen Festlegung auf ein Ressort, schon gar nicht auf den Sport. Trotz des zuvor beschriebenen deutlichen Ansehensgewinns der Sport-Kolleginnen und -kollegen ist es mitunter schwierig, irgendwann wieder aus der Sportschublade herauszukommen. Auch weil man – einmal angefixt – selbst gar nicht mehr davonlassen mag und Chancen verpasst, den eigenen Horizont zu erweitern. Und bei der Einordnung des Sports und seiner Bedeutung hilft es jedenfalls, auch das wirklich wichtige Leben durchdrungen zu haben. So spricht der TV-Grande Marcel Reif vermutlich nur so abgeklärt über Fußball, weil er beim ZDF in der Politik angefangen hat.

3.3 Volontariat in Presse- und Öffentlichkeitsarbeit

Gute Aussichten. Immer häufiger bieten auch PR-Abteilungen von Sportvereinen oder -verbänden Volontariate an. Eine qualifizierte Ausbildung im Kommunikationsbereich des Profisports eröffnet angesichts des wirtschaftlichen Wachstums der Branche gute Berufsaussichten. Und mit Blick auf die Qualität zahlreicher

---

5 Quelle: LinkedIn, https://www.linkedin.com/jobs/view/sport-volont%C3%A4r-m-w-d-at-s%C3%BCdkurier-gmbh-medienhaus-3403039425/?originalSubdomain=de, abgerufen 8. März 2023.

Kolleginnen und Kollegen dort sowie der mitunter sehr guten finanziellen Ausstattung lässt sich da viel lernen. Der Unterschied zwischen PR und Journalismus sollte bei der Entscheidung bedacht werden, auch wenn der Wechsel zwischen den beiden Seiten des Schreibtischs längst üblich ist. Und zwar in beide Richtungen.

Jenseits des Sports. PR-Volontariate werden auch abseits des Sports immer häufiger angeboten und qualifizieren bisweilen für spätere Karriereschritte im Sport. So haben wir in meiner Zeit im NRW-Innenministerium ein Volontariatsprogramm entwickelt und umgesetzt, das auch für spätere Sportredakteurinnen und -redakteure interessant sein könnte: Presse- und Öffentlichkeitsarbeit zu heiklen Themen wie Kindesmissbrauch, Rechtsextremismus oder Jahrhundertflut – und das unter ständiger Beobachtung durch die Opposition –, Reden schreiben, Magazine produzieren, Social-Media-Konzepte entwickeln. Mal ganz abgesehen davon, dass Einblicke in und Kontakte zu Ministerien, in denen auch viel Geld für den Sport verwaltet wird, im Journalismus hilfreich sein können.

3.4 Studium Sportjournalismus

Staatliche Hochschule. In Sportklamotten herumlaufen, sich den lieben, langen Tag mit Sport beschäftigen und später mit Sport sein Geld verdienen – das geht zum Beispiel mit einem Studium an der Deutschen Sporthochschule. Den Bachelor Sportjournalismus gibt es dort. Auf dem Studienplan: journalistische Grundlagen, crossmediale Kommunikation mit Text, Audio und Bewegtbild, digitaler Journalismus, Kommunikationswissenschaft, Forschungsmethoden, Marketing, Sport- und Medienrecht. Vieles davon ist eher theoretisch und will durch Praktika ergänzt werden. Das gelingt, weil die SpoHo am Medienstandort Köln exzellent vernetzt ist und überdies weltweit einen vorzüglichen Ruf genießt. Jessica Balleer, später Sportredakteurin bei der „Rheinischen Post", sagt: „Durch das Studium konnte ich mir ein wertvolles Netzwerk im Journalismus aufbauen und crossmediale Fähigkeiten erwerben, auf die ich noch heute als Sportredakteurin zurückgreife." Treffen mit aktiven und ehemaligen Sportlerinnen und Sportlern sind alltäglich (Abb. 3). Unter den Masterstudiengängen bietet die Sporthochschule den M. A. Sport, Medien- und Kommunikationsforschung an. Neben viel Theorie gibt es darin so genannte Medienwerkstätten zu Praxisthemen. Eine Hürde bei der Entscheidung für die seit 1949 existierende Hochschule: der anspruchsvolle sportpraktische Eignungstest u. a. mit Schwimmen und Kunstturnen vorab. Und es gilt auch hier wie beim Sportvolontariat, dass es nicht leichtfällt, aus der Sportschublade wieder hinauszuklettern. Neben der Sporthochschule lehrt die Uni Tübingen den Bachelor „Sportwissenschaft mit dem Profil Medien und Kommunikation".

Abb. 3 Hintergrundgespräch mit dem ehemaligen Skispringer Martin Schmitt an der Deutschen Sporthochschule (Foto: Beils)

Private Hochschulen. Insbesondere der Boom bei privaten Hochschulen in den vergangenen 20 Jahren hat das Ausbildungsangebot im Sportjournalismus erheblich verbreitert – und verbessert. Der Bildungsmarkt ist weiterhin einem rasanten Wandel unterworfen. Die folgenden Hinweise sind deshalb eher grundsätzlicher und einordnender Natur, als dass sie einen detaillierten Gesamtüberblick geben könnten. Auch hier ist weitere Recherche gefragt – ganz wie im journalistischen Berufsleben.

An vielen Standorten in Deutschland hat sich zum Beispiel die Hochschule Macromedia etabliert. In Köln praktisch im Schatten des Doms. Gute technische Ausstattung, angesehene Dozentinnen und Dozenten, Vernetzung mit Unternehmen, Auslandssemester – der Bachelor-Studiengang bietet viel. Er hat mit Studiengebühren von über 500 Euro pro Monat aber auch seinen Preis. Dafür muss man viel kellnern oder wohlmeinende Gönner mitbringen. Die Erwartungshaltung der Studentinnen und Studenten ans Lehrpersonal ist entsprechend hoch.

Weitere private Hochschulen: Die Fachhochschule des Mittelstands (FHM) lehrt Sportjournalismus und Sportmarketing in Berlin, Hannover, Köln oder im Fernstudium. Der Campus M21 mit Standorten in München und Nürnberg betont die organisatorische und räumliche Nähe zu namhaften Firmen. Unternehmerisches Denken und Handeln kommt auf den Lehrplänen nicht zu kurz. Dass auch dort namhafte Studiengebühren gefordert werden, versteht sich. Immer häufiger finden sich an diesen Hochschulen auch Module zum Thema E-Sport, einem vielversprechenden Wachstumsmarkt.

Die Zeiten, in denen Absolventinnen und Absolventen von Journalismus-Studiengängen von späteren Arbeitgebern schräg angeguckt wurden, liegen weit zurück. Auch hier wieder wichtig: den sich ständig ändernden Markt beobachten und auf viel Praxis achten. Dadurch ergeben sich übrigens fast immer und oft einträgliche Nebenjobs, aus denen die nächsten Schritte folgen.

3.5 Journalistenschulen

Große Namen. Die namhaften und zum Teil verlagsunabhängigen Journalistenschulen sind zwar nicht auf Sport spezialisiert, lehren aber exzellentes Handwerk. Und so bringen sie auch immer wieder erstklassige Sportsleute hervor wie den hochdekorierten Holger Gertz von der „Süddeutschen" (Deutsche Journalistenschule, München), Christof Siemes von der „Zeit" (Henri-Nannen-Schule, Hamburg) oder Matthias Brügelmann von „Bild" (Axel Springer Akademie, Berlin).

3.6 Anderes Studium

Zum Beispiel Geschichtswissenschaft: Ganz egal ist es sicher nicht, was man studiert, wenn man in den Sportjournalismus will, ein inhaltlicher Nutzen sollte dem Gegenüber in einem Vorstellungsgespräch schon deutlich gemacht werden. Doch eine Verbindung in den Sportjournalismus findet sich ja aus vielen Bereichen: Wirtschaft, Recht, digitale Technik. Wer in die Lebensläufe von ausgezeichneten Sportjournalistinnen und -journalisten schaut (etwa auf Websites von Sendern oder auf Wikipedia), findet ganz unterschiedliche Bildungsbiografien. Stephan Klemm vom „Kölner Stadt-Anzeiger" hat die Kombination aus Geschichtsstudium und Auslandsjahr in Frankreich zuletzt bei seinem weit über den Sport hinaus reichenden Buch über das WM-Halbfinale 1982 („Die Nacht von Sevilla") sehr geholfen.

3.7 Weiterbildung

Großer Markt. Wie bei den Ausbildungsgängen wird auch das Feld bei den Weiterbildungsmöglichkeiten immer breiter und attraktiver. Insbesondere wegen der rasanten technischen Entwicklung und damit einhergehenden inhaltlichen Möglichkeiten ist systematische Weiterbildung ein Muss. Für besonders interessant halte ich die Webakademie „Reporterfabrik" die von Cordt Schnibben, ehemals Redakteur bei der „Zeit", Reporter und Ressortleiter beim „Spiegel", geleitet wird. Geschäftsführer ist David Schraven, Publisher des gemeinnützigen Recherchezentrums „Correctiv" und mehrfach ausgezeichneter Investigativreporter.

Hospitation ist empfehlenswert. Nun muss Weiterbildung nicht heißen: Ich besuche ein gutes Seminar. Als gewinnbringend für alle Beteiligten haben sich in meinem Umfeld immer zwei- bis dreitägige Hospitationen in anderen Redaktionen erwiesen. Bei dpa ist es gängig, dass Redakteurinnen und Redakteure von Kunden ins Haus kommen, um zeitliche und inhaltliche Abläufe noch besser kennenzulernen und ihre eigenen Wünsche und Nöte zu platzieren. Ich profitiere bis heute von Anregungen aus einem zweitägigen Besuch bei „Svenska Dagbladet" in Stockholm.

▶ **Tipp** Von unschätzbarem Wert sind die zahlreichen Möglichkeiten, gerade als Student oder Studentin einen Teil der Ausbildung im Ausland zu absolvieren. Wenn ich Bewerbungen bekomme und da ist nirgends von einem Auslandssemester oder Ähnlichem die Rede, frage ich nach dem Grund dafür. Wer die Förderung der EU dafür nicht nutzt, vergibt fahrlässig eine große Chance. Dabei liegen die Vorteile gerade für angehende Journalistinnen und Journalisten auf der Hand: Sprachkenntnisse (im Beruf nützlich bei Recherche und in Interviews), andere Medienlandschaften, Selbstständigkeit und natürlich Kontakte en masse.

Verwendete Quellen

- Gabriele Hooffacker/Klaus Meier: La Roches Einführung in den praktischen Journalismus. Mit genauer Beschreibung aller Ausbildungswege Deutschland – Österreich – Schweiz (Journalistische Praxis, Wiesbaden: Springer VS, 20. Aufl. 2017).

- LinkedIn, https://www.linkedin.com/jobs/view/sport-volont%C3%A4r-m-w-d-at-s%C3%BCdkurier-gmbh-medienhaus-3403039425/?original Subdomain=de, abgerufen 8. März 2023.
- Ausbildungstarifvertrag: https://www.djv.de/fileadmin/user_upload/2016-11-01_Ausbildungstarifvertrag_Druckversion.pdf, abgerufen 21. März 2023.
- Deutsche Sporthochschule (Bachelor): https://www.dshs-koeln.de/fileadmin/redaktion/Studium/Studienangebot/Studiengangsflyer/Spoho-Broschuere-Sportstudium.pdf, abgerufen 21. März 2023.
- Deutsche Sporthochschule (Master): https://www.dshs-koeln.de/fileadmin/redaktion/Studium/Studienangebot/Studiengangsflyer/Master_Flyer_MKF_Sport_Medien_Kommunikation_Forschung.pdf, abgerufen 21. März 2023.
- Universität Tübingen: https://uni-tuebingen.de/studium/studienangebot/verzeichnis-der-studiengaenge/detail/course/sportwissenschaft-mit-dem-profil-medien-und-kommunikation-bachelor-mono/, abgerufen 21. März 2023.
- Hochschule Macromedia: https://www.macromedia-fachhochschule.de/de/bachelor/sportjournalismus/, abgerufen 21. März 2023.
- Campus M21: https://www.campusm21.de/bachelor/sportjournalismus-2019/index_2019.php, abgerufen 21. März 2023.
- Fachhochschule des Mittelstands: https://www.fh-mittelstand.de/sportjournalismus/, abgerufen 21. März 2023.
- Deutsche Journalistenschule: https://djs-online.de/, abgerufen 21. März 2023.
- Henri-Nannen-Schule: https://henri-nannen-schule.de/, abgerufen 21. März 2023.
- Springer: https://www.freetech.academy/, abgerufen 21. März 2023.
- Reporterfabrik: https://reporterfabrik.org/, abgerufen 21. März 2023.

Gesprächspartner und -partnerinnen

- Jessica Balleer, Deutsche Sporthochschule, Köln, 2. September 2010

4 Kompakt: Elf Spannungsfelder

Zusammenfassung

Mit Konflikten beschäftigt sich der Journalismus naturgemäß. Doch auch das Berufsfeld an sich ist voller Spannungen. Das macht es besonders interessant. Für wen berichte ich wie?

Stichworte

Verständlichkeit, Parteinahme, Spekulation, Teamarbeit, Unabhängigkeit

4.1 Für Laien vs. für Experten

Publikumsgerecht ist die einzig richtige Antwort auf diese Frage. Wer ein Fußballspiel der deutschen Mannschaft bei einer Weltmeisterschaft kommentiert, muss sich klar machen, dass da draußen vor den Bildschirmen, Millionen Menschen sitzen, die sich eher selten für das Spiel an sich interessieren. Bedeutet: auch Basisinformationen nennen. ARD-Mann Tom Bartels, Endspielkommentator 2014 in Rio de Janeiro, sagte mir mal: „Achte mal darauf, zu Beginn eines Länderspiels sage ich immer: Die deutsche Mannschaft spielt in den weißen Trikots. Und: Sie spielt von links nach rechts – oder andersherum." Für jeden Kenner eine Selbstverständlichkeit, für das Gelegenheitspublikum allerdings nicht. Also: Immer etwas mehr erklären, als man meint, dass es nötig wäre. Und so wenig Fachsprache wie möglich. Gute Texte kommen auch und gerade im Sport in der Regel ohne Fachvokabular aus – geschriebene wie gesprochene. So spricht Bartels (Lieblingsvokabel: „vernünftig") auch beim Skispringen und Schwimmen allgemeinverständlich.

Problem Quarterback. Es gibt sogar sehr gelungene Stücke über Golf, in denen nicht einmal ein englisches Fachwort wie Bogie, Doppel-Bogie oder Eagle auftaucht. Allerdings sind auch Begriffe im Umlauf, die übersetzt schräg wirken. Als American Football hierzulande noch nicht so populär wie derzeit war, versuchte sich manch Wächter der deutschen Sprache an einer Übersetzung für Quarterback: Spielmacher? Regisseur? Passgeber? Das hat sich alles nicht durchgesetzt. Und als Trainerlegende Otto Rehhagel das Blatt umdrehte, den Football-Begriff Quarterback in den Fußball holte und seinen Schweizer Spieler Ciriaco Sforza so betitelte, war der Weg für den Quarterback frei. Auf der anderen Seite gibt es für Fachpublikationen eine Kundschaft, die von der jeweiligen Sportart mindestens genauso viel versteht wie der Journalist, der den Beitrag gemacht hat. Also: Sich immer klar machen, wer der Adressat ist.

Fazit: Eine der Leitlinien der rührigen Redaktion des „Mindener Tageblatts" (2021) finde ich hilfreich: „Die Redaktion legt Wert auf eine klare und verständliche Sprache, damit Menschen mit verschiedenen Bildungshintergründen die Texte verstehen. Sie sollen Tatsachen möglichst exakt, aber auch möglichst nachvollziehbar darstellen ... Die Redaktion setzt in Beiträgen möglichst wenig Wissen voraus."

4.2 Unterhaltung vs. Politik/Gesellschaft

Ein schwieriges Feld. Auf der einen Seite ist der Spitzensport ganz klar ein herausgehobener Teil der Unterhaltungsindustrie. Mit Glamour, Auswüchsen und Absurditäten. Auf der anderen Seite gilt der Sport – gerade in Deutschland mit seiner dichten Vereinslandschaft – als ein Kulturgut mit Werten, die die Gesellschaft prägen sollten. Fairness und Respekt etwa. In einem Dilemma steckten Sportredaktionen in den vergangenen Jahren immer wieder, wenn es darum ging, wie von Großereignissen berichtet werden sollte, deren Begleitumstände in höchstem Maße zweifelhaft waren. Ganz besonders die Fußball-WM 2022 in Katar. Hier normale Sportberichterstattung, da Kritik an Homophobie, Unterdrückung von Frauen und unmenschlichen Arbeitsbedingungen? Das alles lässt sich schwer bis gar nicht in einer einzelnen Geschichte unterbringen. Ich habe mich selbst in so einer schwierigen Situation befunden, als ich 2019 von den European

Games in der weißrussischen Hauptstadt Minsk berichtet habe. Zum einen gab es großen Sport wie das Tischtennisspiel der beiden Altmeister Timo Boll und Wladimir Samsonow. Auf der anderen Seiten instrumentalisierte der belarussische Präsident Alexander Lukaschenko die Wettkämpfe nach Autokraten-Sitte als Schaufenster für sein Land.

Fazit: Hier hilft nur eins: Erklären! Vor dem Turnier in Katar, aber auch vor den Olympischen Winterspielen im Winter zuvor in Peking haben viele Redaktionen ihrem Publikum genau diese schwierige Situation, in der sie steckten, deutlich gemacht. Zum einen das Interesse der Kundschaft an der Berichterstattung über den Sport, zum anderen die journalistische Verpflichtung, Missstände aufzudecken oder zumindest anzusprechen. Claudio Cattuogno, Sportchef der „Süddeutschen", argumentierte auf „Sueddeutsche.de": „Ich wurde immer wieder von Leserinnen und Lesern gefragt: Müsste die SZ nicht ein Zeichen setzen, indem sie über diese WM nicht berichtet? Ich verstehe diesen Impuls. Aber wir sind keine Aktivisten, wir sind Journalisten, unser Job ist das Berichten, nicht das Nicht-Berichten. Es geht also um das Wie."[6] Die Sportreporterinnen und -reporter der SZ hätten darin inzwischen eine gewisse Routine. Auch bei den Winterspielen in Sotschi 2014 und in Peking 2022 oder bei der Fußball-WM in Russland 2018 sei es ja um viel mehr als nur um Sport gegangen.

4.3 Recherche vs. Spekulation

Beides hat seine Berechtigung. Die Recherche, das Suchen nach Wahrheit und Klarheit ist der Kern journalistischer Arbeit. Wenn es etwa darum geht, unhaltbare Zustände im Sport aufzudecken, wie es in der Berichterstattung über sexuellen Missbrauch auch im Sport zum Beispiel der Fall ist und war, dann sind die Recherchen von Journalistinnen und Journalisten von hoher gesellschaftlicher Relevanz. Sie nützen nebenbei dem Ansehen des gesamten von vielen kritisch gesehenen Berufsstand (Stichwort: Lügenpresse). Auf der anderen Seite ist da das Interesse der Zuschauer, Zuhörer, Leser an wüsten Spekulationen. Im Fußball geht es dabei meist um mögliche Transfers und aberwitzig hohe Ablösesummen und Gehälter. Ist das überhaupt Journalismus? Ja, ist es. Man mag das bedauern. Aber diese Inhalte laufen und haben ihren festen Platz in der Sportberichterstattung.

---

6   Quelle: Sueddeutsche.de, https://www.sueddeutsche.de/projekte/artikel/sport/fussball-wm-katar-transparenzblog-e345648/, abgerufen 8. März 2023.

Fazit: Klar, der hehre aufklärerische Journalismus verdient höchste Anerkennung. Doch im Sinne von Unterhaltung haben auch Spekulationen ihre Berechtigung in den Medien. Genau wie Klatsch & Tratsch aus europäischen Königshäusern in der Yellow Press. Doch ein Mindestmaß an Handwerk soll's auch hier sein: Quellentreue, Plausibilität und Ehrlichkeit. Erfundene News gibt es leider viel zu viele.

4.4 Neutralität vs. Parteilichkeit

Jubelnde Reporter auf Tribünen – das ist gar nicht so selten. Wer jahrelang einen Verein begleitet, entwickelt eine (irgendwann zu) große Nähe, verliert die Distanz. Die komplett nüchterne Berichterstattung ohne jede Emotion ist allerdings andererseits auch nicht publikumsgerecht. Noch einmal zurück zum oben erwähnten Tom Bartels. Nimmt ihm jemand sein „Mach ihn!" vor Mario Götzes Finaltreffer 2014 gegen Argentinien übel? Wohl kaum. Die nüchterne Neutralität der Fernsehreporter in den 1970er Jahren funktioniert heute nicht mehr. Auch hier hilft wieder Transparenz. Als Kommentator Tom Bartels beim WM-Spiel 2022 der deutschen Elf gegen Japan einen Elfmeter für Deutschland forderte und sich durch die Zeitlupe eines Besseren belehren lassen musste, sagte er offen: „Oh, da hatte der Reporter doch etwas zu sehr die deutsche Sicht."

Fazit: Emotion ja, Distanzlosigkeit nein. Schließlich in dem Reporter gleich jeden Mediums auch derjenige, der an der Stelle des Zuschauers im Stadion oder in der Halle sitzt, derjenige, der für ihn die Emotionen durchlebt. Aber von „wir" zu sprechen, wenn es um die deutsche Nationalmannschaft geht, wie es ARD-Reporterin Lea Wagner tat, geht aus meiner Sicht nicht. Bei WM- und EM-Übertragungen vom Handball übertreiben es manche Reporter regelmäßig mit der landsmannschaftlichen Verbundenheit.

4.5 Unabhängigkeit vs. Abhängigkeit

Teure Rechte nicht schlechtreden. Journalismus ist frei und unabhängig, immer auf der Suche nach Wahrheit und Klarheit. So soll es sein. Doch die Wirklichkeit bietet gerade im Sportjournalismus ein anderes Bild. Überall da, wo es im Sport um viel Geld und politische Macht geht, wird der Journalismus zumindest in Bahnen gelenkt. Wenn ein TV-Sender für horrende Beträge Übertragungsrechte kauft, lässt er sich das Produkt ungern vom Kommentator schlecht reden. Als ich 1998 bei der Fußball-WM in Frankreich auf dem Online-Kanal des übertragenden Senders vorab einen kritischen Text über das Spiel um den dritten Platz veröffentlichte, in dem es sinngemäß um die überflüssigste Begegnung des Turniers ging, bekam ich einen gehörigen Rüffel aus der Chefredaktion. Das Wort Abmahnung schwebte gar im Raum.

Wintersport in Hauptnachrichten. Und ob an jedem Winterwochenende kurze Filmbeiträge von den zahlreichen Weltcupveranstaltungen auf Eis und Schnee einen so hohen Newswert haben, dass sie bei ARD und ZDF in die Hauptnachrichten gehören, darf bezweifelt werden.

Hier werden die Nachrichtensendungen als Werbefenster für die erworbenen Rechte eingesetzt.

Fazit: „Wer das Geld in die Musicbox wirft, darf bestimmen, was gespielt wird." Diesen Spruch verwendet der ehemalige Fußballmanager Reiner Calmund gern. Für das Sportbusiness gilt das ganz besonders. Dennoch oder gerade deshalb gilt für Sportjournalistinnen und -journalisten: Problembewusstsein schärfen, Abhängigkeiten möglichst in der Berichterstattung deutlich machen – so dass den mit dem Beschäftigungsverhältnis vereinbar ist.

4.6 Fußball vs. anderer Sport

„Fußball ist unser Leben." Das sang 1974 die deutsche Nationalmannschaft um Bundestrainer Helmut Schön. Doch damals, als zum ersten Mal eine Fußball-WM in Deutschland stattfand, hätte sich wohl niemand ausmalen können, wie präsent die damals sprichwörtlich schönste Nebensache der Welt in unserer Gesellschaft mal werden würde – und wie sehr vom Geld beherrscht. Man mag das beklagen, doch es ist eine Tatsache, die unumstößlich scheint. Fußball, dann lange nichts, dann der US-Sport mit Football und Basketball und danach Events wie die European Championships oder die Basketball-EM – so lautet meines Erachtens die Gewichtung des Sportinteresses in Deutschland in diesen Tagen.

Fazit: Wer sich nicht für Fußball interessiert, kann ja ausschalten. Das hört man häufig. Das ist mir zu absolut. In der immer größer werdenden, immer vielfältiger werdenden Welt des Sports, gibt es so viel zu sehen, zu entdecken und mitunter auch zu verdienen. Der ehemalige Geschäftsführer der Deutschen Fußball Liga, Christian Seifert, hätte nicht mit Springer zusammen den Non-Fußball-Streaming-Dienst „Dyn" aufgemacht, wenn er dort keine Verdienstmöglichkeiten sähe. Doch, doch, es gibt einen medialen Sport jenseits des Fußballs. Auch gestreamte Eigenproduktionen erweitern das Angebot in beachtlicher Qualität.

4.7 Journalismus vs. PR

Ein schwieriges Miteinander. Vereine betreiben Redaktionen, die größer sind als die der sie betreuenden klassischen Medien. Niemand erreicht über seine Social-Media-Kanäle mehr Menschen als der Portugiese Cristiano Ronaldo. Die durch die technische Entwicklung (jeder kann mit einfachen Mitteln theoretisch ein Millionenpublikum erreichen) in den vergangenen beiden Jahrzehnten rasant wachsende Zahl an digitalen Sendemöglichkeiten hat den Journalismus und insbesondere den Sportjournalismus grundlegend verändert. Die Funktion als Gatekeeper für Neuigkeiten haben die klassischen Medien nur noch bedingt. Mit Twitter & Co. Sind sie links und rechts von Vereinen, Verbänden und Business überholt worden.

Fazit: Für jeden, der mit der Kommunikation rund um den Sport zu tun hat, ist es wichtig, sich die Ziele und Funktionsweisen von Journalismus und Public Relations klarzumachen. Im Erklären und Einordnen wie auch gerade in Kommentar und anderer kritischer Begleitung des Sport-Business liegt mehr denn je die Hauptaufgabe des ambitionierten Journalismus.

4.8 Männer vs. Frauen

Geschlechterübergreifende Chancengerechtigkeit. Es ist schon erstaunlich, wie rückständig doch gerade der Sport und der Sportjournalismus sind, wenn es um dieses Thema geht. Dabei rühmt sich der Sport immer für seine gesellschaftliche Bedeutung und seine Integrationskraft. Die mediale Bedeutung des Fußballs der Frauen hat sicher durch die EM 2022 in England einen Schub bekommen, doch von einem nur annähernd paritätischen Verhältnis ist die Berichterstattung bis auf wenige Ausnahmen (z. B. Biathlon) weit entfernt. Moderatorinnen haben sich etabliert, einige gute Reporterinnen gab es schon immer, mehr weibliche Führungskräfte kommen hinzu, Kommentatorinnen haben es schwerer.

Fazit: Mir scheint der Weg zu einem deutlich höheren Frauenanteil im Sportjournalismus allerdings vorgezeichnet. Hilfreich dafür sind Aushängeschilder wie Tabea Kemme bei Magenta TV oder – vor größerem Publikum – Torhüterin Almuth Schult, die bei der EM 2021 und der WM 2022 mit klaren Worten und scharfer Analyse als Expertin in der ARD brillierte. Immerhin: In Julia Metzner kommentierte 2022 erstmals im Hörfunk eine Frau ein WM-Finale.

4.9 Digital vs. analog

Schnelligkeit und Bildstärke. Gerade im Sportjournalismus entfalten die digitalen Kanäle ihre besonderen Stärken. Dass hier in allererster Linie Gegenwart und Zukunft liegen, dürfte klar sein. Fast schon erstaunlich ist es, wie sich manche etablierte Analogmedien dennoch behaupten. Das Auflage-Plus des auf eine ganz junge Zielgruppe ausgerichteten Magazins „Bravo Sport" ist ein interessantes Beispiel dafür. Oder auch der Versuch, eine deutsche Ausgabe der US-Zeitschrift „Sports Illustrated" zu etablieren. Zur Entspannung von der ganzen Bildschirm-Guckerei mal etwas in Ruhe auf Papier lesen – das schätzen doch noch viele Menschen. Für den journalistischen Nachwuchs halte ich auch analoge Medien (in einem digitalen Umfeld) nach wie vor für einen guten Einstieg. Hier bekommt man in der Regel solides Handwerk beigebracht.

Fazit: „It's all about screens", hat der Künstler Andy Warhol mal gesagt. So ist es – jedenfalls beinahe. Den digitalen Sportjournalismus als Realität anzunehmen, ohne das Althergebrachte schlecht zu reden oder ihm voller Nostalgie hinterher zu weinen – darin besteht die Herausforderung. Nie jedenfalls war der Sportjournalismus so vielfältig. Einen eigenen Newsletter oder einen Podcast zu machen, ist technisch nicht schwer, inhaltlich umso mehr.

4.10 National vs. international

Landsleute interessieren vor allem. Über die wachsende Bedeutung des US-Sports für das deutsche Publikum wird noch die Rede sein. Wichtige deutsche Medien haben deshalb eigene US-Sport-Korrespondenten oder gar kleine Redaktionsstandorte in den Vereinigten Staaten. Dennoch: Das Hauptinteresse der deutschen Sportfreundinnen und -freunde liegt auf den Erfolgen ihrer Landsleute. Das lässt sich gerade bei Olympischen Spielen immer wieder beobachten, wo die Zugriffszahlen auf Beiträge über deutsche Athletinnen und Athleten an der Spitze stehen. Die Spiele der Fußball-Nationalmannschaft galten lange als letzte Lagerfeuer der Nation. Zu keinem anderen Anlass versammelte sich das Land regelmäßig vor dem Fernseher.

Fazit: Bei aller Globalisierung und den vielen Angeboten vom ganzen Planeten richtet sich das Interesse in allererster Linie auf die Landsleute. Mag der FC Liverpool in Deutschland auch immer schon populär gewesen sein, den großen Schub an Aufmerksamkeit hat erst das Engagement von Joachim Klopp als Trainer dort gebracht.

4.11 Im Team vs. allein

Teams wichtiger denn je. Manchmal hilft es, den guten alten Berti Vogts hervorzukramen. „Der Star ist die Mannschaft", sagte der Bundestrainer vom Niederrhein immer wieder, als er auf das Erfolgsrezept zum Gewinn der Fußball-Europameisterschaft 1996 angesprochen wurde. Für den Sportjournalismus gilt das mehr denn je. Je größer die Zahl der Ausspielkanäle wird, je komplexer die Redaktionsstrukturen werden, umso wichtiger ist es, dass das Team gut aufgestellt ist. Alleskönner („Eier legende Wollmilchsau") gibt es kaum. Und Einzelkämpfer sind Ausnahmen, allenfalls bei den Reportern, die nach exklusiven Nachrichten schürfen, gibt es die noch in größerer Stückzahl.

Fazit: Wie in praktisch allen Wirtschaftsbereichen steht der Teamgedanke oben. Das passt ja auch zum Sport. Doch auch starke Mannschaften brauchen besondere Einzelkönner, die sich hervortun. Sie zu fördern und das Team dennoch nicht in Schieflage kommen zu lassen, ist nicht ganz so einfach. Viel Erfolg, liebe Führungskraft!

Verwendete Quellen

- Leitlinien des Mindener Tageblatts: https://www.mt.de/lokales/minden/Ein-Einblick-in-unsere-Arbeit-Die-Leitlinien-des-Mindener-Tageblatts-23036507.html?fbclid=IwAR1mFcK1fG54vH0vf43V45lueEpwX1ZT_jsSVVf2MIS-lOPKM7HTNmRn6oI, abgerufen 21. März 2023.
- Sueddeutsche.de, https://www.sueddeutsche.de/projekte/artikel/sport/fussball-wm-katar-transparenzblog-e345648/, abgerufen 8. März 2023.

Gesprächspartner und -partnerinnen

- Tom Bartels, ARD, Köln 2008

Leitmedien 5

Zusammenfassung

Welche Medien entscheiden im Sportjournalismus, wo es lang geht? Wer setzt die Agenda? Auch hier gibt es einen Wandel. Nicht nur ganze Redaktionen, sondern immer öfter einzelne Journalisten bestimmen den Spin Themenlagen via Social Media mit.

Stichworte

Agenda, Meinung, „Bild", Twitter

5.1 „Bild" als Leitmedium

„Bild" ist Pflichtlektüre. Die Aussage des früheren Bundeskanzlers Gerhard Schröder ist zum geflügelten Wort geworden: Zum Regieren brauche er „Bild, BamS und Glotze". Heißt: mit guten Kontakten und einer wohlwollenden Berichterstattung in der „Bild"-Zeitung, der „Bild am Sonntag" und in den führenden TV-Kanälen lässt sich erfolgreich Politik machen. Das ist natürlich sehr zugespitzt – ganz im „Bild"-Stil – hat aber einen wahren Kern. „Bild" prägte und prägt seit Jahrzehnten das Ansehen der Mächtigen in der Bundesrepublik Deutschland. Insbesondere für politische Redakteurinnen und Redakteure galt und gilt das Blatt bzw. die zugehörige App als Pflichtlektüre am besten schon vor dem Aufstehen.

Ich habe miterlebt, wie ein Chefredakteur seine versammelte Politikredaktion in den Senkel gestellt hat, weil sie am Morgen ein von „Bild" befeuertes Stück rund um das polarisierende Thema Autobahngebühren verschlafen hatte.

Print- und Online-Leser zusammengefasst. Wie groß die Bedeutung der „Bild" ist, machen Zahlen der Arbeitsgemeinschaft Media-Analyse deutlich, die Tageszeitungs-Reichweiten aus Print- und Online-Leserzahlen errechnet und zusammenführt. Nach absoluten Zahlen heißt die Nummer 1 „Bild". Aus 7,352 Millionen Lesern pro Ausgabe und 5,665 Millionen Unique Usern werden in der gemeinsamen Konvergenzreichweite 12,122 Millionen. Der Abstand zu den Verfolgern ist eindrucksvoll.

Klinsmann Bundestrainer trotz „Bild". Was für das Ressort Politik gilt, gilt für den Sport in gleichem Maße. Auch hier setzt „Bild" allein dank Marktmacht (Tab. 5.1) nach wie vor die Themen. Und es ist nur jedem Neuling in einer Sport-

Tab. 5.1 Top 20 Tageszeitungen nach Print-Digital-Reichweiten

Rang	Titel	Konvergenzreichweite	Print*	Digital*
1	Bild Deutschland	12,122	7,352	5,665
2	Die Welt/Welt Digital	3,858	0,849	3,057
3	Funke Medien NRW inkl. IKZ	3,286	1,599	1,865
4	Süddeutsche Zeitung	2,857	1,331	1,601
5	Frankfurter Allgemeine Zeitung	2,698	0,944	1,791
6	Der Tagesspiegel	1,838	0,397	1,477
7	Rheinische Post	1,477	0,800	0,756
8	HAZ-Total	1,218	0,986	0,264
9	Express	1,177	0,292	0,904
10	Handelsblatt	1,105	0,594	0,517
11	Kölner Stadt-Anzeiger/Kölnische rundschau	1,057	0,776	0,327
12	Stuttgarter Zeitung/Stuttgarter Nachrichten Plus	1,052	0,569	0,524

* Print: Leser pro Ausgabe in Mio./Digital: Unique User pro Tag in Mio. // Quelle: Arbeitsgemeinschaft Media-Analyse, zitiert nach Meedia, 14. Oktober 2022, https://www.meedia.de/analysen/agma-veroeffentlicht-erstmals-print-digital-reichweiten-fuer-tageszeitungen-e70f774823e4a4a8b1d9a610adc5eda3, abgerufen November 2022.

redaktion zu raten, vor Dienstbeginn schon in das Blatt oder auf den Smartphone-Bildschirm mit der entsprechenden Anwendung geschaut zu haben. „Bild" macht Stars und sorgt für ihren Niedergang. Und da gerade der Sportjournalismus besonders personenfixiert ist, ist die Redaktion hier so einflussreich. Bestens vernetzt, personell gut ausgestattet – so funktioniert es. Dass „Bild" aber nicht mehr über die Allmacht wie in früheren Jahrzehnten verfügt, wurde im Vorfeld der Fußball-WM 2006 deutlich. Der damalige Bundestrainer Jürgen Klinsmann stand wegen schwacher Ergebnisse in der Vorbereitungsphase schwer in der Kritik. Schon zu seinen Zeiten als Spieler hatte er kein gutes Verhältnis zu den Boulevardmedien. Trotz aller Attacken von „Bild" hielt sich Klinsmann im Amt und führte die deutsche Elf in einem märchenhaften Turnier bis ins Halbfinale.

5.2 Leitmedien Nachrichten

Agenda bestimmen. Unter der Überschrift Leitmedien gilt es zwei Stränge zu verfolgen: Wo werden Nachrichten gemacht, und wo wird Meinung gemacht? Beides gibt der gesamten Sportberichterstattung den täglichen Spin.

Rechteinhaber und Regionale. Als Leitmedien in Sachen Nachricht sind dabei insbesondere die Rechteinhaber für TV-Bilder zu betrachten, die viele Hundert Millionen Euro für Exklusivität ausgeben (Stichwort „Glotze"). Das sind dann neben den Öffentlich-Rechtlichen auch und gerade die Pay-TV-Sender wie Sky und DAZN. Die promoten ihre News über alle Ausspielkanäle, die ihnen zur Verfügung stehen. Hinzu kommen Fachblätter wie im Fußball der „Kicker" oder Fachportale wie „transfermarkt.de" aus dem Hause Springer. Gerade diese Medien werden auch von den Nachrichtenagenturen mit besonderer Aufmerksamkeit verfolgt, entsprechend finden die Inhalte große Verbreitung bei deren Kunden. Nicht zu vernachlässigen sind die regionalen Medien, die per se anstreben, Leitmedien in ihrem Raum zu sein. Das gilt selbstverständlich auch für den Sport. Wenn ein Konkurrenzmedium den Namen eines neuen Trainers von Fortuna Düsseldorf eher veröffentliche als die „Rheinische Post", tobte dort gern mal der Boss. Und zwar zu Recht. „Einem Medium kann eine Leitfunktion begrenzt auf die öffentliche Kommunikation im lokalen Raum unterstellt werden, beispielsweise dem Lokalteil einer örtlichen Zeitung", meint der Düsseldorfer Kommunikationsforscher Prof. Dr. Gerhard Vowe dazu.

5.3 Leitmedien Meinung

Schnittstelle zur Gesellschaft. Wer Nachrichten macht, macht damit auch Meinung. Dennoch gibt es unter den Leitmedien auch solche, die sich in besonderer Weise über die Einordnung des Geschehens definieren und deshalb einen bestimmenden Platz unter den Sportmedien haben. Und da sind zuallererst die beiden größten überregionalen Tageszeitungen inklusive der digitalen Beiboote oder Mutterschiffe zu nennen: „Süddeutsche Zeitung" und „Frankfurter Allgemeine Zeitung". Insbesondere an der breiten Schnittstelle zwischen Sport und Gesellschaft werden deren Stimmen gehört. Wenn die „Süddeutsche" ausführlich über sexuellen Missbrauch im Sport berichtet, setzt sie damit ein Thema, das eine große Reichweite bekommt. Wenn die FAZ erklärt, warum, in welchem Umfang und wie sie von umstrittenen Großereignissen wie den Olympischen Winterspielen 2020 in Peking oder erst recht von der Fußball-Weltmeisterschaft 2022 in Katar berichtet, hat das Einfluss auf die Zugänge der gesamten sportjournalistischen Landschaft zu diesen Themen. Gleiches gilt für ausführliche Recherchen und Berichterstattungen des „Spiegel" etwa über Steuertricks im Profifußball.

Gerade bei sportpolitischen Themen wird deutlich, dass wenige Leitmedien bestimmend sind. Nur die Nachrichtenagenturen, der öffentlich-rechtliche Rundfunk oder die besonders mit Sportpolitik befassten Medien wagen sich an diese Komplexe heran, weil nur sie über die entsprechende Expertise und/oder das erforderliche internationale Netzwerk verfügen, um zum Beispiel über systematisches Doping in Russland oder Korruption in Weltverbänden fundiert zu berichten.

5.4 Umfrage unter Sportchefs

Korrektiv für eigene Arbeit. Aus einer Befragung von 115 Sportchefs durch die Technische Universität München im Jahr 2014 gingen die „Süddeutsche" und der „Kicker" mit je 65,4 Prozent als führende Leitmedien hervor, gefolgt von „Bild" (64,4). Mit einigem Abstand dahinter: „SportBild" (32,7), „Frankfurter Allgemeine" (31,7) sowie die Öffentlich-Rechtlichen ARD (29,8) und ZDF (27,9). Prof. Dr. Michael Schaffrath bilanziert: „Die Umfrage macht deutlich, dass im Sportjournalismus die Beobachtung der Konkurrenz ein wichtiges Korrektiv für die eigene Arbeit darstellt." (s. Link: Studie zu Leitmedien). Die Leitmedien des Sportjournalismus seien klar identifizierbar. Seit der Untersuchung hat sich die Landschaft der Sportmedien weiterentwickelt. Gerade die auf Sport spezialisierten Newssites prägen das Bild. Dabei ist es bemerkenswert, wie sich der traditionsreiche „Kicker" schlägt. Das Fachportal ist digital die klare Nummer eins.

5.5 Neue Vielfalt

Mit Twitterlisten. Der Investigativjournalist Josef Opfermann, der sich bei „EyeOpening.media" mit Themen wie Doping oder Korruption beschäftigt, sagt im Interview auf der Website des Verbands Deutscher Sportjournalisten: „Ich glaube, die Zeit der Leitmedien im Sport ist vorbei. Dafür ist die Sportmedienlandschaft mittlerweile einfach zu vielfältig. Mir ist wichtig, dass ich in jedem einzelnen Themengebiet professionell informiert werde."[7] Ich halte diese Aussage für falsch und richtig zugleich. Der Einfluss der klassischen Leitmedien ist sicher noch gegeben – so wie zuvor dargestellt. Doch daneben existiert eine spezialisierte Welt, in der sich jede Journalistin ihre besonderen Leitmedien sucht. Das können neben den nationalen Medien etwa internationale wie BBC, CNN oder „The Athletic" sein. Und das können Spezialanbieter für einzelne Sportarten sein. So ist es etwa für den dpa-Frühdienstler üblich, sich gerade für den schnellen Überblick morgens in der S-Bahn auf dem Weg in den Newsroom Twitter-Listen mit den jeweiligen Leitmedien zu prüfen – auch die Accounts von Sportlern, Vereinen und Verbänden werden dabei beobachtet. Dass Online rasant gewinnt, ist kein Geheimnis (Tab. 5.2)

Tab. 5.2 Online- und Mobil-Visits von Sport-Newssites im Oktober 2022

Rang	Titel	Online- und Mobile-Visits in Mio
1	Kicker	286,73
2	Sport1	87,49
3	transfermarkt.de	86,82
4	Spox	27,36
5	sport.de	15,07
6	ran.de	9,10
7	skysport.de	7,20
8	Goal	4,55

Quelle: Verband deutscher Sportjournalisten, Informationsgemeinschaft zur Feststellung der Verbreitung von Werbeträgern (IVW), Abruf: 10. November 2022
Die Nutzungsdaten sind während der Übergangsphase auf ein neues datenschutzkonformes Messsystem eingeschränkt vergleichbar. Die tatsächliche Nutzung eines Werbeträgers kann **höher** sein als ermittelte Werte.

---

[7] Interview auf https://www.sportjournalist.de/news/interviews/sportjournalist-fragebogen-ich-ueber-mich-fb-1883/, abgerufen 8. März 2023.

5.6 Leitjournalistinnen und -journalisten

Pointiert und live. Gerade beim im Journalismus nach wie vor rege gebrauchten Dienst Twitter haben sich in Sachen Sport – und da insbesondere beim Fußball – Leitjournalisten etabliert, die ihre Meinung pointiert und unmittelbar nach oder öfter noch während Ereignissen verbreiten. Wenn es um Sportpolitik geht, ist oft Jörg Mebus aus dem ARD-Investigativteam von Hajo Seppelt schnell und inhaltsstark dabei. Philipp Köster, Pit Gottschalk, Marcus Bark und andere nehmen sich die Bundesliga vor. Für Pfiffiges bürgt Günter Klein, lange für den „Münchner Merkur" tätig. Gerade auf regionaler Ebene gibt es noch eine Vielzahl solcher Leitjournalistinnen und -journalisten, die sich der sozialen Medien bedienen und sich damit zur Marke machen. Markenbildung in eigener Sache gehört für viele zum Berufsbild.

Verwendete Quellen

- Studie zu Leitmedien: https://www.fachjournalist.de/sportjournalismus-die-konkurrenz-fest-im-blick/
- Weitere Informationen zu Leitmedien: https://www.bpb.de/themen/medien-journalismus/medienpolitik/172063/leitmedium-fernsehen/#node-content-title-2
- Interview auf https://www.sportjournalist.de/news/interviews/sport journalist-fragebogen-ich-ueber-mich-fb-1883/, abgerufen 8. März 2023.

Gesprächspartner und -partnerinnen

- Gerhard Vowe, Universität Düsseldorf, Berlin, 16.3.2016

Eilmeldung 6

> **Zusammenfassung**
>
> Schnell, kurz und verständlich – das hört ich einfach an und ist doch so schwer. Die Eilmeldung hat im digitalen Journalismus noch einmal an Bedeutung gewonnen. Gerade im von Aktualität getriebenen Sportjournalismus ist sie eine wichtige Darstellungsform.

Stichworte

Blitzmeldung, Eilmeldung, Meldung, Nachricht, Nachrichtenagentur

6.1 Wozu die „Eil"?

Korrekt, präzise, informativ. Zunächst ein kleiner Abstecher in die Politik. Als „ein Stück Zeitgeschichte" beschreibt der Journalist Oliver Wurm ein Heft, in dem er 250 Eilmeldungen der Deutschen Presse-Agentur aufgearbeitet hat, in denen „Merkel" oder die Flexion „Merkels" in der Überschrift stand: Von ihrer Wahl „zur ersten deutschen Bundeskanzlerin" am Dienstag, 22. November 2005, um 10.53 Uhr bis zur Reaktion auf einen mutmaßlichen Anschlag in der afghanischen Hauptstadt Kabul am 26. August 2021 um 18.58 Uhr. In Meldungen von zwei bis drei Sätzen (plus Überschrift) wird die Ära Merkel facettenreich dargestellt. Das ist ein eindrucksvolles Beispiel für die Bedeutung und Aussagekraft von Eilmeldungen.

Königsdisziplin. Der langjährige dpa-Nachrichtenchef Froben Homburger singt überzeugt das Hohelied auf die Meldung/Nachricht und ihre besonders knappe Variante, die Eilmeldung: „Die Nachricht gilt zu Unrecht als die graue Maus des Journalismus. Für mich ist sie die Königsdisziplin. Einen komplexen Sachverhalt korrekt, präzise, informativ, umfassend, interessant und allgemeinverständlich in wenigen Zeilen darzustellen, erfordert höchsten journalistischen Sachverstand."

Im Digitalen immer wichtiger. Und der stellvertretende Chefredakteur der „Westdeutschen Allgemeinen Zeitung", Alexander Marinos, misst der Eilmeldung gerade im immer schnelleren Digitaljournalismus eine wachsende Bedeutung bei: „Immer mehr Nachrichten werden immer kürzer ... Eine Eilmeldung muss heute auf das Display einer Uhr passen. Und wenn die Schlagzeile einer Nachrichten-Website, vielleicht noch in Kombination mit dem Teaser, nicht direkt auf den Punkt kommt, dann geht das Wegscrollen oder Weiterklicken noch schneller als das Umblättern einer Zeitungsseite."[8]

Besonders im Sport. Für Nachrichtenagenturen – und hier ist dpa als größte deutschsprachige Agentur zuallererst zu nennen – ist die Eilmeldung mehr denn je der Markenkern. Über die Definition der Darstellungsform Meldung respektive Nachricht, über ihre Inhalte und Struktur gibt es reichlich Literatur. Hier nun werden die Besonderheiten im Sport herausgearbeitet. „Die Eilmeldung weist in der Regel auf ein besonderes, ein herausragendes Ereignis mit besonderer Wichtigkeit hin", sagt dpa-Sportchef Christian Hollmann, „oft handelt es sich um ein überraschendes und unerwartetes Ereignis. Wir gehen davon aus, dass es einen größeren bis sehr großen Kreis von Menschen interessiert und vielleicht auch direkt betrifft."

Grundlage für Push-Meldungen. Zunächst geht es dpa darum, ihre Kundenredaktionen (also etwa Verlage und Rundfunkanstalten), die ihre Erstadressaten sind, darauf aufmerksam zu machen, dass etwas Besonderes passiert ist. Sie bekommen in einer Kurzinformation den Hinweis darauf, dass sie möglicherweise jetzt ihre Redaktionsplanung neu aufstellen, umplanen, Kapazitäten freiräumen müssen. Hollmann: „In den vergangenen Jahren sind Push-Nachrichten immer bedeutender geworden. Jeder hat – oder zumindest viele Leute haben – auf dem Smartphone oder anderen Endgeräten Alerts eingerichtet, oft auch für News-Sei-

---

8 Alexander Marinos, Journalistische Praxis: Modernes Nachrichtenschreiben, Neu interpretierte Regeln für einen besseren digitalen Qualitätsjournalismus (Wiesbaden: Springer VS, 1. Aufl. 2021), S. 1

ten. Da haben die Push-Meldungen eine große Bedeutung bekommen." Und dafür liefert dpa mit der Eilmeldung oft die Grundlage.

So geht's. Bei dpa gibt es Regeln für die Eilmeldung, die auch an die Kundenredaktionen kommuniziert werden. Dazu gehören:

- Überschrift: selbsterklärend
- Länge: maximal zwei Sätze, nur bei besonders komplexen Sachverhalten und in begründeten Ausnahmefällen auch drei Sätze.
- Quelle: grundsätzlich immer angeben

Nach der „Eil". Auch für den Versand von nachfolgenden Texten mit ergänzenden Informationen gibt es Regeln. So muss wenige Minuten nach der Eilmeldung schon „ent-eilt" werden. Das heißt: Die Kunden bekommen eine längere Fassung der Meldung, vielleicht mit ersten Stimmen und in der Regel mit einer Einordnung des Geschehens.

Weniger Breaking News bei CNN. Wird nun zu viel oder zu wenig „ge-eilt" im Nachrichtengewitter? Darüber gibt es immer wieder Diskussionen. Die Eilmeldung gilt als besonders kostbares Gut und sollte nicht durch ein Überangebot an Bedeutung verlieren. CNN-Chef Chris Licht hat eine Devise ausgegeben, die erst einmal ungewöhnlich erscheint: Beim Nachrichtensender soll es weniger Eilmeldungen, also weniger „Breaking News", geben. Der „Breaking News"-Banner werde bei allen Sendern mittlerweile so inflationär verwendet, dass sich seine Bedeutung bei den Zuschauern längst abgenutzt habe, schrieb Licht in einem internen Memo. Er soll nun nur noch verwendet werden, wenn eine Nachricht das Kriterium „Hören Sie auf mit dem, was Sie gerade tun, und schalten Sie die Nachrichten ein!" erfüllt. CNN, schrieb er, solle sich „darauf konzentrieren, unsere Zuschauer zu informieren, nicht zu alarmieren".[9]

6.2 Eilmeldungen im Sport

Erwartet oder unerwartet? Grundsätzlich unterscheiden die Nachrichtenagenturen zwischen planbaren und unvorhergesehenen Ereignissen, die eine Eilmeldung erfordern. Das gilt so auch für den Sport. Für die planbaren Ereignisse gibt es richtiggehend einen Katalog. Dass der FC Bayern München zum zehnten

---

9 Zitiert nach https://deadline.com/2022/06/cnn-breaking-news-chris-licht-1235037246/, abgerufen 8. März 2023.

Mal hintereinander Deutscher Fußballmeister wird, ist zwar alles andere überraschend. Die Bedeutung des Titelgewinns in Deutschlands mit Abstand wichtigster Sportart ist indes so groß, dass die Eilmeldung geboten ist – und wohl auch bei den Kunden größtes Unverständnis herrschen würde, wenn sie ausbliebe. Sportchef Hollmann: „Es ist eben ein Ereignis von herausgehobener Bedeutung, über das in den Minuten, Stunden oder Tagen danach viele reden. In dem Fall eben darüber, wie langweilig die Bundesliga geworden ist."

Meistermeldung. Standard-Eilmeldungen sind zum Beispiel auch: Absteiger in die 2. Fußball-Bundesliga, Aufsteiger aus der 2. Bundesliga, Deutscher Handball-Meister, Deutsche Eishockey-Meister, Deutscher Basketball-Meister, Entscheidungen also in den wichtigsten deutschen Mannschaftssportarten – wohl gemerkt bei den Männern. dpa eilt den Formel-1-Weltmeister, jeden deutschen Sieger bei einem Formel-1-Rennen. Hollmann: „Wir eilen auch den Marathon-Weltrekord, und wir würden deutsche Olympiasiege eilen." Doch der Katalog der planbaren Ereignisse, die Eilmeldungen nach sich ziehen, ist im Wandel. Noch kurz nach der Jahrtausendwende wurden sämtliche olympischen Medaillengewinner „geeilt" – auch wenn sie nicht aus Deutschland kamen und für das deutsche Publikum deshalb nachweislich von geringem Interesse waren.

Gesprächswert immer wichtiger. Das wird heute nicht mehr gemacht. Stattdessen hat das Kriterium „Gesprächswert" gerade im Sport an Bedeutung gewonnen. Der vermeintlich objektive Nachrichtenwert tritt hinter die Frage zurück: Worüber redet das Publikum? Was beschäftigt die Menschen? Nebenbei: Sogar in ihren Stellenanzeigen nennt die dpa mittlerweile die Sensibilität für Themen mit eben solchem Gesprächswert als Kriterium für die Personalauswahl. Und worüber reden die Leute am liebsten? Über Leute.

6.3 Überraschung!

Wer kommt, wer geht? Von besonderem Reiz für die Sportszene sind Personalien. Insbesondere Spieler- oder Trainerwechsel. Wenn ein Bundesligist (oder ein Zweitligist mit besonderer Strahlkraft wie zeitweise der FC Schalke 04) einen Trainer verpflichtet oder entlässt, ist das eine klare Eilmeldung. Meistens deuten sich solche Wechsel an, manchmal kommen sie aber aus heiterem Himmel. Dass Hertha BSC im Abstiegskampf der Saison 2021/22 plötzlich auf Felix Magath setzte, ereignete sich „völlig überraschend", wie Hollmann sagt, „damit hatten selbst die mit besonderer Fantasie gesegneten Kollegen in der Redaktion nicht gerechnet". Eine Reizfigur, die lange aus dem deutschen Trainergeschäft raus war, kehrt zu-

rück. Und das auch noch zu einem unerwarteten Zeitpunkt, nämlich an einem Sonntagabend – das ist, so der dpa-Sportchef, „ein Paradebeispiel" einer Eilmeldung, nach der die Kundschaft giert.
Der Club hatte die News getwittert. Der zuständige dpa-Korrespondent verifizierte die Neuigkeit. Und schon ging die „Eil" raus:

Sonntag, 13. 03. 2022, 20:49 Uhr: Felix Magath bis Saisonende Trainer von Hertha BSC – Berlin (dpa) – Der vom Abstieg bedrohte Fußball-Bundesligist Hertha BSC hat Felix Magath als Trainer bis zum Saisonende verpflichtet. Das gab der Tabellen-Vorletzte, der sich erst am Vormittag vom bisherigen Coach Tayfun Korkut getrennt hatte, am Sonntagabend bekannt.

Zwei-Quellen-Regel. Im Fall Magath war die Quellenlage klar. Die Information ließ sich schnell bestätigen – bei dpa gilt die Zwei-Quellen-Regel. Eine vorliegende Information muss von zweiter Seite also bestätigt werden. Doch wie sieht es bei unklarer Lage aus? Etwa wenn sich Medien mit spektakulären Transfers schon weit nach vorn wagen und die dpa-Kundschaft nach entsprechendem Futter giert? Wie „heute-journal"-Moderatorin Marietta Slomka betont: „Das wichtigste Kriterium bei der Frage, ob man ein Ereignis bringt, lautet: Ist es tatsächlich auch so geschehen? Klingt wie eine Selbstverständlichkeit, aber gerade bei Medien, die live berichten, ist das nicht selbstverständlich." (Slomka 2022, S. 173 ff.)

Wechsel interessieren. „Transfermeldungen sind inzwischen deutlich häufiger eine Eilmeldung als in früheren Jahren", sagt Hollmann. „Weil a) größere Summen bewegt werden und b) das Transfergeschehen diesen enormen Gesprächswert hat und gerade im Digitalen große Aufmerksamkeit bekommt. So war das im Print nie der Fall." Man sieht das zum Beispiel am großen Erfolg des auf diese Themen spezialisierten Portals „transfermarkt.de" aus dem Hause Springer.

Eilmeldung nach Medienangaben. Wenn der den Spieler abgebende und der aufnehmende Verein den Wechsel eines deutschen Nationalspielers bestätigen, ist die Lage klar: Hinaus in die Welt mit der Eilmeldung. Wenn die Quelle aber nicht einer der beteiligten Clubs oder der Berater des Spielers ist, sondern ein Medium, dann wird es mitunter heikel. „Da gucken wir im Einzelfall drauf", sagt Hollmann. Wenn das Gesamtbild passt, wenn sich die Lage zur Einschätzung des für den Club zuständigen Reporters passt, dann kann es auch zu einer Eilmeldung mit dem Hinweis „nach Medienangaben" kommen. Dazu werden die nach dpa-Erfahrung gut unterrichtete Medien herangezogen: „Bild" etwa, „Kicker", „Sky" oder häufig besonders gut verdrahtete Lokalmedien wie der „Kölner Stadt-Anzeiger" beim 1. FC Köln oder die „Rheinische Post" bei Borussia Mönchengladbach.

6.4 Todesmeldungen

Besonders sensibel. Wenn eine bedeutende Sportlerin oder ein Funktionär stirbt, ist das der Agentur oftmals eine Eilmeldung wert. Grundsätzlich gelten die zu besonderer Sorgfalt verpflichtenden Merksätze wie „Was dpa sendet, das stimmt" oder auch „be first, but first be right". Bei Todesmeldungen gilt das noch einmal in besonderem Maße. Was wäre schlimmer, als das deutschlandweit jemand über die Medien für tot erklärt wird, der sich noch bester Gesundheit erfreut?

Bestätigung aus engstem Umfeld. „Bei Persönlichkeiten aus dem Inland gilt: Wir brauchen originär selbst eine Bestätigung des Todesfalls aus dem familiären Umfeld oder aus einer gleichermaßen sicheren Quelle, das kann der Arbeitgeber sein oder ein glaubwürdiger Verband. Erst dann dürfen wir eine Eilmeldung machen. Im Promibereich kann das auch ein Agent oder Berater sein", sagt Hollmann. „Für uns reicht es nicht aus, wenn ein anderes Medium berichtet. Wir dürfen niemanden auf Basis von Zweitquellen sterben lassen. Das führt manchmal dazu, dass wir später auf dem Markt sind als Medien, die diese hohen Standards nicht anlegen."

International auch „laut Medien". Nicht ganz so streng sind die Regularien fürs Ausland. Dort berichtet dpa auch über Todesfälle, wenn glaubwürdige Medien den Tod melden und es in geraumer Zeit keinen abweichenden Berichten gibt. So war es zum Beispiel beim Hubschrauberabsturz mit Basketball-Legende Kobe Bryant. Den „eilte" dpa auf Grundlage der Berichterstattung der „Los Angeles Times" und des Promi-Portals „TMC". Allerdings mit rund einer halben Stunde Verzögerung, in der die ersten Bryant-Meldungen im wahrsten Sinne des Worts schon rund um die Welt unterwegs waren und hätten dementiert werden können.

Höchste Dringlichkeit. Es gibt im Nachrichtengeschäft noch eine höhere Dringlichkeitsstufe als „die Eil": die Blitzmeldung nämlich. Am 8. September 2022 verschickte dpa erstmals nach 22 Monaten, nach der Wahl Joe Bidens zum US-Präsidenten, und überhaupt erst zum 62. Mal nach Gründung der Agentur im Jahr 1949 eine solche, die lediglich aus einer Überschrift im Telegrammstil besteht: „(Blitz) Palast: Britische Königin Elisabeth II. ist tot". Die erste dpa-Blitzmeldung aus dem Sport (wer hätte es gedacht?) lief anlässlich des „Wunders von Bern" am 4. Juli 1954: „Deutschland Fußballweltmeister durch 3:2-Sieg über Ungarn".

▶ **Tipp** Nur wer in den von ihm betreuten Themen sattelfest ist und für Eventualfälle auch Textbausteine bereitliegen hat, kann höchste Qualität liefern. Also: Wenn Borussia Dortmund einen neuen Trainer sucht, sollten die Grundzüge der Karrieren von allen möglichen Kandidaten griffbereit daliegen. Viele Redaktionen pflegen den so genannten Leichenspeicher. So wird etwas despektierlich der Fundus an Nachrufen genannt, auf den im Ernstfall schnell Zugriff genommen werden kann. Meist werden die Fakten daraus auch in Stücken zu runden Geburtstagen der jeweiligen Person verwendet und aktualisiert. Als der lange schon erkrankte ehemalige Torjäger Gerd Müller starb, lag ein Text bereit. Das klingt traurig, ist aber professionell und im Sinne der Kunden, die schnellstmöglich bedient werden wollen.

Übung

Schauen Sie sich die Pressemitteilung des Deutschen Fußballbundes zur weiteren Tätigkeit von Bundestrainer Hansi Flick an: https://www.dfb.de/news/detail/so-lief-das-gespraech-zwischen-flick-neuendorf-und-watzke-247096/ (zuletzt abgerufen 21. März 2023)

Destillieren Sie daraus eine Eilmeldung: Überschrift plus zwei Sätze. Überlegen Sie, wie die weitere Berichterstattung einer Agentur aussehen würde (Stichwort: ent-eilen).

Verwendete Quellen

- Alexander Marinos, Journalistische Praxis: Modernes Nachrichtenschreiben, Neu interpretierte Regeln für einen besseren digitalen Qualitätsjournalismus (Wiesbaden: Springer VS, 1. Aufl. 2021)
- Marietta Slomka, Nachts im Kanzleramt (München: Droemer, 1. Aufl. 2022)
- Oliver Wurm, Die Kanzlerin (Hamburg: Oliver Wurm, 1. Aufl. 2021)
- Barbara Maas, Kurze Texte, Journalisten-Werkstatt, (Salzburg: Medienfachverlag Oberauer, 1. Aufl. 2021)

- Blitzmeldungen: https://www.kom.de/artikel/der-tod-der-queen-als-dpa-blitzmeldung/, abgerufen 21. März 2023.
- Deadline.com, https://deadline.com/2022/06/cnn-breaking-news-chris-licht-1235037246/, abgerufen 8. März 2023.

Gesprächspartner und -partnerinnen

- Christian Hollmann, dpa
- Oliver Wurm, Sportjournalist und Publizist
- Froben Homburger, dpa

Aktueller Spielbericht (Schnellschuss) 7

Zusammenfassung

Mit dem Schlusspfiff im Stadion sendet der Reporter von der Pressetribüne seinen Text in die Redaktion. Wie geht das? Welche Qualität kann so ein Stück haben? Der aktuelle Spielbericht, im Jargon der Branche Schnellschuss genannt ist eine Kerndisziplin des Sportjournalismus – und dabei ein solides Stück Handwerk.

Stichworte

Schnellschuss, Reporter, Aktualität, Andruck, Vorbereitung

7.1 Mit Schlusspfiff fertig

Adrenalin bis unter die Hutkrempe. Peter Linden, ein Meister der groß angelegten Reportage und ein Lehrmeister für Generationen von jungen Journalistinnen und Journalisten, erzählte abends nach seinen Seminaren immer gern davon, wie sehr er die tagesaktuelle Arbeit im Sport vermisse. Die Arbeit, mit der er in den Beruf eingestiegen war. Für die „Süddeutsche Zeitung" berichtete er zum Beispiel von den Fußballspielen des TSV 1860 München. Da ging es nicht in erster Linie darum, großen Lesegenuss zu produzieren. Da galt der sportjournalistische Lehrsatz „Richtigkeit vor Schnelligkeit, Schnelligkeit vor Schönheit". Hieß: Mit Schlusspfiff musste ein brauchbarer (inhaltlich und sprachlich richtiger Text) in die Redaktionen versandt werden. In jüngeren Jahren per W-Lan und Laptop, davor telefonisch via Eingabekräfte, denen das Stück diktiert wurde. Hochdruck, Adrenalin bis unter die Hutkrempe und am nächsten Morgen die Überraschung in der Zeitung, dass der Text sogar brauchbar war. Das war das Empfinden von Peter Linden und gilt bis heute noch für jeden nicht allzu abgestumpften Kollegen.

Altmeister am Telefon. Der Schnellschuss ist eine besondere Disziplin des Sportjournalismus. Wer ihn beherrscht, genießt auch hohes Ansehen über die Grenzen des Ressorts hinaus (wenn diese Grenzen denn überhaupt noch existieren). Gerade die telefonische Übermittlung war ein Meisterstück in Sachen Konzentration – bei einem WM-Finale etwa machen drumherum ja 80 000 Menschen einen unfassbaren Lärm. Den Meistern dieses Faches gelang es, Texte aus dem Kopf auf die von den Redaktionen festgelegte Länge genau durchzugeben, allenfalls mit ein paar Notizen auf dem Zettel. Wie bestellt, so geliefert. Frank Lußem, Leiter der „Kicker"-Redaktion West, nennt gern Peter Stützer, Karlheinz Wagner und Frank Nägele (alle vom „Kölner Stadt-Anzeiger") als besondere Könner. Auch H. G. Martin, lange Jahre Sportchef der „Rheinischen Post", gab sprachlich brillante und fachlich hochkarätige Stücke „aus dem Hut durch". Lußem: „Beim Schnellschuss kommt es auf Schnelligkeit an. Die darf dich aber nicht so niederringen, dass du Blödsinn verzapfst. Das ist riesengroßer Stress und Adrenalin pur." Mit etwas Übung und Routine klappt das aber.

7.2 Standardaufbau

Nach Kuchenrezept. Wie schreibt man ihn nun, diesen Schnellschuss? Im Grunde gibt es eine einfache Struktur, und der Text wird wie nach Kuchenrezept gerührt. „Wir machen den Text allerdings nicht chronologisch", betont Ralph Durry, seit vielen Jahren Fußballchef des Sportinformationsdienst (SID) in Köln und gestählt von Tausenden Schnellschüssen in seinem Berufsleben.

Hier nun Aufbau und Schreibablauf:

1. In der Halbzeitpause schreibt man den Mittelteil. Darin kommen in der Regel vor: Taktische Besonderheiten in der Anfangsaufstellung des Trainers, Schilderung des Verlaufs der ersten Hälfte mit Höhepunkten wie Toren, Chancen, Platzverweisen, Verletzungen etc.
2. Nach der Pause (wer die Nerven behält, fängt in der 70. Minute damit an) wird das Schlussdrittel geschrieben, in dem die zweite Halbzeit geschildert wird.

3. Parallel dazu wird der Einstieg formuliert. In der Regel sind das die ersten beiden Absätze. „Im ersten Absatz steht – möglichst attraktiv verpackt – die Nachricht: Wer gewonnen hat, wieso, weshalb, warum", sagt Durry. Dazu Standards wie der Halbzeitstand in Klammern hinter dem Endergebnis, die Torschützen und die Minuten ihrer Treffer, sowie die Zuschauerzahl. Es folgt eine Einordnung des Spiels in die Tabellensituation: „… gerät damit noch stärker in Abstiegsgefahr" oder „… setzt sich an die Tabellenspitze" zum Beispiel. In den meisten Fällen muss man diese Einstiegspassage in zwei oder drei Versionen vorformulieren und griffbereit haben. Denn gerade, wenn eine Partie eine überraschende Wende nimmt und möglicherweise einen unerwarteten Sieger hervorbringt, muss der Text sitzen.

Kommentierende Elemente. Das hört sich einfach an, ist es aber nicht. Durry: „Denn man schildert im Idealfall nicht nur den Verlauf, sondern kommentiert, ordnet ein, erklärt, warum die eine Mannschaft besser war als die andere. 1:0-Berichterstattung ist nicht 08/15. Das ist eine Herausforderung, das während des Spiels auf die Reihe zu kriegen und gleichzeitig das Spiel zu beobachten. Junge Kollegen, die das noch nicht oft gemacht haben, bekommen schon ihre Probleme, vor allem wenn das Spiel kippt, also einen anderen Sieger hervorbringt, als es lange Zeit aussieht."

Unterstützung aus der Redaktion. Eine Erleichterung haben die Reporter der Agenturen bei besonders wichtigen Partien, etwa bei Fußball-Länderspielen. Dann verfolgen sie zwar die Partie im Stadion, werfen einem Partner in der Redaktion aber telefonisch, per Mail oder per Messenger-Dienst Textbausteine zu, aus denen der dann den Text komponiert. Meine wertvollste Erfahrung stammt von den Olympischen Spielen 2012 in London, als ich gleichzeitig den wegen eines Messfehlers unübersichtlichen Hammerwurf der Frauen mit Betty Heidler und das spektakuläre Stabhochspringen der Männer mit den zwei deutschen Medaillengewinnern Björn Otto und Raphael Holzdeppe nur mit tollem Teamwork zusammen mit der Heimatredaktion in Düsseldorf hinbekommen habe. Das Beispiel zeigt nebenbei, dass es nicht nur in den Ballsportarten Schnellschüsse gibt.

7.3 Onlinemedien brauchen Schnellschuss

Andruck ist heute immer. In den vermeintlich seligen Zeiten, als die Tageszeitung das bestimmende Medium war, wurde der Schnellschuss in der Regel bei Abendspielen, ob im Fußball oder in anderen publikumswirksamen Sportarten verlangt. Hieß: Der Reporter schrieb gegen den immer näher rückenden Termin des Andrucks der Tageszeitung an. Sein Stück musste so schnell wie möglich in der Redaktion vorliegen, so dass es dort in aller Eile noch notdürftig redigiert werden und in die Produktion gegeben werden konnte. Heute haben wir den Redaktionsschluss 24/7, also immer. Nach jedem Schlusspfiff werden die Texte online veröffentlicht. Durry: „Egal ob das Spiel um 14 oder um 21 Uhr angepfiffen wird, es gibt immer Kunden, die den Schnellschuss mit Schlusspfiff bringen wollen." Der Bedarf ist also durch die Digitalisierung noch einmal deutlich gestiegen. „Im Fußball und bei den Mannschaftssportarten insgesamt haben wir den Anspruch, den Text mit Abpfiff rauszugeben", sagt Durry. „Das betrachte ich als hohes Gut des Agenturjournalismus, da wird viel Manpower eingesetzt."

Mehrere Fassungen. Christian Kamp von der „Frankfurter Allgemeinen Zeitung" sieht den Schnellschuss als zentrales Element eingebettet in einen Dreiklang: „Vorbericht, aktueller Spielbericht, Nachbericht – an diesem gängigen Muster orientiere sich die Berichterstattung strukturell noch immer", berichtet er dem Buchautor beim abendlichen Bier. Durry erweitert die Abfolge. Auf den Schnellschuss, der unmittelbar nach Spielende auf den Sender geht, folgt wenige Minuten später eine Fassung mit Stimmen. Dazu baut in der Regel ein Kollege in der Redaktion Kommentare von Spielern oder Trainern in die Erstfassung ein, die er vom Fernseher mitgeschrieben hat. Und der Reporter telefoniert ergänzende Informationen durch, aus denen die Redaktion vielleicht noch einen frischen Einstieg baut: Mannschaft lässt sich von Fans feiern, bei den Verlierern brechen die Tränen aus oder so etwas. Bis zu Fassung drei vergeht dann noch eine ganze Weile. Diese Fassung wird ebenfalls in der SID-Redaktion verfasst. Der Autor schreibt ein zu großes Teilen neues Stück, in dem er stärker Wertungen vornimmt, Atmosphäre transportiert und Kommentare aus der Pressekonferenz der Trainer oder von Spielern aus der Mixed Zone einbaut.

Wie im Kulturteil. Je länger das Spiel zurückliegt, desto mehr wird aus dem vergleichsweise faktenorientierten Bericht eine Analyse des Spiels. Kamp meint dazu später im persönlichen Gespräch: „Für den Leser wird ein Spielbericht erst interessant, wenn er das Geschehen einordnet, die Leistungen der Akteure bewertet – ähnlich wie das die Rezension im Feuilleton tut. Aufgabe des Sportjournalisten sollte es also sein, zu einer eigenen Sicht der Dinge zu kommen und sein Urteil meinungsstark zu vertreten." Der eigentliche Nachbericht läuft dann am nächsten Tag.

7.4 WM-Finale 2022 der Fußballer

Das Finale der Fußball-WM 2022 war eine Herausforderung für die Reporter, weil a) die Bedeutung der Partie überragend ist, b) die Entscheidung zu Gunsten Argentiniens in diesem Fall erst im Elfmeterschießen fiel. Erleichternd war aber, dass sich – egal wie die Partie ausging – die Personalisierung über Superstar Lionel Messi anbot. Die folgende Abbildung zeigt, wie dpa den aktuellen Spielbericht produziert hat. Das Stück ging mit dem letzten Elfmeter an die Kundenredaktionen.

Einstieg von Fassung zu Fassung weiterentwickeln. Wie sich der Einstieg in einen Schnellschuss von Fassung zu Fassung ändert, wird am Beispiel des WM-Finales ebenfalls deutlich (s. Tab. 7). Im Vergleich zum ersten Text erscheint die zweite Fassung mit neuer Überschrift, szenischem Einstieg und ersten Stimmen. (dpa, 2022)

> So, 18.12.2022, 19:45. „Einzigartig": Messi im Fußball-Olymp – Argentinien ist Weltmeister
>
> Lusail (dpa 2022) – Inmitten des Jubels Tausender Argentinier und umringt von seinen kleinen Kindern genoss Lionel Messi den größten Moment seiner fantastischen Karriere. Mit dem goldenen WM-Pokal in der Hand feierte der Superstar der umstrittenen Katar-WM am Sonntagabend im gigantischen Lusail Stadion ein Stück Fußball-Geschichte – und mit ihm eine ganze Nation. Die Albiceleste mit ihrem wieder überragenden Anführer gewann das hochdramatische Finale gegen den entzauberten Titelverteidiger Frankreich mit 4:2 (3:3, 2:2, 2:0) im Elfmeterschießen. ...
> „Wir haben unglaublich gelitten", sagte Argentiniens Emiliano Martínez, der im Elfmeterschießen den Versuch des Bayern-Profis Kingsley Coman gehalten hatte und zum besten Torwart des Turniers gewählt wurde. Sein Trainer Lionel Scaloni äußerte: „Wir haben es noch gar nicht realisiert. Man bekommt mal einen Nackenschlag, aber dann kommt man zurück, darum geht es. Wir sind ganz oben, das ist einzigartig."

Zitate des Protagonisten. In der dritten Fassung bleiben Überschrift und Einstieg. Dafür gewinnt der Text durch Aussagen von Hauptfigur Lionel Messi im zweiten Absatz.

Tab. 7 Aktueller Spielbericht zum WM-Finale 2022

Element	Textauszug	Inhalt/Erklärung	Zeitpunkt des Schreibens
Überschrift	Messi im Fußball-Olymp: Argentinien ist Weltmeister	• Nachricht • personalisiert	Zwei Varianten (die zweite für den Fall eines Erfolgs der Franzosen) schon vor Ende der regulären Spielzeit formuliert
Vorspann	Argentinien dominiert zunächst klar das große WM-Finale in Katar gegen Frankreich, das erst spät dank Kylian Mbappé aufwacht. Lionel Messi trifft doppelt und beweist auch im Elfmeterschießen Nerven.	• Ganz knappe nachrichtliche Zusammenfassung • Wichtig für Online-Kunden	Zwei Varianten formuliert und im Laufe von Verlängerung und Elfmeterschießen aktualisiert
Einstieg	Lusail (dpa) – Die Krönung! Superstar Lionel Messi hat sein Argentinien endlich zum ersehnten WM-Triumph geführt und Titelverteidiger Frankreich brutal aus allen Träumen gerissen. Die Albiceleste mit ihrem wieder überragenden Anführer gewann am Sonntagabend das am Ende doch noch hochdramatische Finale der umstrittenen Katar-Endrunde mit 4:2 im Elfmeterschießen. 36 Jahre nach dem Titelgewinn des großen Diego Maradona erspielte sich Messi im fünften Anlauf die allergrößte Fußball-Ehre für sein Heimatland, in dem ekstatisch gefeiert wurde.	• Ortsmarke • Nachricht • Hohe Informationsdichte • Starke Personalisierung • Erste Einordnung • Wochentag (Standard bei dpa)	Zwei Varianten weitgehend während der laufenden Partie geschrieben.
Weitere vordere Absätze	Die lange enttäuschende Équipe Tricolore hingegen verpasste vor 88 966 Zuschauern im Lusail Stadium die historische Chance, wie zuletzt Brasilien 1962 zum zweiten Mal nacheinander den goldenen Pokal zu gewinnen. Dass sich Frankreich überhaupt in die Verlängerung retten konnte, verdankte der Weltmeister von 2018 seinem Superstar Kylian Mbappé. Dem 23-Jährigen war ebenfalls lange nicht viel gelungen – bis zu seinem verwandelten Foulelfmeter in der 80. Minute und dem traumhaften Seitfallzieher (81.) zum 2:2 nach der regulären Spielzeit. Und auch in der Verlängerung war es Mpappé, der Frankreich mit dem Treffer zum 3:3 per Handelfmeter (118.) ins Elfmeterschießen rettete.	Zusätzliche Basisinformationen: • Zuschauerzahl • Ort/Stadion • Tore, Schützen und Minuten	Während der Partie ständig aktualisiert und ergänzt

WM-Finale 2022 der Fußballer

Element	Textauszug	Inhalt/Erklärung	Zeitpunkt des Schreibens
	Der sechsmalige Weltfußballer Messi hatte zuvor per Foulelfmeter (23.) zum 1:0 getroffen, in der Verlängerung (109.) folgte sein 13. WM-Tor, mit er Brasiliens Fußball-Ikone Pelé (12) überflügelte. Der starke Ángel Di María (36.) hatte in der regulären Spielzeit noch vor der Pause das zwischenzeitliche 2:0 erzielt. Im Elfmeterschießen trafen Messi und Mbappé jeweils als erste Schützen ihres Teams.		
Hintergrund	Auf der Ehrentribüne schauten neben Emir Tamim bin Hamad Al Thani zahlreiche Ehrengäste bestens unterhalten zu. Aus Frankreich war Staatspräsident Emmanuel Macron angereist, das Finale war Schaufenster für die große Politik. ... Das Emirat bekam perfekt geplant am Nationalfeiertag das, auf das seit der WM-Vergabe vor zwölf Jahren hingearbeitet wurde: Ein glänzendes Finale im Scheinwerferlicht – ungeachtet der lauten Kritik, insbesondere aus Deutschland wegen Menschenrechtsverletzungen und Ausbeutung ausländischer Arbeiter ...	• Einordnung der WM insgesamt	Weitgehend vor dem Spiel
Taktik/ Personal	Argentiniens Trainer Lionel Scaloni hatte nach dem klaren Halbfinalsieg gegen Kroatien offensiver aufgestellt. Über die linke Seite sorgte von Beginn an Di María immer wieder für Gefahr, und der 34-Jährige holte gegen den unglücklich agierenden Ousmane Dembélé auch den Strafstoß heraus ...	• Taktische und personelle Veränderungen im Vergleich zu vorherigen Spielen. • Aktuelles Geschehen im Finale.	Zum Teil vor der Partie.
Weitere Absätze	Von Mbappé war lange wenig zu sehen, aber auch Antoine Griezmann, Dembélé und Olivier Giroud tauchten ab. Die hochgelobte Offensive der Équipe Tricolore fand in dieser Spielphase keinen Ansatz, die argentinische Abwehr zu überwinden ... Der sichtlich bediente Trainer, dessen Team in den vergangenen Tagen mit Erkrankungen zu kämpfen hatte, nahm schon in der 41. Minute Dembélé und Giroud vom Feld. Der Frankfurter Randal Kolo Muani und der Gladbacher Marcus Thuram kamen in die Partie, Mbappé rückte ins Sturmzentrum. In der zweiten Halbzeit wurde auch noch Kingsley Coman von Bayern München eingewechselt (71.).	• Beschreibung und möglichst Einordnung des Spielverlaufs • Schilderung wesentlicher Szenen • Einwechslungen • Rollen von Spielern aus der deutschen Bundesliga	Während der laufenden Partie.

Quelle: dpa, 18.12.2022

So, 18.12.2022, 21:06. „Einzigartig": Messi im Fußball-Olymp – Argentinien ist Weltmeister

Lusail (dpa 2022) – Inmitten des Jubels Tausender Argentinier und umringt von seinen kleinen Kindern genoss Lionel Messi den größten Moment seiner fantastischen Karriere. ... „Es ist verrückt, dass es so passiert ist. Ich wollte es so sehr. Ich wusste, dass Gott es mir geben würde, ich hatte das Gefühl, dass es so sein würde", sagte Messi nach seiner Krönung. Den „wunderschönen" Pokal wollte er gar nicht mehr aus den Händen geben. „Wir haben viel gelitten, aber wir haben es geschafft. Wir können es kaum erwarten, in Argentinien zu sein, um zu sehen, wie verrückt es dort sein wird."

▶ **Tipp** Für den Duden ist ein Schnellschuss „etwas, was kurzfristig, ohne längere Planung, ohne gründliche Vorbereitung hergestellt wird". Verabschieden Sie sich ganz schnell von dieser Definition! Denn ein Schnellschuss gelingt nur mit gründlicher Vorbereitung. Ralph Durry rät: „Wichtig ist, dass man sich die notwendigen statistischen Informationen vorher zurechtlegt, so dass man da nicht auf dem falschen Fuß erwischt wird. Was bedeutet etwa ein Überraschungssieg? Bei mir gehört es zum Procedere, dass ich mir die jüngsten Informationen zurechtlege. Die wichtigsten Torschützen zum Beispiel oder Sieges- und Niederlagenserien der Clubs." Übrigens ist der kollegiale Austausch auf der Pressetribüne auch gang und gäbe. Wie hast du die Szene gesehen? Wer waren für dich die besten Spieler? Kurz und knappe Gespräche gehören auch für Journalisten unterschiedlicher Medien dazu. Bloß keine falsche Eitelkeit. Und für die Sprache gilt beim Schnellschuss: Keep it simple. Noch einmal: Es geht hierbei nicht um Kunst, sondern um solides Handwerk. Bevorzugter Satzbau: Subjekt-Prädikat-Objekt.

Übung

Der SID macht regelmäßig ein Schnellschuss-Seminar mit seinen Volontärinnen und Volontären zu Beginn der Ausbildung. Durry: „Die gehen alle sechs mit einem gestandenen Redakteur ins Stadion. Ganz wichtig ist: Das Ambiente mitbekommen." Das kann man als Übung auch allein machen. Einfach bei örtlichen Clubs nachfragen – das darf auch gern der Handball-Oberligist sein –, sich auf die Tribüne setzen und nach Kuchenrezept einen Schnellschuss schreiben.

Verwendete Quellen

- Thomas Horky/Thorsten Schauerte/Jürgen Schwier (Hg.), Sportjournalismus, Praktischer Journalismus (Konstanz: UVK, 1. Aufl. 2009)

- Schnellschuss WM-Finale „Sportbuzzer" zum Vergleich mit dpa: https://www.sportbuzzer.de/artikel/argentinien-frankreich-wm-finale-sieg-elfmeter schiessen-spielbericht-messi/, abgerufen 21. März 2023.

Gesprächspartner und -partnerinnen

- Frank Lußem, „kicker", Frechen, 3. 4. 2022
- Ralph Durry, SID, Köln, 4. 4. 2022
- Christian Kamp, „Frankfurter Allgemeinen Zeitung"

Live-Ticker 8

> **Zusammenfassung**
>
> Live schlägt alles – das ist ein Credo des Sportjournalismus im Fernsehen. Doch neben dem Bewegtbild gibt es eine Darstellungsform, die Echtzeit-Teilnahme an Ereignissen ermöglicht, die technisch vergleichsweise simpel ist und die sich deshalb durchgesetzt hat: der Live-Ticker.
>
> **Stichworte**
>
> Live-Ticker, Live-Blog, Schnelligkeit, Vorbereitung

8.1 Bedeutung von Live-Tickern

Was sich zum Tickern eignet. Der Live-Ticker hat sich im Digitaljournalismus als Darstellungsform durchgesetzt: knappe, schnelle Schnipsel von einem Ereignis können überall auf der Welt in Echtzeit konsumiert werden. Meistens werden Sportveranstaltungen wie Spiele im Handball, Basketball, Fußball oder Eishockey getickert: eine Quelle (meistens der Fernseher), ein Autor, vergleichsweise simpel in der Recherche und in der Umsetzung. Hohe Zugriffszahlen im Sport haben auch besondere Einzelereignisse: etwa Hauptversammlungen von Profi-Fußballclubs, die sich über Stunden hinziehen, oftmals von deftigen Aussagen der Mitglieder geprägt werden und überraschende Wendungen haben. Großer Beliebtheit erfreuen sich auch die Ticker zum Ende der Transferperioden im Fußball. Wer wechselt noch den Club? Wo läuft etwas schief?

Stumpfsinn und Zeitvernichtung. Für Constantin Seibt ist der Live-Ticker „das letzte große Abenteuer im Journalismus". So schrieb er jedenfalls 2012 im Blog des Schweizer „Tagesanzeigers" über eine journalistische Form, „die so viel Stumpfsinn, Zeitvernichtung und Grammatikfehler" hervorgebracht habe wie keine andere Form in der ganzen, an Unfug nicht armen Pressegeschichte. Der Live-Ticker sei die radikalste Form von Aktualität. „Eingeführt wurde er im Online-Journalismus, um dessen Schnelligkeit optimal zu vermarkten: auf der Jagd nach Klicks im Minutentakt." Seibts Urteil: „Ein vernünftiger Live-Ticker ist fast unmöglich zu schreiben. Denn sein Konzept ist die komplette Überforderung. Des Autors. Des Schreibens. Und der Wirklichkeit."[10] Nun ja.

Hohe Anforderungen. Dass der Live-Ticker eine Herausforderung für Autorinnen und Autoren ist, steht außer Frage. Dass er aber eine Überforderung des Schreibens ist, stimmt nicht. Beim Live-Ticker geht es gerade darum, das Geschehen – in unseren Beispielen in der Regel auf Sportfeldern – präzise und für den Konsumenten gut nachvollziehbar wiederzugeben. Das Ganze unter hohem Aktualitäts- und Konkurrenzdruck. Denn wenn wir uns die Spiele der Fußball-Bundesliga etwa angucken, dann werden die ja nicht nur von einem Anbieter getickert, sondern es gibt dutzendfach Angebote.

Mit persönlichem Stil. Für den Autor Bernd Oswald ist Live-Journalismus „eine der anspruchsvollsten journalistischen Disziplinen: Die Aufgabe, Informationen zu sammeln, zu überprüfen und einzuordnen, muss unter enormem Zeitdruck erledigt werden (Oswald 2019, S. 115). Am besten gehe das noch bei Live-Tickern zu Events wie Produktpräsentationen (zum Beispiel von Apple), Politiker-Duellen oder Sportveranstaltungen. Diese werden oft von einem einzelnen Autor verfasst, der gut mit dem Thema vertraut ist. Auf einen Live-Ticker zu einem Event kann er sich vorbereiten, indem er sich Hintergründe, Zitate, Statistiken, Karten oder Links zurechtlegt und bei passender Gelegenheit einbaut. Oswald: „Je nach Thema könne das auch mal eine Pointe oder ein Gag sein, denn Live-Ticker zu Events sind oft eine Mischung aus Information und Unterhaltung, sie leben vom persönlichen Stil des Autors." (Oswald 2019, S. 115).

---

10 Quelle: https://blog.tagesanzeiger.ch/deadline/index.php/1975/der-live-ticker-das-letzte-grosse-abenteuer-im-journalismus/, 17. Dezember 2012, abgerufen 8. März 2023.

8.2 Anforderungen an Ticker

Vielfalt von Tickern. Denis Canalp, Sportchef von „express.de" in Köln, betont: „Es gibt nicht *den* Live-Ticker, es gibt verschiedene Live-Ticker, die sich von Medium zu Medium unterscheiden." Gerade beim Beispiel Fußball-Bundesliga wird das deutlich. Ticker überregionaler Medien etwa, behalten beide Teams gleichermaßen im Blick und sorgen dafür, dass sich Fußballinteressierte anhand kurzer Texte ein Bild von einem Spiel machen können. Regional geprägte Medien wie etwa „express.de" betrachten die Partie aus dem Blickwinkel der Mannschaft, die ihre Nutzerinnen und Nutzer im Besonderen interessiert. Bei „express.de" ist das der 1. FC Köln. Dann gibt es eher humoristisch bis feuilletonistisch gefärbte Ticker wie der preisgekrönte von „11Freunde". Hinzu kommen Ticker, die mit der Fanbrille auf der Nase geschrieben werden: von Vereinen selbst oder in Fan-Communitys.

Emotional und in kurzer Abfolge. „Beim ‚Express' haben wir für alle Spiele den dpa-Ticker eingekauft, bei denen wir mit längeren Einträgen berichten. Da geht es auch nicht so sehr um Schnelligkeit. Wenn wir aber selbst über den FC berichten, ist es emotionaler, schneller, die Einträge kommen in kürzerer Abfolge", sagt Canalp. Seine Redaktion tickert die Spiele des FC, Auslosungen zu Wettbewerben wie dem DFB-Pokal oder der europäischen Conference League, dazu kommen die Pressekonferenzen vor den Spieltagen jede Woche. Die Redaktion ist bei den PKs in der Regel mit zwei Kollegen vertreten: Einer fragt, der andere bedient live den Ticker.

Live aus der Redaktion. Bei den Spielen wurde der „Express"-Ticker ursprünglich von der Pressetribüne aus dem Stadion gemacht. „Jetzt tickern wir aus der Redaktion, weil die Kollegen im Stadion noch weitere Aufgaben haben", sagt Canalp. „Man muss aber auch sagen: Im Fernsehen sieht man tatsächlich mehr. Du kriegst etwa durch Zeitlupen eine schnellere Einordnung der Situation. Im Stadion kannst du ein Spiel natürlich viel besser analysieren. Aber das ist im Live-Ticker gar nicht so gefragt. Da geht es darum, deskriptiv zu arbeiten, das heißt: zu beschreiben, was passiert."

Schnelligkeit ist Trumpf. Canalp weiß, dass es „Fans gibt, die bei einem FC-Spiel mehrere Live-Ticker offen haben und dann vergleichen". Denen gehe es in erster Linie um das Tempo. „Schnelligkeit ist absolut das Qualitätskriterium. Es geht darum, für die FC-Fans, die das Spiel nicht sehen können, den bestmöglichen Service zu liefern. Im Internet geht es um Schnelligkeit. Wir können es uns nicht leisten, eine Minute nach dem ‚Kicker' das Tor zu melden." Die Technik haben die meisten Redaktionen so minimalistisch aufgestellt, dass die Fehleranfälligkeit gering ist.

Sorgfältige Vorbereitung. Vorbereitung ist gerade bei journalistischen Produkten, die unter hohem Zeitdruck entstehen, die halbe Miete. Fakten liefern die Nachrichtenagenturen vorab. Statistiken sind leicht greifbar. Canalp: „Im Idealfall hat sich der Mitarbeiter mit beiden Mannschaften beschäftigt. Das Team des 1. FC Köln kennt er in der Regel aus dem Effeff. Da braucht es keine großen Vorarbeiten. Aber bei einem Gegner wie etwa Schalke musst du dann schon wissen, wie die Spielernamen geschrieben werden. Es muss halt schnell gehen." Man verlasse sich in der Redaktion oft auf das, was im Fernsehen von den Sky- oder DAZN-Kollegen über den Sender gerufen werde. „Aber du hast es wahrscheinlich gar nicht gesehen." Die Fehleranfälligkeit ist also nicht gering.

Umgang mit Fehlern. Dass im schnellen Nachrichtenfluss Fehler passieren, liegt in der Natur der Sache. Das können sachliche oder sprachliche Fehler sein. Grundsätzlich rät Canalp zu Transparenz im Umgang mit Fehlern, unterscheidet aber die Kategorien. Wenn etwas inhaltlich falsch ist, etwa ein falscher Name genannt wurde, sollte ein Korrektur-Hinweis über den Sender gehen. Das erhöhe die Glaubwürdigkeit des Mediums. Bei Schreibfehlern wie Buchstabendrehern oder fehlenden Satzzeichen rät Canalp dazu, die Textpassage ohne Hinweis auf den vorangegangenen Fehler noch einmal zu senden. Beim nächsten Refresh sei dann ja alles wieder in Ordnung.

8.3 Nachrichtlicher Fußball-Ticker

Klassischer Spielticker. Empfehlenswert ist der Wechsel von Fakten, Schilderung von Szenen und einordnenden Passagen – genauso wie es etwa gute Radioreporter bei ihren Live-Reportagen machen. Beispiel „Kicker.de" (3. August 2022) vom zweiten Spieltag der Bundesliga-Saison 2022/23, Leipzig gegen Köln.[11]

> 46': Spielerwechsel (Leipzig), Kampl kommt für Novoa, Henrichs rückt dafür auf die rechte Außenbahn, Kampl gibt den alleinigen Sechser. *(Faktum)*

---

11 Kicker.de, https://www.kicker.de/leipzig-gegen-koeln-2022-bundesliga-4781443/ticker, abgerufen 8. März 2023.

48' Nkunku legt den Ball an Kilian vorbei und wird dann vorm Strafraum von Hübers umgeräumt. Gute Freistoßposition. *(Szene)*

52' Im Moment ist wenig Tempo in der Partie. Leipzig ist bedacht in Unterzahl nicht ins Risiko zu gehen. *(Einordnung)*

Dann ist Schluss! Werners Comeback samt Tor endet nicht mit einem RB-Sieg. Im zweiten Durchgang wirkten zehn Leipziger anfangs besser als elf Kölner und gingen erneut in Führung, doch wieder trotzte Köln einem Rückstand und durfte den erneuten Ausgleich bejubeln ... *(Und mit der Halbzeit eine kurze Zusammenfassung)*

So funktioniert grundsätzlich jeder klassische Spielticker in den Ballsportarten. Sprachlich gilt: Keep it simple. Diese Art von Live-Ticker käme praktisch ohne Kommas aus.

8.4 Feuilletonistischer Fußball-Ticker

Humoristisch gefärbt. Die Redaktion „11Freunde" hat den Live-Ticker beinahe zur Kunstform erhoben. Sehr persönlich, sehr originell, auf keinen Fall nachrichtlich. Häufig wird Bezug auf Fernsehbild- und -kommentar genommen. Der Live-Ticker wird also neben der TV-Übertragung auf dem Second Screen verfolgt, dem Smartphone, Tablet oder Laptop.

Beispiel aus der Relegation zur 2. Liga 2022 zwischen dem 1. FC Kaiserslautern und Dynamo Dresden („11Freunde", August 2022)

20:10 Uhr: Oah, Freunde, es ist Dienstagabend und wir bringen den Satz, den ihr Dienstagsabends auch vom Kneipier der Stammkneipe hören wollt: Einen ham' wir noch für euch! Dynamo Dresden gegen den 1. FC Kaiserslautern in der Relegation zur 2. Liga. Zwei Traditionsvereine aus den 90ern, die Fußball spielen wie in den 90ern, mit Fans, die aussehen, als lebten sie noch in den 90ern. Mit einem Ticker, der nicht einmal bis 90 zählen kann. Bis gleich!

20:18 Uhr: Opdenhövel warnt: „Es ist ein Hochsicherheitsspiel." Schade. Ein wenig Offensivfreude hätte diesem Duell sicher nicht geschadet.

20:22 Uhr: Große Frage natürlich, weil Sat1 gerade vom Betzenberg sendet, wo ein Fanfest stattfindet: Wenn Kaiserslautern heute zwar nicht absteigen, aber halt nicht aufsteigen sollte – stirbt dann auch eine Region? Oder ist das wie Benjamin Button, dass die

Region dann rückwärts jünger wird? Oder bekommt die Region ab morgen nur noch Essen auf Rädern und mosert, dass die Verwandtschaft zu selten vorbeischaut.

Ausgezeichnet. Die Jury des Grimme-Preises begründete die Auszeichnung für den Live-Ticker von „11Freunde" so: „Für die ‚11Freunde' ist das Spiel nicht alles, aber alles ist ein Spiel, ist Teil einer Geschichte, die lange vor dem Anpfiff begonnen hat und mit dem Schlusspfiff noch nicht zu Ende ist. Die ‚11Freunde' nehmen sich selbst auf die Schippe, schlagen mit leichter Hand einen Bogen zu Ereignissen in Politik und Gesellschaft, nutzen das Spiel als Projektionsfläche für ihre Schlaglichter und haben ganz offenkundig eine unbändige Spielfreude daran, die Kombinationsfähigkeiten ihres Publikums auf die Probe zu stellen. Das Ergebnis sind unzählige Wortspiele, Kurzpässe in die Witzecke, Links und Videos, die wie maßgeschneidert passen, wenn man Spaß versteht."[12]

Struktur und Stil beibehalten. Diese verschiedenen Formen haben alle ihre Berechtigung und finden ihr Publikum. Wichtig jedoch: Der Stil muss zum Medium und dessen Kundschaft passen. Bei der „Sportschau" erwartet der Leser in erster Linie Fakten und Nachrichten, „11Freunde" dagegen setzt auch auf Sprachkunst.

8.5 Schach

Etwas für Spezialisten. Wie bei vielen anderen Darstellungsformen so lässt sich der Live-Ticker auch für bestimmte Zielgruppen anpassen. Wenn eine Schach-Weltmeisterschaft läuft, verfolgen viele Interessierte die Partien während ihrer Arbeitszeit. Da dürfen und müssen die Autoren bei den Leserinnen und Lesern einiges an Fachwissen voraussetzen. WM mit Jan Nepomnjaschtschi und dem Norweger Magnus Carlsen.[13]

47. Zug: Ka7 De7+ | 48. Ka8
Carlsen jagt den König in die Ecke des Bretts. Wie lange kann sich der Russe noch über Wasser halten?

---

12 Quelle: Grimme Online Award, https://www.grimme-online-award.de/archiv/2013/preis traeger/p/d/11freunde-liveticker, Grimme-online-Award, 2013, abgerufen 8. März 2023.
13 „sueddeutsche.de", 11. November 2022, https://www.sueddeutsche.de/sport/schach-wm-magnus-carlsen-herausforderer-jan-nepomnjaschtschi-1.5473506, abgerufen 8. März 2023.

48 ... Kg7
Carlsen spielt weiter auf Prophylaxe und zieht den König aus etwaigen Schachgeboten oder Fesselungen. Immer mehr versteckte Ressourcen des Russen verschwinden damit vom Brett.

49. Tb6 Dc5
Jan Nepomnjaschtschi zieht seinen Turm nach b6, woraufhin der Norweger die Dame auf c5 platziert. Jetzt ist der Punkt endgültig erreicht, an dem der Russe die Waffen streckt. Er reicht dem alten und hiermit auch zukünftigen Weltmeister Magnus Carlsen die Hand. Die Schach-WM 2021 geht damit mit 7,5 zu 3,5 drei Spiele vor Ende an den Titelverteidiger.

Dazu gibt es eine Übersicht aller Züge und als Grafik die jeweilige Position der Figuren auf dem Brett. Absolut etwas für Liebhaber.

8.6 Jenseits des Sports

Verantwortung für wichtige Inhalte. Auch wenn der Live-Ticker im Sport seinen Ursprung und seine größte Verbreitung hat, konnte er sich doch über viele Ressorts hinweg etablieren. An Wahlabenden, bei Rücktritten von Politikern, bei Gerichtsverfahren, bei Gefahrenlagen bis hin zum Terror – die Darstellungsform funktioniert insbesondere über Smartphone. „Die technische Hürde ist sehr gering", nennt Canalp den entscheidenden Vorteil dieser in erster Linie textbasierten Form im Vergleich etwa zu Bewegtbildern. Der „express.de"-Sportchef weist allerdings auf die besondere Verantwortung der Mitarbeiterinnen und Mitarbeiter bei großen Lagen hin: „Bei Nicht-Sport finde ich das Thema Live-Ticker noch komplizierter, weil du ja eine große Verantwortung mit der Verbreitung von Informationen hast. Gerade wenn du Tweets einbettest, ist das oft eine dünne Geschichte. Es ist eine sehr unterschätzte Aufgabe. Studenten, freie Mitarbeiter sollen dann zum Beispiel einschätzen, wie die Terrorlage ist – das sind ja nicht die Chefredakteure, die das dann machen."

Vorsicht, Social Media. Für Bernd Oswald ist bei Breaking-News-Lagen die wichtigste und zugleich schwierigste Aufgabe, „den Wahrheitsgehalt dieser Quellen zu überprüfen. Denn gerade zu Beginn einer Breaking-News-Situation ist die Nachrichtenlage oft unübersichtlich oder sogar widersprüchlich – aber auch für einen Live-Ticker gilt die Sorgfaltspflicht. Die Quellen sind oft unterschiedlich zuverlässig; besondere Vorsicht sollte man bei Social-Media-Posts walten lassen." (Oswald 2019, S. 116).

▶ **Tipp** Es hört sich banal an, ist aber für die Qualität eines Tickers und für den Erfolg bei den Nutzern mitentscheidend: Er muss laufen. „Mit das Allerwichtigste ist, dass die Mitarbeiter die Online-Version des Tickers offen haben und sehen, ob das auch tatsächlich erscheint, was sie schreiben", sagt Canalp. Heißt: Der Redakteur muss ständig auf mindestens einem Endgerät (besser noch auf Smartphone und Laptops mit unterschiedlichen Browsern) im Blick haben, ob die Inhalte lesbar laufen. Canalp: „Ist da eine Darstellung zerschossen? Muss ich Kontakt mit einem Techniker aufnehmen?" Aus Canalps Sicht empfiehlt sich deshalb ein technisch möglichst schlanker Ticker. Bei der Sportberichterstattung hat sich ein vornehmlich auf knappe Texte setzender Ticker durchgesetzt – ohne viele Bilder, Filme, Verlinkungen zu Posts.

Übung

Schauen Sie, wann eine Pressekonferenz mit einiger Bedeutung zu sehen ist. Das kann etwa die Spieltags-PK eines Bundesligisten sein. Bereiten Sie sich wie oben angegeben vor: Wie haben die Clubs zuvor gespielt? Wie war die Personalsituation zuletzt? Gibt es besondere Themen? Schreiben Sie eine Anmoderation, die sie kurz vor Beginn (fiktiv) senden. Und dann geht es los. Versuchen Sie in einen Rhythmus zu kommen. Wie viele Einträge sollte ich machen? Welche Aussagen sind besonders interessant? Wo muss Atmosphäre beschrieben werden? Sie werden merken: Es erfordert ein bisschen Übung, gleichzeitig zuzuhören und – fehlerfrei! – zu schreiben.

Verwendete Quellen

- Bernd Oswald, Digitaler Journalismus (Zürich: Midas Management Verlag, 1. Aufl. 2019)

- Kritik am Live-Ticker: https://blog.tagesanzeiger.ch/deadline/index.php/1975/der-live-ticker-das-letzte-grosse-abenteuer-im-journalismus/, 17. Dezember 2012, abgerufen 8. März 2023.
- Weitere Informationen zu Live-Ticker: https://www.fachjournalist.de/live-ticker-sind-gefragt-so-gelingen-sie/, abgerufen 21. März 2023.
- Kicker.de, https://www.kicker.de/leipzig-gegen-koeln-2022-bundesliga-4781443/ticker, abgerufen 8. März 2023.
- Grimme Online Award, https://www.grimme-online-award.de/archiv/2013/preistraeger/p/d/11freunde-liveticker, Grimme-online-Award, 2013, abgerufen 8. März 2023.

- „sueddeutsche.de", 11. November 2022, https://www.sueddeutsche.de/sport/schach-wm-magnus-carlsen-herausforderer-jan-nepomnjaschtschi-1.5473506, abgerufen 8. März 2023.

Gesprächspartner und -partnerinnen

- Denis Canalp, „express.de"

Noten, Ranglisten, Einzelkritik 9

Zusammenfassung

Noten sind ungerecht – das weiß jeder aus der Schule. Noten sind aber auch Gesprächsstoff, nicht nur in der Schule, sondern auch im Sport. Wie vergeben Journalisten Zensuren an Sportler? Wie wird eine Einzelkritik verfasst? Wer kommt in die Elf des Tages?

Stichworte

Einzelkritik, Noten, Elf des Tages, Rangliste, Ranglistenkonferenz

9.1 Noten

Gesprächsstoff erster Güte. Für Frank Lußem sind die Noten, die er und seine Kolleginnen und Kollegen vom Fachmagazin „Kicker" nach jedem Bundesligaspiel an alle Akteure vergeben, nicht mehr als „eine ernstzunehmende Spielerei". Eins, Zwei oder Drei – das sei nichts, dem allzu viel Bedeutung beigemessen werden sollte. Nichts, was den Marktwert der Spieler beeinflusst oder den Bundestrainer dazu animieren könnte, Profi X oder Y für die kommenden Länderspiele einzuladen. Dass diese Noten, wie sie viele digitale Sportmedien vergeben, aber beliebter Gesprächsstoff ist, weiß er aus mehr als vier Jahrzehnten Erfahrung als

Redakteur beim „Kicker"[14]. Und da sie auch Grundlage für das Managerspiel sind, dass der „Kicker" online mit mehreren Hunderttausend Teilnehmern durchführt, haben die Zensuren in jüngerer Vergangenheit noch einmal an Bedeutung gewonnen.

Von Spielern diskutiert. „Als der Kontakt zu den Spielern aufgrund von Gleichaltrigkeit noch enger war, bin ich häufiger drauf angesprochen worden", sagt Lußem rückblickend. Eine Episode ist ihm dabei besonders in Erinnerung. „Ich stand an einem Montagmorgen an der Tankstelle und mein Handy klingelte." Am anderen Ende der Leitung: ein Stürmer von Bayer Leverkusen. Der blaffte: „Was gibst du denn für Scheißnoten?" Lußems Antwort: „Aber du hast doch gar nicht gespielt." Der Stürmer entgegnete: „Ja, aber du hast dem Heiko Herrlich eine Zwei gegeben." Der Angreifer ärgerte sich also nicht einmal über die eigene Note (die es ja gar nicht gab), sondern darüber, dass ein teaminterner Konkurrent aus seiner Sicht zu gut weggekommen war. Keine Frage also, dass die Benotung hohen Gesprächswert hat.

0:12, aber keine Fünf. Zur Legende geworden ist die Notengebung des „Kicker" am letzten Spieltag der Saison 1977/78. Der 1. FC Köln musste beim FC St. Pauli gewinnen, um Deutscher Meister zu werden. Zeitgleich spielte Borussia Mönchengladbach in Düsseldorf gegen Borussia Dortmund. Köln schien wegen seines großen Torvorsprungs auf der sicheren Seite, doch auf wundersame Weise schmolz dieser Vorsprung während des Spiels. Zur Halbzeit stand es 6:0 für Mönchengladbach, am Ende 12:0. Nur der Kölner 5:0-Sieg rettete sie zur Deutschen Meisterschaft, ein 2:0 hätte nicht gelangt. Lußem: „Das war damals ein Riesenskandal. Dortmunds Trainer Otto Rehhagel bekam seinen Namen Otto Torhagel und musste sich einen neuen Job suchen. Der Torhüter Peter Endrulat stand nie mehr im Tor des BVB." Doch, oh Wunder, im „Kicker" hat kein einziger Dortmunder Spieler eine Fünf oder gar eine Sechs bekommen.

Keine Schönfärberei mehr. „Das zeigt etwas, das man über die Jahre verfolgen kann", sagt Lußem, „es war damals alles viel weicher. Es wurde immer in dem Bewusstsein benotet, dass ich da ja morgen wieder zum Trainingsplatz hingehe und wenn ich dem Spieler eine Sechs geben, haut der mir eins aufs Maul. Vielleicht nicht körperlich, aber doch verbal. Oder er gibt mir kein Interview mehr oder keine Informationen." Diese Schönfärberei bei den Noten „wäre heute nicht mehr

---

14 Quelle: kicker.at, https://www.kicker.at/eine-ernste-spielerei-kicker-rangliste-als-resultat-positiver-streitkultur-884297/artikel, abgerufen 8. März 2023.

möglich", ist sich Lußem sicher. „Die Borussen dürften sich tonnenweise auf die Note Sechs vorbereiten, das ist ganz klar."

Subjektive Sache. Ein einheitliches Maß bei der Notenvergabe zu finden, ist im Kollegium eine Redaktion sehr schwierig. „Dem einen reicht mitunter schon eine bessere Bewertung, wenn das fußballerisch schick aussieht, auch wenn die Tore fehlen. Andere stellen mehr die Effizienz in den Vordergrund. Möglicherweise ein „Sehr gut" mit sieben Ballkontakten und drei Toren. Es ist eine individuelle, subjektive Sache, die nicht angeglichen wird", sagt Lußem. Wie genau werden die Noten gemacht? Es gibt Kollegen, die sagen: „Bei mir startet jeder zu Beginn der Partie mit einer Sechs." Und da kann er sich dann langsam runterarbeiten, also Note für Note verbessern. Andere Kollegen starten immer mit einer Eins. Bei den dritten wiederum, startet jeder Profi zu Beginn mit einem Befriedigend und kann sich aufwärts arbeiten oder abfallen. Einzelne Beobachtungen fügen sich so zu einem pointierten Gesamtbild.

9.2 Ranglisten

Große Expertenrunde. Ein wenig Angleichung der Einordnung findet in den halbjährlichen Ranglistenkonferenzen des „Kicker" statt, in denen Notendurchschnitte begutachtet werden. Zweimal im Jahr treffen sich am Stammsitz Nürnberg 40 bis 50 Kolleginnen und Kollegen, um alle Bundesligaprofis – auch mit Hilfe der Noten des jeweiligen Halbjahres – in Ranglisten und in Kategorien wie „Weltklasse" oder „nationale Klasse" zu packen. Da gibt es dann etwa die Hitliste der besten Torhüter oder der besten defensiven Mittelfeldspieler. Da wird über jeden einzelnen mit heiligem Ernst diskutiert. Für Lußem wichtig: „Wir sind ein Fachmagazin und wollen das auch bleiben. Ich habe rund 70 Ranglistenkonferenzen mitgemacht, das waren häufig harte Gefechte und harte Entscheidungen. Freundschaften wurden auf die Probe gestellt. Wir haben es immer hingekriegt, dass die Sache gerecht wurde." An ein „Erdbeben" kann er sich noch gut erinnern: als Bayern-Torwart Manuel Neuer erst auf Platz neun kam. Das wurde ein riesengroßes Thema in jeder Boulevardzeitung. Und die „Kicker"-Einschätzungen wurden zum Gegenstand der Berichterstattung in vielen anderen Medien.

9.3 Einzelkritik

Minitexte von Gewicht. Bei Länderspielen oder bei herausragenden internationalen Begegnungen, verschiedentlich bei absoluten Spitzenspielen der Bundesliga stellt der „Kicker" zum Spielbericht noch eine Bewertung jedes einzelnen Akteurs, die so genannte Einzelkritik. Auch die Agenturen dpa und SID bieten ihren Kunden so etwas. Digitalmedien präsentieren diese Einzelkritiken gern mit möglichst aktuellen Fotos als Bilderstrecke. Es handelt sich meist um Minitexte von maximal drei Sätzen, möglicherweise ergänzt um eine Note. Lußem: „Das ist sehr, sehr schwierig, wenn wir das so erfüllen wollen, wie es unser Anspruch ist. Du musst die Kritik begründen, nicht diffus, sondern anhand der Geschehnisse auf dem Platz. Alles andere ist nicht zulässig." Ein Satz wie „Macht einen schlechten Eindruck" reicht nicht. Sondern: „Hinterließ einen schlechten Eindruck, weil sein Fehlpass zu einem Gegentor führte."

Offen bis zum Schluss. Für Lußem läuft die Einzelkritik „im Bereich Schnellschuss und den empfinde ich als eine der anstrengendsten Sachen in unserem Beruf, die unfassbar viel Kraft und Nerven kosten können. Das ist Stress pur". Die „Kicker"-Reporter versuchen, die Einzelkritik nach 75 Minuten einer Begegnung fertig zu haben, in der Schlussviertelstunde wird noch ein bisschen ergänzt und verfeinert. Manchmal muss auch „drastisch geändert werden. Bis zum Schlusspfiff bleibt es offen. Wird dann mit dem Stoßgebet, dass möglichst alles gesehen wurde, in den Orbit geschickt", sagt der „Kicker"-Routinier.

Hilfe vom TV. Die Kunst besteht darin, auf alle 22 oder nach Auswechslungen mittlerweile bis zu 32 Spieler in einer Partie zu achten und Minitexte zu liefern. Das ist fast ein Ding der Unmöglichkeit. Etwas Unterstützung aus dem Homeoffice von Kollegen, die mit den jeweiligen Clubs vertraut sind und das Spiel am Fernseher verfolgen, ist dann besonders wertvoll. Lußem: „Es kommt vor, dass dir ein Spieler gar nicht auffällt, der nachher in der Pressekonferenz vom Trainer explizit gelobt wird." Zu Bedenken: den genauen Auftrag, den der Trainer einem Profi mit auf den Weg ins Spiel gibt, kennt der Reporter meistens nicht. Deshalb ist für ihn von der Tribüne auch nicht immer leicht zu erkennen: Hat der seinen Job nun gut oder weniger gut gemacht?

9.4 Spieler im Fokus

Neuling im Blickpunkt. Am ersten Spieltag der Bundesliga-Saison 2022/23 setzte Borussia Dortmund den vom SC Freiburg gekommenen Innenverteidiger Nico Schlotterbeck ein. Das war eine interessante Personalie, denn der Jungnationalspieler sorgte für neue klubinterne Konkurrenz beim BVB und galt schon als Kandidat für den WM-Kader. Viele der die Dortmunder begleitenden Medien machen Einzelkritiken auf ihren Online-Kanälen. Hier eine Auswahl von Schlotterbeck-Einzelkritiken nach dem 1:0-Sieg gegen Bayer Leverkusen.

Ruhr 24: Nico Schlotterbeck – Ein sehr emotionales Bundesliga-Debüt für den BVB. Nico Schlotterbeck freute sich nach vielen gewonnenen Zweikämpfen, ballte die Faust, motivierte sich und die Fans. Er hatte Glück bei einem üblen Fehlpass, den Mahmoud Dahoud ausbügelte (42.). In der 54. Minute gab es eine kurze Schrecksekunde, als der Verteidiger auf den Boden sackte. Er bekam einen Ellbogenschlag in die Rippengegend, wenig später musste laut *Sky*-Informationen sogar die Schulter wieder eingerenkt werden. Insgesamt ein solides und aufmerksames Spiel des deutschen Nationalspielers. Note: 2.[15]

Spox.com: Von der neuen, großen Heimkulisse zunächst beeindruckt und etwas wackelig. Schlimmer Fehlpass kurz vor der Pause, den die Gäste aber nicht nutzten. Fand aber immer besser ins Spiel. Oft gesuchte Anspielstation. Note: 2,5.[16]

Sport.de: Machte in der Innenverteidigung ein tolles Spiel und unterstrich, warum ihn der BVB unbedingt wollte. Verteidigte in vielen Szenen aggressiv nach vorne und stoppte die Angriffe des Gegners früh. In der heißen Zone außerdem mit einer starken Quote in den direkten Duellen. Mit seinen Qualitäten am Ball auch im Vorwärtsgang vereinzelt ein Faktor. Note: 2,0.[17]

WAZ.de: Sein vermasselter Pass hätte schlimme Folgen haben können (41.), ansonsten aber wirkte der Verteidiger manchmal wie ein Spielmacher, wenn er Angriffe einleitete. Zudem feierte er gewonnene Zweikämpfe häufig wie eigene Tore. Das könnte etwas

---

15 Quelle: Ruhr 24 vom 9.8.22, https://www.ruhr24.de/bvb/bvb-noten-borussia-dortmund-einzelkritik-bayer-leverkusen-karim-adeyemi-kobel-jude-bellingham-91710751.html, abgerufen 16. März 2023.

16 Quelle: Spox.com vom 7.8.22, https://www.spox.com/de/sport/fussball/bundesliga/2208/Artikel/bvb-news-geruechte-schlotterbeck-ueber-gelbe-wand-schulz-adeyemi-transfers.html, abgerufen 16. März 2023.

17 Quelle: Sport.de vom 7.8.22, https://www.sport.de/diashow/sl7186/noten-und-einzelkritik-zu-bvb-vs-bayer-leverkusen-am-1-bundesliga-spieltag/#slide=1;, abgerufen 16. März 2023.

entstehen, auch wenn die Dortmunder Defensive an diesem Samstagabend in Hälfte zwei mehrfach wackelte. Note: 3,5.[18]

RuhrNachrichten.de: 62 Prozent Zweikampfquote zur Pause, ein sehr starker Wert. In der Antizipation der Anspiele auf Schick sehr aufmerksam und resolut. Sein Fehlpass in den Lauf des Leverkusener Torjägers ließ allerdings allen den Atem stocken – Dahoud bügelte mit einer beherzten Grätsche aus (42.). Im Kabinengang soll dem Neuzugang aus Freiburg die Schulter eingerenkt worden sein, zu spüren war davon allerdings nichts. Im Glück, dass Azmoun im Abseits stand, als er die Flanke des Leverkuseners ins eigene Netz beförderte (82.). Note: 2,0.[19]

Der „Kicker" gab Schlotterbeck eine 3,5.
In der Medienschau kam der Zugang aus Freiburg also gut weg. Die Herangehensweise der Journalistinnen und Journalisten unterscheidet sich von Medium zu Medium. Die einen betrachten das Gesamtbild, andere betonen einzelne, wesentliche Szenen, Dritte bauen auf die Aussagekraft der statistischen Werte.

9.5 Elf des Tages

Wie ein Trainer aufstellen. Zu den schnell konsumierbaren und meinungsbetonten Darstellungsformen gehört in vielen Medien – so auch beim „Kicker" – die „Elf des Tages". Darin werden elf Akteure eines Bundesliga-Spieltags so formiert, als würde sie als ein Team auf dem Patz miteinander eine spielfähige Formation bilden. Lußem erklärt: „Wir stellen die Mannschaft so auf, wie ein Trainer sie aufstellen würde. Also nicht mit sieben Stürmern oder vier Mittelstürmern. Wenn wir drei Mittelstürmer haben, von denen einer drei Tore geschossen hat, einer zwei, und der dritte eins und drei Vorlagen – dann wird diskutiert, wer ist derjenige, der bei uns spielt. Die anderen haben möglicherweise Pech." Dass im Laufe des Jahres und damit in der „Elf des Jahres" mehr Akteure von Serienmeister Bayern München als von Arminia Bielefeld auftauchen, liegt auf der Hand. Bei allen Unzulänglichkeiten solch einer „Elf des Tages" lässt sie sich mit hinreichender Expertise in einer Redaktion noch ganz gut zusammenstellen. Kurios wird es aber, wenn in der lokalen Sportberichterstattung Akteure aus unterschiedlich starken

---

18 Quelle: WAZ, 6.8.22, https://www.waz.de/sport/fussball/bvb/bvb-fans-feiern-gregor-kobel-mit-sprechchoeren-note-1-5-id236089383.html, abgerufen 16. März 2023.
19 Quelle: Ruhrnachrichten, 6.8.22, https://www.ruhrnachrichten.de/bvb/bvb-einzelkritik-leverkusen-verzweifelt-an-kobel-malen-bleibt-blass-w1779281-p-2000595430/, abgerufen 16. März 2023.

Klassen – etwas von der Kreisliga bis zur Oberliga – in einer „Elf des Tages" untergebracht werden. Da werden dann Äpfel mit Birnen verglichen.

▶ **Tipp** Üben Sie Nachsicht bei Notenvergabe und Einzelkritik – gerade, wenn es um den Amateursport geht. Natürlich fühlt man sich mitunter herausgefordert, einem Spieler ein Ungenügend zu erteilen, wenn bei ihm gar nichts geklappt hat. Doch selten kennt der Reporter die genauen Umstände der Leistung und den exakten Auftrag des Trainers. Die Benotung soll keine Schönfärberei sein, aber mit dem dicken Hammer zuzuschlagen, das hilft auch nicht immer. Auch hier gilt wie in der Schule: Notengebung mit Maß ist noch am gerechtesten.

Übung

Versuchen Sie mal bei einem Bundesligaspiel oder einem Fußball-Länderspiel eine Einzelkritik vorm Fernsehschirm. Dabei sehen Sie selten die komplette taktische Formation der Teams und können nicht immer beurteilen, wie sich jeder im Mannschaftsgefüge verhält. Für Übungszwecke geht das aber. Nehmen Sie sich für den Anfang nur eine der beiden Mannschaft vor und belassen Sie es auch nur bei einer Halbzeit, das ist schwer genug. Wenn Sie nun zu jedem der Spieler mit Halbzeitpfiff einen aussagekräftigen Kurztext von drei Sätzen haben, dann: Herzlichen Glückwunsch!

Verwendete Quellen

- kicker.at, https://www.kicker.at/eine-ernste-spielerei-kicker-rangliste-als-resultat-positiver-streitkultur-884297/artikel, abgerufen 8. März 2023.
- Ruhr 24 vom 9.8.22, https://www.ruhr24.de/bvb/bvb-noten-borussia-dortmund-einzelkritik-bayer-leverkusen-karim-adeyemi-kobel-jude-bellingham-91710751.html, abgerufen 16. März 2023.
- Spox.com vom 7.8.22, https://www.spox.com/de/sport/fussball/bundesliga/2208/Artikel/bvb-news-geruechte-schlotterbeck-ueber-gelbe-wand-schulz-adeyemi-transfers.html, abgerufen 16. März 2023.
- Sport.de vom 7.8.22, https://www.sport.de/diashow/sl7186/noten-und-einzelkritik-zu-bvb-vs-bayer-leverkusen-am-1-bundesliga-spieltag/#slide=1, abgerufen 16. März 2023.
- WAZ, 6.8.22, https://www.waz.de/sport/fussball/bvb/bvb-fans-feiern-gregor-kobel-mit-sprechchoeren-note-1-5-id236089383.html, abgerufen 16. März 2023.

- Ruhrnachrichten, 6.8.22, https://www.ruhrnachrichten.de/bvb/bvb-einzel kritik-leverkusen-verzweifelt-an-kobel-malen-bleibt-blass-w1779281-p-2000595430/, abgerufen 16. März 2023.
- Video zu 100 Jahre Kicker – die Rangliste: https://www.youtube.com/watch?v=z4ygbt_Zf3M, abgerufen 21. März 2023.

Gesprächspartner und -partnerinnen

- Frank Lußem, „kicker", Frechen, 3.4.2022

Sprüche 10

Zusammenfassung

Sind Sprüche und Zitate ein eigenes journalistisches Genre? Ihre Strahlkraft ist jedenfalls so groß, dass sie hier wie ein solches behandelt werden. Über gute Sprüche wird gesprochen, manche sind fast schon zeitlos. Sie zu finden und ihre Bedeutung zu erkennen, ist nicht einfach.

Stichworte

Sprüche, Zitate, Fußballkultur, Mixed Zone

10.1 Zitatgeber

Der Ball ist rund. Dass der Sportjournalismus sich längst nicht mehr nur mit dem Geschehen auf den Spielfeldern beschäftigt, sondern das Drumherum immer wichtiger geworden ist, ist offensichtlich. Sprüche sammeln, Zitate zusammenstellen – das ist erst recht mit der Digitalisierung eine journalistische Disziplin mit besonderer Bedeutung geworden. Jeder kleine Streifzug durch die Social-Media-Angebote des Sports zeigt Zitatkacheln in Hülle und Fülle.

Manche Sprüche aus dem Sport sind legendär. Sepp Herberger, Trainer der Fußball-Weltmeister von 1954, lieferte Zitate mit Ewigkeitswert: „Elf Freunde müsst ihr sein." „Der Ball ist rund und das Spiel dauert 90 Minuten". „Das nächste Spiel ist immer das schwerste."

Zitatmaschinen. Uli Hoeneß und Jürgen Klopp, Franz Beckenbauer und Reiner Calmund hauten und hauen gern einen raus. Manchmal werden Aussagen auch erst zum geflügelten Wort, wenn sie verunglückt und damit unfreiwillig komisch sind. So wie Lothar Matthäus' „Wäre, wäre, Fahrradkette", das das Original des früheren SPD-Politikers Per Steinbrück („Hätte, hätte, Fahrradkette") an Popularität längst überflügelt hat. Mein persönlicher Favorit stammt von Beckenbauer. Dessen ganze Nonchalance auf dem Platz und im richtigen Leben zeigte sich, als er auf seinen wohl versehentlich gezeugten Nachwuchs zu sprechen kam: „Der liebe Gott freut sich über jedes Kind." Doch nicht nur aus dem Fußball kommen solche Sprüche. Mit „Quäl dich, du Sau!", trieb der Radrennfahrer Udo Bölts seinen Teamkameraden Jan Ullrich 1997 durch eine Schwächephase in den Vogesen zum Tour-de-France-Sieg. Wem fällt keine Gelegenheit ein, diesen Spruch anzuwenden?

Einfach und philosophisch. Hoeneß & Co. sprächen die Sprache der normalen Leute auf unterschiedlichen Ebenen, stellt Holger Schmidt, Vorsitzender der Jury „Fußballspruch des Jahres" und Sportleiter West der Deutschen Presse-Agentur, fest. „Das gilt auch für Jürgen Klopp, der sehr schlau ist. Er gibt sich aber nicht als Intellektueller und ist deshalb nahbar: Gerade wenn es kompliziert wird oder er bei einer Frage in die Enge gerät, hat er die Kreativität, den Witz und die Intelligenz, um das aufzulösen." So sagte er bei seiner Verabschiedung von Borussia Dortmund in Richtung FC Liverpool: „Es ist nicht wichtig, was die Leute sagen, wenn du kommst, sondern was die Leute sagen, wenn du gehst." Das war eine kleine Spitze auch gegen die, die am Anfang gesagt hatten, dass der vormalige Mainzer Coach und Zweitliga-Spieler der Aufgabe beim BVB nicht gerecht werden könne. Schmidt: „Diesen Spruch kannst du für das ganze Leben nutzen, im Sport wie außerhalb. Der ist in seiner Einfachheit fast schon philosophisch."

10.2 Fußballspruch des Jahres

Aus 100 Vorschlägen. Seit 2006 sucht die Deutsche Akademie für Fußball-Kultur jedes Jahr die durchdachtesten, amüsantesten sowie philosophischsten Zitate und vergibt den Preis für den besten „Fußballspruch des Jahres" (s. Tab. 10.1). Der Jury-Vorsitzende Schmidt dampft mit der Akademie das Angebot von rund 100 jährlich eingereichten Sprüchen als Vorauswahl für die Jury ein. Aus deren Auswahl wiederum entscheidet das Publikum online und bei einer Gala letztlich

Fußballspruch des Jahres

Tab. 10.1 Fußballspruch des Jahres

Jahr	Spruch	Absenderin/ Absender	Zusammenhang
2022	Frauenfußball, Männerfußball. Es ist ein Fußball.	Lena Oberdorf, Nationalspielerin	nach EM der Frauen
2021	Ein Spiel ist erst vorbei, wenn der Schiedsrichter pfeift und ich nicht mehr brülle.	Steffen Baumgart, Trainer 1. FC Köln	
2020	Wer es nicht schafft, gegen den HSV zu punkten, sollte nicht auf dem Rücken eines Flüchtlings, der niemandem etwas getan hat, versuchen, einen Vorteil herauszuholen, sondern besser auf die eigenen sportlichen Fehler schauen.	Daniel Thioune, Trainer Hamburger SV	Vorwürfe gegen HSV-Profi Bakery Jatta hatten mehrere Vereine zu Protesten veranlasst
2019	Ich bin Profi. Ich stelle nach Schwanzlänge auf.	Imke Wübbenhorst, Trainerin BV Cloppenburg	Die erste Trainerin einer Oberligamannschaft der Männer auf die Frage, ob sie eine Sirene auf dem Kopf tragen werde, damit ihre Spieler schnell noch eine Hose anziehen könnten, bevor sie in die Kabine komme
2018	Die Schweden sind wie die Mittdreißiger in der Disco: Hinten reinstellen und warten, ob sich was ergibt.	Thomas Hitzlsperger, TV-Experte	Vor dem WM-Spiel der deutschen Mannschaft gegen Schweden
2017	Wir danken der Mannschaft, dass sie uns auch in dieser Saison so zahlreich hinterhergereist ist.	Fans von Schalke 04	Transparent beim Saisonabschluss in Ingolstadt
2016	Ich habe dem Linienrichter meine Brille angeboten. Aber auch das hat er nicht gesehen.	Peter Stöger, Trainer 1. FC Köln	Nach einer 0:1-Niederlage gegen Hannover 96, das den Siegtreffer per Handspiel erzielte
2015	München ist wie ein Zahnarztbesuch. Muss jeder mal hin. Kann ziemlich weh tun. Kann aber auch glimpflich ausgehen.	Sebastian Prödl, Profi Werder Bremen	Mit Blick auf die Partie gegen den FC Bayern München
2014	Ich hoffe, dass ich 90 Jahre alt werde. Dann kann ich sagen, ich hätte 100 werden können. Aber ich habe in Nürnberg gearbeitet.	Gertjan Verbeek, Trainer 1. FC Nürnberg	
2013	Links ist ähnlich wie rechts, nur auf der anderen Seite.	Patrick Funk, Profi FC St. Pauli	

Quelle: Deutsche Akademie für Fußballkultur, abgerufen 8. März 2023. https://www.fussball-kultur.org/fussball-kulturpreis/hall-of-fame/fussballspruch-des-jahres

über die Topplatzierungen. „Viele Sprüche, bei denen ich dachte, dass sie ein Riesending werden, werden bei der Vorauswahl oder bei der Zuschauerabstimmung rausgefiltert", sagt Schmidt, „die Auswahl ist schwer. Es ist eben sehr subjektiv."

Zu direkt (1)? Um Imke Wübbenhorsts Spruch von 2019 gab es in der Jury eine lange Diskussion. „Da denkst du zunächst: Uh!", sagt Jurychef Holger Schmidt, „Aber man muss hier den Kontext kennen. Wenn nicht, denkst du: Was für ein derbes Mädel!" Dabei war die Frau, die eine Männermannschaft betreut, gefragt worden, ob sie sich eine Sirene aufsetzt, wenn sie in die Kabine der Herren geht. Schmidt: „Eine richtig blöde Frage also. Den Fragesteller hat sie entwaffnet, indem sie seine Sprache gesprochen hat. In solchen Momenten braucht es diese Klarheit. Und es hat sich gezeigt: Die Leute haben es verstanden."

Zu direkt (2)? „Die längste Diskussion hatte es 2016 um Lukas Podolski gegeben", erinnert sich Schmidt. „80 Prozent von euch und auch ich, wir kraulen uns auch mal an den Eiern", hatte der damals für Galatasaray Istanbul spielende Nationalspieler in einer Pressekonferenz während der Fußball-Europameisterschaft 2016 in Frankreich in Kameras und Mikrofone gesagt. „Zeit"-Autor Oliver Fritsch schrieb dazu: „Der Karnevalist unterscheidet zwischen Lachern, Brüllern und Schenkelklopfern. Was der in Polen geborene Urkölner Lukas Podolski auf der DFB-Pressekonferenz lieferte, war definitiv ein Schenkelklopfer, die höchste Kategorie. Die Leute im Saal schmissen sich weg, manche hatten noch Minuten später Tränen in den Augen."[20] Entsprechend war das Medienecho. Podolskis Spruch war eine Reaktion auf TV-Bilder, die zeigten, wie Bundestrainer Joachim Löw während eines EM-Spiels mit den Händen in der Hose zugange war.

DFB ratlos. Der Deutsche Fußball-Bund wusste danach zwei, drei Tage nicht, was er mit dieser sich verselbständigenden Situation anfangen soll. Schmidt: „Die Verbandsvertreter waren sogar sauer auf den Kollegen, der die Frage gestellt hatte. Im Endeffekt war es das Beste, was ihnen passieren konnte. Podolski hat der Schwere dieses Themas, dieser peinlich berührten Nummer, eine Lockerheit gegeben und gesagt: Stellt euch nicht so an, ihr macht das doch alle selber. Das war der perfekte Spruch in diesem Moment. Und es brauchte in diesem Augenblick diese Derbheit, um das Thema abzuräumen. Locker und anstößig zugleich. Das war der perfekte Spruch, den keine PR-Abteilung besser hätte schreiben können." Übrigens:

---

20 Zeit.de vom 14. Juni 2016: https://www.zeit.de/sport/2016-06/joachim-loew-lukas-podolski-hose-griff?utm_referrer=https%3A%2F%2Fwww.google.com%2F, aufgerufen am 21. März 2023.

Bei der Abstimmung zum „Fußballspruch des Jahres" kam Podolski beim Publikum nur auf Rang 4 unter vier Sprüchen in der Endauswahl. Schmidt: „Damit hätte ich nie gerechnet."

10.3 Guter Spruch

Ohne große Erklärung. Gute Sprüche, so dpa-Mann Holger Schmidt, „brauchen wie alles im Journalismus Relevanz, das ist das Wichtigste. Es muss im Idealfall erinnerungswürdig sein, streitbar, lustig, in jedem Fall originell. Es muss etwas sein, was nicht jeder ausspricht. Etwas, was die Leute fängt und sie berührt. Auf den Punkt gebracht. Man muss es greifen können und im Idealfall auch nicht erklären müssen. Wenn man erst ellenlang erklären muss, was gemeint ist, ist das Zitat nicht mehr so griffig und funktioniert nicht."

Im Original. Beim Zitat ist es besonders wichtig, dass es wortwörtlich transportiert wird. Je kürzer es wird und man spitzt es zu, da machen die kleinsten Kleinigkeiten schon eine Menge aus. Schmidt nennt ein Beispiel. Wenn der frühere Bundeskanzler Gerhard Schröder gesagt hätte „Hol mir mal eine Flasche Bier" statt „Hol mir mal 'ne Flasche Bier", hätte Stefan Raab bestimmt kein Lied daraus gemacht. Schmidt: „Umgangssprache, Satzbau, da muss man sehr genau aufpassen. Deshalb ist auch eine Regel beim ‚Fußballspruch des Jahres', dass es keine übersetzten Sprüche geben darf. Alles, was dort ist, muss in der Originalsprache sein."

Unfreiwillig komisch. Und was ist mit Sprüchen, bei denen der Sportler daneben liegt? Matthäus' „Wäre, wäre, Fahrradkette" oder „Mailand oder Madrid? Hauptsache, Italien", das dem früheren Nationalspieler Andreas Möller anhaftet? „Da kommt dann das Vorurteil von den dummen Fußballern rein", sagt Schmidt, „Manchmal ist es lustig, manchmal ist man eher peinlich berührt, wenn jemand ins Fettnäpfchen tritt. Und in der Jury sind wir da noch einmal viel vorsichtiger, weil wir den Faktor Schadenfreude und Häme rausnehmen wollen. Es wäre auch eine groteske Situation, wenn wir jemanden dafür ehren würden, dass ihm ein Missgeschick unterlaufen ist. Zumal nicht jeder über sich selbst lachen kann." Es gibt auch Sprüche, bei denen man nicht weiß, ob die Leute schief lagen oder ob sie es so gemeint haben. Von Möller zum Beispiel ist nicht überliefert, ob sein Mailand-oder-Madrid vielleicht sogar lustig gemeint war.

Verantwortung übernehmen. Wer als Journalist oder Journalistin einen Spruch veröffentlicht, trägt Verantwortung. Gerade weil die Sprüche sich rasant über die Social-Media-Plattformen verbreiten und sehr pointiert sind. Habe ich das überhaupt richtig verstanden? Diese Frage muss sich jeder kritisch stellen. Dem früheren Stuttgarter Stürmer Mario Gomez hängt der Spruch des damaligen TV-Experten Mehmet Scholl („Ich hatte zwischendurch Angst, dass er sich wund liegt und mal gewendet werden muss") bis heute nach. Und auch der spätere Präsident des Hamburger SV, Marcell Jansen, leidet noch unter Rudi Völlers Zitat zu dessen frühem Karriereende („Er hat den Fußball nie geliebt").

10.4 Mixed Zone

Mitten im Gewühl. Viele Sprüche entstammen den Gesprächen die Journalisten und Sportler nach der Partie in der so genannten Mixed Zone führen. Dort herrscht ein Gedrängel und Gewühl, jeder will an die besonders redseligen Stars herankommen. „Die ergiebigsten Gespräche eines Journalisten-Pulks entstehen, wenn alle mit ihren Fragen aneinander anknüpfen", sagt Schmidt, der als Reporter Woche für Woche bei den Bundesligisten in Nordrhein-Westfalen unterwegs ist. Wichtig dabei: Was in der Mixed Zone gesagt wird, ist Allgemeingut und darf von allen Zuhörern verwendet werden. Die Zitate werden – anders als bei Einzelinterviews unter der Woche – nicht den Medienabteilungen der Clubs zur Freigabe vorgelegt. Schmidt: „Die Mixed Zone ist der letzte authentische Raum. Der letzte schutzlose Raum, würden die Vereine sagen." Gesagt ist gesagt. Es gilt das gesprochene Wort – ob beim Fußball oder im Wintersport (s. Abb. 10.1)

▶ **Tipp** Aufnehmen oder mitschreiben? In der Mixed Zone gibt es zwei Möglichkeiten, das Gespräch und besonders gute Sprüche festzuhalten: Elektronisch mit Diktiergerät bzw. Smartphone oder nach alter Väter Sitte mit Block und Bleistift. Was ist besser? „Ich war immer im Team Aufschreiben. Weil es schnell gehen musste und ich den Abhörvorgang einsparen wollte. Und weil du beim Aufschreiben schon selektierst", sagt Schmidt. „Aber gefühlt reden heute alle immer schneller, warum auch immer ... Dann den akkuraten Wortlaut hinzukriegen, ist schwierig." Schmidt nimmt deshalb heute auf, und notiert sich kurz, an welcher Stelle die wichtigsten Passagen auf der Aufzeichnung sind (z.B. „Schiedsrichterkritik 3:40 min"). „Ich höre dann bei Minute drei rein und nicht mehr die gesamten acht Minuten. Aufs Aufzeichnen kann man wegen der Wortgenauigkeit nicht verzichten", sagt Schmidt.

Mixed Zone 79

Abb. 10.1 Mixed Zone bei den Olympischen Winterspielen 2014 in Sotschi (Foto: Beils)

Übung

Verfolgen Sie an einem Bundesliga-Spieltag im TV möglichst viele Spiele bzw. vor allem die Interviews mit Spielern und Trainern danach. Versuchen Sie, aus dem Gesamtgebot, fünf Sprüche zu filtern, die originell sind und ohne große Erklärung funktionieren. Ihre Funde können Sie dann in der Folge mit dem abgleichen, was die Medien mit Rubriknamen wie „Zitate des Spieltags" veröffentlichen.

Verwendete Quellen

- Fußballspruch des Jahres: https://www.fussball-kultur.org/fussball-kultur preis/hall-of-fame/fussballspruch-des-jahres, abgerufen 8. März 2023.
- Zeit.de vom 14. Juni 2016: https://www.zeit.de/sport/2016-06/joachim-loew-lukas-podolski-hose-griff?utm_referrer=https%3A%2F%2Fwww.google.com%2F, aufgerufen am 21. März 2023.

Gesprächspartner und -partnerinnen

- Holger Schmidt, dpa, Düsseldorf, 3.Juni 2022

Flashinterviews

Zusammenfassung

Wer nach dem Ende eines Sportereignisses die Athleten zu ersten Stellungnahmen vor die Kamera holt, agiert vor großem Publikum. Doch was sind die richtigen Fragen in so einem Flashinterview? Wie journalistisch ist dieses TV-Format?

Stichworte

Zitate, Sprüche, Fieldreporter, Flashinterview

11.1 Sinn, Zweck und Regeln

Große Verbreitung. In diesem Buch geht es nicht vornehmlich um den Sportjournalismus im Fernsehen. Dennoch soll hier ein kleiner Exkurs zu einem wesentlichen TV-Element unternommen werden, dem Flash- oder Fieldinterview. Zum einen, weil das Thema eng verwandt zu den im Kapitel zuvor besprochenen Sprüchen und Zitaten sowie zur Arbeit in der Mixed Zone ist. Zum anderen, weil es immer wieder für Gesprächsstoff sorgt. Und zum dritten, weil die Aussagen aus den Interviews große Verbreitung und damit große Bedeutung über den ursprünglichen Sendekanal hinaus haben. Im Kapitel zum Schnellschuss war die Rede davon, dass sich die Nachrichtenagenturen für frühe Fassungen ihrer Spielberichte üblicherweise aus dem bedienen, was die Fernsehanstalten liefern. Und wenn das mit Nennung des Senders (z. B. „… sagte im Sender Sky") sauber zitiert wird, ist das auch völlig in Ordnung.

Wie geht das? Flashinterviews sind ein klassischer Bestandteil der Medienarbeit nach einem Sportereignis. In der Regel bekommen die Inhaber der Rechte für die Live-Übertragungen – also die TV-Anstalten, die die Übertragungsrechte für Millionenbeträge gekauft haben – unmittelbar nach dem Schlusspfiff erste Gesprächspartner für kurze Interviews zur Verfügung gestellt. Vertreter der Medienabteilungen der Clubs bringen sie dann zu den Reportern, die dazu vor einer Werbewand stehen. Dann wird dieses Kurzgespräch geführt und üblicherweise live gesendet. Danach gehen die Sportlerinnen und Sportler zu anderen Sendern (oft zu den sog. Non-Right-Holdern), zum vereinseigenen TV, zum Hörfunk und zum Schluss zu den schreibenden Journalistinnen und Journalisten in die zuvor beschriebene Mixed Zone. Dass beim x-ten Interview meist nichts Neues mehr herumkommt, liegt nahe – und kann ziemlich frustrierend für Fragestellerinnen und -steller sein.

Nur spielbezogene Fragen. Für das Spielchen gibt es umfangreiche Regeln. Die Deutsche Fußball Liga (DFL) zum Beispiel hat detaillierte und umfangreiche (42 Seiten!) Durchführungsbestimmungen (DFL 2022) erlassen, „um die Rechte und Pflichten im Rahmen der nationalen und internationalen Berichterstattung über die Bundesliga und 2. Bundesliga für alle Medien und Clubs möglichst einheitlich und verbindlich zu regeln, sowie die Abläufe im Vorfeld und am Spieltag selbst im Stadion zu vereinfachen".[21] Die Fieldinterviews heißen dort Flashinterviews. Für Interviews unmittelbar nach Spielende stehen zwei Flashinterview-Zonen zur Verfügung: Die Super-Flash-Zone am Spielfeldrand für bis zu vier Live-Verwerter und die Flashinterview-Zone im überdachten Bereich der Tribüne für audiovisuelle Live- und Highlight-Verwerter. „Im Rahmen eines Flashinterviews kann ein Medienvertreter mindestens drei ausschließlich spielbezogene Fragen stellen, das Interview sollte jedoch nicht länger als 90 Sekunden dauern. Die Flash-Interviews dürfen dabei nur in dem jeweils zugewiesenen Bereich und vor vom Heimclub eingesetzten Interview-Rücksetzern (das sind die bekannten Werbewände) stattfinden." Fragen zu gesellschaftlichen Themen etwa sind damit verboten, es darf allein ums Spiel gehen.

---

21 Quelle für die folgenden Auszüge: https://media.dfl.de/sites/2/2022/07/Durchfuehrungsbestimmungen_zu_den_Medienrichtlinien_2022-23.pdf, abgerufen 8. März 2023.

Fester Platz. Sogar der Sitzplatz der Reporter ist exakt festgelegt: „Der Fieldreporter-Platz ist möglichst auf Höhe der Verlängerung der 16m-/Strafraum-Linie in der Spielfeldhälfte einzurichten, die dem zweiten Schiedsrichter-Assistenten gegenüberliegt ... Der Fieldreporter-Platz darf mit maximal zwei Monitoren ausgestattet und während des Spiels von maximal zwei Personen des jeweiligen Live-Verwerters genutzt werden." Es kann also lange nicht jeder machen, was er will.

Nicht immer originell. Für diese Interviews sind manche Athleten gefragter als andere – etwa, weil sie an einer entscheidenden Szene beteiligt waren oder als bewährte Redner besonders taugen. Der Münchner Thomas Müller (Spitzname „Radio Müller") ist zum Beispiel immer besonders gefragt. Vertreter der Medienabteilungen der Clubs bringen in Absprache mit den TV-Anstalten die Sportler zu den Kamerapositionen. Sportler, die selten im Mittelpunkt stehen, bringen oft mehr Muße in solche Situationen mit als solche, die Woche für Woche ein Bündel Mikrofone vor der Nase und wenig Freude daran haben, sich mit den Ansprüchen der Medien auseinanderzusetzen.

Emotionen transportieren. Der Erkenntnisgewinn aus diesen Interviews ist sehr unterschiedlich. Das hat mit den Gesprächspartnern aber natürlich auch mit dem Geschehen zuvor auf dem Platz zu tun. Was fragen und sagen, wenn nichts Spannendes passiert ist? Im Wesentlichen dienen die Kurzgespräche dazu, Nähe zwischen Athleten und Publikum herzustellen (vielleicht auch: vorzugaukeln). Und deshalb geht es auch meist nicht darum, von den Sportlern tiefschürfende Analysen zu erhalten. Das kann ein ausgepumpter Fußballer nach 90 kraftraubenden Minuten selten und das darf man ihm auch nicht vorwerfen. Es geht also in erster Linie darum, Emotionen vom Sportplatz in die Wohnzimmer zu transportieren. Und das ist – wenn wir den Sportjournalismus auch als Bestandteil einer Unterhaltungsindustrie betrachten – vollkommen in Ordnung. Wenn dann wider Erwarten noch fundierte Einschätzungen vom Athleten getroffen werden, ist das umso besser. Falls man also fragen möchte, wie journalistisch so ein Format ist, muss man antworten: Na ja, geht so. Das Setting ist nicht geeignet, für ein tiefschürfendes, hintergründiges und am besten kontroverses Gespräch.

Schwerer Job Die Sportler sind aufgewühlt vom Ereignis, möglicherweise tief enttäuscht oder auch überschwänglich erfreut, das Publikum lärmt, ein Millionenpublikum schaut zu (und wartet auf vermeintliche Fehler – auch des Reporters). Und wenn es nicht ganz so standardisiert zugeht wie oben im Beispiel der DFL beschrieben, muss der Reporter im Stadioninnenraum oft noch Organisatorisches regeln: Klappt die Technik? Wann bekomme ich den Interviewpartner? Was frage ich ihn eigentlich? Da sollte dann gern etwas mehr kommen als „Wie fühlen

Sie sich?". Und trotz der durch das Setting gegebenen Einschränkungen, darf es durchaus auch mal etwas Kritisches zur persönlichen Leistung oder zum Auftritt der Mannschaft sein.

11.2 Interviews mit Folgen

Lieber zu Wontorra. Nach dem Champions-League-Finale 2022 zwischen Real Madrid und dem FC Liverpool ging es fünf Tage lang in deutschen Medien aller Couleur weniger um die Partie an sich als um das anschließende Kurzinterview des ZDF-Kollegen Nils Kaben mit Toni Kroos von Real Madrid. Der Profi sah seine Leistung durch den Fragesteller nicht gebührend gewürdigt, brach das Interview ab und ging hinüber zu Kabens DAZN-Kollegin Laura Wontorra, deren Fragen wohl mehr nach Kroos' Geschmack waren.

Ganz schlimm? Kroos zu seinem mecklenburgischen Landsmann Kaben live: „Du hattest 90 Minuten, dir vernünftige Fragen zu überlegen, und dann stellst du mir zwei so Scheißfragen". Der ZDF-Reporter hatte von dem 32-Jährigen wissen wollen, ob er überrascht gewesen sei, dass Sieger Real im Endspiel im Pariser Stade de France so unter Druck geraten war. Nach dem Ansatz einer weiteren Frage von Kaben ging Kroos einfach weg und schimpfte: „Ganz schlimm, ganz schlimm." Dabei hatte Kaben zunächst artig zum Erfolg gratuliert und die eher mäßige Frage „Können Sie es selbst schon richtig fassen?" im ZDF gestellt.

Begleiter, keine Fans. Daraus entspann sich eine tagelange Debatte, insbesondere in den Sozialen Medien. War die Frage tatsächlich so kritisch? Und wenn ja: War es statthaft, sie in dieser Situation zu stellen?

Schöne Wendung. 90 Tage nach dem Interview erschien aus der Produktion des Hamburger Journalisten Oliver Wurm #kroos90, ein Interview für einen guten Zweck. Mehr als 90 Promis von Franz Beckenbauer über Robbie Williams bis zu noch einmal Nils Kaben stellten Kroos je eine Frage, die der beantwortete. Jedes verkaufte ePaper-Exemplar brachte 90 Cent für die Toni-Kroos-Stiftung. So hatte die zunächst doch irritierende Geschichte eine schöne und augenzwinkernde Pointe.

In die Eistonne. Erinnerungswürdig bleibt auch der Konflikt zwischen Kroos' Weltmeister-Kumpel Per Mertesacker (der arbeitet kurioserweise mittlerweile als zeitweiliger Kollege von Nils Kaben beim ZDF) und Reporter Boris Büchler bei der WM 2014 in Brasilien. Viel mehr noch als der mühsame Erfolg gegen Algerien und die phänomenale Vorstellung von Torhüter Manuel Neuer blieben Mertesackers patzige Antworten auf mittelmäßig kritische Fragen in Erinnerung. Der Höhepunkt: „Ich lege mich jetzt drei Tage in die Eistonne, und dann werden wir das Spiel in Ruhe analysieren." Auch hier wieder: Die Unterhaltungsmaschinerie brummt.

Zu früh bejubelt. Ein schönes Beispiel für eine intelligente Antwort auf eine unpassende Frage lieferte der Radprofi Lennart Kämna bei einer Alpenetappe der Tour de France 2022. Während er noch mit Blick auf die Spitzenposition in der Gesamtwertung zwischen Hoffen und Bangen hing, wurde Kämna von ARD-Reporter Michael Antwerpes auf dem Sender interviewt – und der Journalist versuchte geradezu, den Fahrer ins Gelbe Trikot des Führenden zu singen. „Es sieht so aus, als könnte es heute gut ausgehen", schwärmte Antwerpes und spekulierte darauf, dass Kämna die nächste Etappe im gelben Leibchen bestreiten könnte. Der Radprofi war vom Drängen des Reporters allerdings wenig begeistert, reagierte zunächst einsilbig und wies den Journalisten schließlich zurück: „Das feiere ich jetzt nicht so." Und: „Machen Sie mir jetzt keine Hoffnungen für etwas, was am Ende doch nicht so kommt". Tatsächlich verpasste Kämna die Führung um elf Sekunden. Lehre für Reporter: Lieber in solchen Situationen bei den Fakten bleiben und sich nicht in Spekulationen ergehen.[22]

Fortsetzung folgte. Die Geschichte um das Kroos-Nicht-Interview bekam übrigens noch eine hübsche Fortsetzung, die als Beispiel für eine wunderbare, aber seltene Leichtigkeit bei solchen Themen dienen darf. Kroos lästerte nach einem Konzert des Popmusikers Ed Sheeran in der Veltins-Arena im Podcast mit seinem Bruder Felix[23]: „Ed Sheeran hat etwas geschafft, was ich sehr selten erlebt habe: dass die Leute glücklich aus einer Veranstaltung im Schalke-Stadion gehen." Der Konter aus der Medienabteilung des Bundesligisten: ein Tweet, in dem der Stürmer Simon Terodde zu sehen ist, wie er leidenschaftlich ein Interview gibt. „Wenigstens wissen wir, wie man nach den Spielen coole Interviews gibt", schrieb der Verein[24]. Touché! Das feine Florett ist in solchen Auseinandersetzungen stets die bessere Waffe als der grobe Degen.

---

22 Quelle: https://www.stern.de/sport/sportwelt/lennard-kaemna--radprofi-laesst-ard-reporter-bei-tour-de-france-auflaufen-32536756.html, abgerufen 8. März 2023.
23 Toni und Felix Kroos: Einfach mal luppen, Folge: „Und Phil Taylor sagt: F*ck off!", September 2022, https://open.spotify.com/episode/04d0MGgl6sr0eQLbW6QrjW, abgerufen 16. März 2023.
24 Quelle: Focus, 17.7.22, https://www.focus.de/sport/fussball/bundesligal/verbale-twitter-schlacht-toni-kroos-verhoehnt-schalke-mit-ed-sheeran-vergleich-bei-ihm-sind-die-leute-gluecklich_id_118158791.html, abgerufen 16. März 2023.

Seit 1992 ungeföhnt zum Interview. Übrigens ist es noch gar nicht so lange gängige Praxis, die Spieler ungeduscht und ungeföhnt vors Mikrofon zu holen. In der ersten Tagung der Bundesliga-Manager nach dem Start der revolutionären Fußballsendung „ran" bei Sat.1 im Jahr 1992 „wurde empört beklagt, es könne doch nicht sein, dass die Spieler sofort nach Abpfiff befragt würden und sich nicht erst in der Kabine beruhigen dürften" (Biermann 2022, S. 41).

▶ **Tipp** Holen Sie den Gesprächspartner mit der Einstiegsfrage bei seinen Emotionen ab. Danach können Sie dann kritischer, kontroverser, detaillierter werden. Grundsätzlich bietet es sich an, neben den Fragen zum Großen und Ganzen, wesentliche Spielszenen zu thematisieren. Das macht das kurze Gespräch konkret und im besten Falle spannend. Shary Reeves, erfahrene Reporter, Moderatorin und ehemalige Fußball-Bundesligaspielerin betont: „Ein Field Reporter ist in dem Moment auch ein Volksvertreter. Der vertritt eine Volksmeinung. Und es gibt natürlich Leute, die vielleicht so eine flache Frage stellen wollen würden. Ich finde es total wichtig, das immer zu berücksichtigen." Reeves, die unter anderem für Prime Video in der Champions League tätig war, bereitet immer ein paar Standardfragen als Grundstock vor. Von ihrem Sender bekommt sie stets gut aufgearbeitetes Statistikmaterial, das dafür als Grundlage dient. „Dann habe ich mir so, so kleinere Geschichten rausgeholt, meistens etwas Persönliches", sagt sie. „Aber manchmal ist es halt so, dass es keine wirklich klugen Fragen gibt. Tatsächlich. Es kommt immer auf dein Gegenüber an."

Übung

Gehen Sie zu zweit zum unterklassigen Sport und üben Sie die Situation. Einer stellt Fragen, einer nimmt mit dem Smartphone auf. Dafür steht garantiert jeder Handball-, Basketball- oder Hockeyclub zur Verfügung. Die Sportler finden es immer interessant und spannend, sich dabei mal fühlen zu dürfen wie die Stars in der Champions League. Mit meinem Seminar der Hochschule Macromedia haben wir das zuletzt beim 1. BC Wipperfeld in der Badminton-Bundesliga gemacht. Wir haben uns sogar als Glücksbringer erwiesen: Ein paar Wochen nach unserer Exkursion war der kleine Familienverein aus dem Bergischen Land erstmals Deutscher Meister.

Verwendete Quellen

- Medienrichtlinien DFL: https://media.dfl.de/sites/2/2022/07/Durchfuehrungs bestimmungen_zu_den_Medienrichtlinien_2022-23.pdf, abgerufen 8. März 2023.
- Kroos-Interview: https://www.youtube.com/watch?v=8aOh2W4VPCQ, abgerufen 21. März 2023.
- Mertesacker-Interview: https://www.youtube.com/watch?v=bMJJMpufE2g, abgerufen 21. März 2023.
- Stern, https://www.stern.de/sport/sportwelt/lennard-kaemna--radprofi-laesst-ard-reporter-bei-tour-de-france-auflaufen-32536756.html, abgerufen 8. März 2023.
- Toni und Felix Kroos: Einfach mal luppen, Folge: „Und Phil Taylor sagt: F*ck off!", September 2022, https://open.spotify.com/episode/04d0MGgl6sr0eQLbW6QrJW, abgerufen 16. März 2023.
- Focus, 17.7.22, https://www.focus.de/sport/fussball/bundesliga1/verbale-twitter-schlacht-toni-kroos-verhoehnt-schalke-mit-ed-sheeran-vergleich-bei-ihm-sind-die-leute-gluecklich_id_118158791.html, abgerufen 16. März 2023.
- Christoph Biermann, Um jeden Preis – die wahre Geschichte des modernen Fußballs von 1992 bis heute (Köln: Kiepenheuer & Witsch, 1. Aufl. 2022)

Gesprächspartner und -partnerinnen

- Shary Reeves, freie Moderatorin, Köln, 14. Juni 2022

Bilderstrecke 12

Zusammenfassung

Bilderstrecke, Bilderschau, Galerie – im digitalen Sportjournalismus hat sich diese Darstellungsform durchgesetzt. Doch das Zusammenspiel von Text und Bild funktioniert nur, wenn es nicht beliebig ist.

Stichworte

Bilderstrecke, Bilderschau, Galerie, Urheberrecht, Recht am eigenen Bild.

12.1 Große Bildauswahl

Gigantisches Angebot. Sportredaktionen haben es gut, sie haben im Vergleich mit anderen klassischen Ressorts die stärksten Bilder. Und das ist gerade im Hinblick auf die digitale Kommunikation wesentlich, denn da spielt die optische Information eine immer größere Rolle. Die in dieser Hinsicht bedauernswerten Kolleginnen und Kollegen aus dem Wirtschaftsressort mussten sich über Jahrzehnte in den Zeitungen mit fotofreien Bleiwüsten begnügen oder Bilder der berühmten alten, weißen Männer mit Anzug und Krawatte bringen oder Fotos der Fassaden von Unternehmenszentralen. Mittlerweile hat sich die Infografik als optische Form in der Wirtschaft stark entwickelt.

Mit Action und Gefühl. Die Sportredaktionen hingegen verfügen in der Regel über ein gigantisches Angebot an starken Fotos: actiongeladen, spektakulär, emotional, überraschend. Geliefert von Fotoagenturen oder von freien Fotografen, oder die Schreiber fotografieren neben der Texterei auch. Immer seltener von angestellten Fotoreportern der Medienhäuser selbst, dort wurden massiv Stellen abgebaut. Verführerisch ist zudem das Angebot, das in den sozialen Medien erscheint – allen voran beim bildstarken Netzwerk Instagram. Doch Vorsicht, die Frage nach den Urheberrechten an solchen Bildern, will vor der Verwendung zunächst beantwortet werden.

Schnell mal durchwischen. Die Bilderstrecke hat sich als Format für den schnellen Konsum auf dem Smartphone etabliert. Von daher ist es wichtig, dass die Bilder klar und inhaltlich nicht überladen sind. Gleichermaßen wichtig sind prägnante Texte, die die Bilder erklären. Wer ist darauf zu sehen? Wie ist der Zusammenhang?

Dramaturgie ist wichtig. Eine gute Bilderstrecke ist kein großer Haufen, auf den sämtliche Fotos zu einem Thema aufgetürmt werden. Sie braucht – wie jede andere journalistische Darstellungsform auch – eine Dramaturgie. Sie muss einordnen, werten, unterhalten, eine Geschichte erzählen. Wenn das allerdings nicht der Fall, dann wird die Bilderschau zu so etwas wie der berüchtigten Dia-Schau, die Papa in der 1970er-Jahren der lieben Verwandtschaft nach dem Sommerurlaub in Bella Italia zeigte: eine scheinbare endlose und langweilige Aneinanderreihung von bestenfalls mittelmäßigen Bildern. Bei Papa war es schwierig, das Wohnzimmer unauffällig zu verlassen. Die Nutzerin und der Nutzer klicken heute einfach nicht weiter.

Abschreckendes Beispiel: „Revier Sport" brachte nach dem 3:1-Sieg des TuS Bövinghausen im Oberliga-Derby beim ASC 09 Dortmund eine 78-teilige Fotostrecke – ohne Texte („Revier Sport", 3. Juli 2022). Dabei hätte es sich angeboten, mit ein bisschen Liebe zum Thema, etwas Interessantes daraus zu machen: Der schillernde Ex-Profi Kevin Großkreutz spielt nämlich in Bövinghausen und musste nach einer Verletzung mit einem auffälligen Kopfverband auflaufen. Sechs, sieben Fotos zu dem Thema mit ergänzenden Kurztexten, das wäre eine prima Bilderstrecke gewesen. Auch hier gilt: Weniger ist mehr. Die Auswahl der Inhalte, die veröffentlicht werden, ist gerade angesichts des im wahrsten Sinne unüberschaubaren visuellen Angebots mehr denn je eine Kernaufgabe des Journalismus.

12.2 Kader bewerten

Beliebt: Transferspekulationen. „Eines unserer Learnings im digitalen Sportjournalismus ist, dass der Makro-Blick auf den Kader der von uns betreuten Vereine im Profifußball verlässlich als Content funktioniert, also der Blick auf alle Veränderung beim Personal", sagt Stefan Klüttermann, Sportchef der „Rheinischen Post". „Wer kommt? Wer geht? Wer könnte kommen? Wer könnte gehen? Transferspekulationen sind beim User besonders beliebt, und sie werden – das mag banal klingen – immer dann besonders gut abgerufen, wenn die Einschätzung zu bestimmten Spielern fundiert erfolgt."

Im konkreten Beispiel haben die RP-Journalisten, die Gladbach betreuen, in der Zusammenarbeit mit einem Datenscout europaweit Kandidaten für bestimmt Positionen im Borussia-Kader herausgesucht. Auf Basis der vorliegenden Daten konnten sie dann auch begründen, warum derjenige vom Leistungsvermögen und/oder vom Preis und/oder von der Vita und/oder von der Vertragssituation ein Kandidat für Gladbach sein könnte. Klüttermann: „In diesem Zusammenhang eine Bilderstrecke als Darstellungsform zu wählen, war da fast schon logisch, weil eine Bilderstrecke einer der verlässlichsten Treiber in punkto digitaler Reichweite ist." Er bezeichnet sie als „gehaltvoll", als „kreativen Journalismus" und damit als Gegenentwurf zu oberflächlichen Clickbaiting-Strecken von der Art „Die besten Bilder vom Formel-1-Crash in Silverstone".

12.3 Bildrechte

Verführerisches Angebot. Das Angebot an Sportfotos ist qualitativ stark und damit verführerisch. Doch selbstverständlich stellt sich auch für die Bilderstrecke immer die Frage: Welche Bilder darf ich überhaupt verwenden? Im Vordergrund stehen dabei das Urheberrecht und die Persönlichkeitsrechte der Abgebildeten.

Im Zweifel: Finger weg. Beim Urheberrecht muss die Frage geklärt werden, ob ich überhaupt etwa durch Kauf von Rechten oder durch das Einverständnis der Fotografin oder des Fotografen das Bild veröffentlichen darf. Meist lassen sich solche Fragen in der Redaktion einfach beantworten. Wenn das nicht der Fall ist: Finger weglassen. Fotos klauen ist im mindesten unkollegial und in der Regel illegal. Zu diesem Themenkomplex gibt es – wie für viele presserechtliche Fragestellungen – umfangreiche Literatur und Sammlungen von Urteilen der damit befassten Gerichte.

Und was ist mit Social Media? Laut der Wiener Rechtsanwältin Hannah Kercz ist es „ein weit verbreiteter Irrglaube, dass Fotos und Videos, welche auf Social-Media-Plattformen veröffentlicht werden und beispielsweise auf der Startseite angezeigt werden, einfach in den eigenen Medien verwendet und gepostet werden dürfen", wie sie im Whitepaper „Basis-Wissen Bild" der picture-alliance schreibt[25]. Um interessante Bilder und Fotos, die von anderen Usern veröffentlicht wurden, dennoch ins eigene Profil integrieren zu können, haben Social-Media-Plattformen wie Instagram oder Facebook mit dem sogenannten „Einbetten" oder „Reposten" Mechanismen geschaffen, die es erlauben, bezugnehmend auf den Originalbeitrag einen bereits veröffentlichten Beitrag in ihr eigenes Profil einzufügen.

Wichtiges Persönlichkeitsrecht. Der oder die Fotografierte kann die Veröffentlichung untersagen. Klingt einfach, ist es aber nicht. Das so genannte Recht am eigenen Bild ist ein Persönlichkeitsrecht und wird von den Gerichten hoch bewertet. Alexander Karst von der Agentur „Bildbeschaffer" nennt im Whitepaper „Basis-Wissen Bild" unter anderem folgende Fragen: „Sind Personen auf den Bildern erkennbar? Haben die Personen einer allgemeinen Nutzung zugestimmt oder einer einmaligen, zweckgebundenen Veröffentlichung? Liegt im Idealfall eine schriftliche Einverständniserklärung (Model Release) von allen motivbestimmenden Personen vor? Wenn nein: Liegt ein Moment der Zeitgeschichte vor? Ist die Person für eine nachträgliche Genehmigung kontaktierbar?" Gerade in der Sportberichterstattung kann man in gängigen Zusammenhängen davon ausgehen, dass die Fotografierten damit einverstanden sind, dass die Bilder veröffentlicht werden. Sie begeben sich praktisch auf eine Bühne, sind – ob im lokalen oder globalen Maßstab – Personen der Zeitgeschichte. Unter besonderem Schutz stehen hier Minderjährige. Auch hier gilt wieder: Im Zweifel die Finger von dem Thema lassen, auch das Verpixeln der Gesichtszüge reicht nicht immer. Karst (picture-alliance 2022) hat einen guten einfachen Tipp: „Ein Rollenwechsel kann immer hilfreich sein: Was, wenn ich auf diesem Bild zu sehen wäre?"

▶ **Tipp** Christian Eißner, Redaktionscoach bei den Beratern von „Lesewert" aus Dresden, warnt davor, gute Fotos im Sport als gegeben hinzunehmen. Ganz im Gegenteil: Insbesondere bei den Leseuntersuchungen im Lokalsport kam seine Agentur zu dem Schluss, dass die Varianz der Motive dort sehr gering ist. Kopfballduell, Zweikampf am Boden, Kopfballduell, Zweikampf am Boden ... Ge-

---

25 Quelle: dpa picture alliance, Whitepaper „Basis Wissen Bild", 2021, https://www.dpa.com/de/unternehmen/whitepaper/picture-alliance?pk_campaign=PM_referral_Okt_Whitepaper_Bild_LP&pk_source=PM&pk_medium=referral, nicht mehr online.

nauso wichtig wie der Wechsel der Textgattungen in einem analogen oder digitalen Produkt sei, der optische Zugang zum Thema. „Leseanreizend wirken Motive und Bildideen, die vom immer gleichen Muster abweichen.". Kleiner Blick in die Historie: Als ich Ende der 1980er Jahre in der Lokalsportredaktion der Rheinischen Post in Leverkusen anfing, galt dort die Regel, dass kein Foto zu einem Spielbericht ins Blatt durfte, auf dem kein Ball abgebildet war. Deshalb steckten auf einer Pinnwand in der Dunkelkammer aus Fotos ausgeschnittene Bälle verschiedener Größe, die auf die Bilder geheftet wurden. Diese Manipulation fiel selbstverständlich immer auf, wurde aber trotzdem über Jahrzehnte praktiziert. Heute ginge das mit digitaler Technik noch viel einfacher und unauffälliger, ist aber verpönt. Und in Eißners Sinne der Verschiedenartigkeit von Fotos auch gar nicht wünschenswert.

Übung

Fotografieren Sie mit dem Handy eine Sportveranstaltung, die sich ohne großen Aufwand gut einfangen lässt. Ein Tennisspiel zum Beispiel. Es geht bei der Übung nicht um die technische Perfektion, sondern darum, mit Bildern eine Geschichte zu erzählen. Überlegen Sie schon im Vorhinein, welche Motive Sie brauchen, um die Partie in erster Linie über die Bilder zu erzählen. Brauchen Sie die Totale des Platzes? Welche Ansichten der Spieler sind erforderlich: in Action, beim Seitenwechsel, bei der Verabschiedung? Bieten sich auch Detailaufnahmen an. Wenn sich im Laufe der Aufnahmen Unvorhergesehenes ereignet, ist das umso besser, weil wie im richtigen Journalistenleben. Anschließend wählen Sie zehn Bilder (nicht mehr) aus Ihrem vermutlich großen neuen Fundus auf und bauen sich eine Bilderstrecke zusammen. Am wirkungsvollsten ist es dabei, die ausgedruckten Fotos an einer Wand aufzuhängen, so wird das auch in der Magazin-Herstellung nach wie vor gemacht.

Verwendete Quellen

- Bilderstrecke Bösinghoven: https://www.reviersport.de/gallery/show-11121-p0.html, abgerufen 8. März 2023.
- Bilderstrecke Mönchengladbach: https://rp-online.de/sport/fussball/borussia/gladbach-transfer-kandidaten-fuer-2022-23-geruechte-um-dion-beljo_bid-69392487, abgerufen 8. März 2023.
- Bilderstrecke Olympiapark München: https://www.n-tv.de/mediathek/bilderserien/sport/Das-Muenchner-Olympiastadion-article468517.html, abgerufen 8. März 2023.

- Kompakte Informationen zu Bildrechten: dpa picture alliance, Whitepaper „Basis Wissen Bild", 2021, https://www.dpa.com/de/whitepaper-basiswissen-bild, abgerufen 5. Oktober 2021.

Gesprächspartner und -partnerinnen

- Stefan Klüttermann, „Rheinische Post", Düsseldorf, 14. Mai 2022
- Christian Eißner, „Lesewert", Dresden, 17. Oktober 2022

Pro & Kontra 13

Zusammenfassung

Zwei Positionen, die sich konträr gegenüberstehen – das Format Pro & Kontra funktioniert in vielen Mediengattungen. Auf Online-Plattformen genauso wie in Printprodukten, als Video und im Hörfunk. Welche Themen eignen sich besonders?

Stichworte

Pro & Kontra, Meinung, Radsport, E-Bike, Fußball, Trainer

13.1 Freizeitsport E-Bike

Fast ein Shitstorm. Stephan Klemm staunte nicht schlecht, als er die Fülle an Zuschriften las. Da war ein veritabler Shitstorm über den Redakteur des „Kölner Stadt-Anzeiger" hereingebrochen. Das Publikum war erbost. „Manche waren fassungslos: Wie kann meine Zeitung so einen bescheuerten Standpunkt beziehen?", erinnert sich Klemm an eine Rückmeldung. Dabei ging es nur um E-Bikes und deren Fahrerinnen und Fahrer. Solche Reaktionen muss man als Autor nicht mögen, sie sind aber ein schöner Beleg dafür, dass Thema und Text bei den Lesern analog wie digital den Nerv getroffen hatten. Das Schöne: Es gab zwar viel Polemik, aber keinerlei Beleidigungen. Grundsätzlich ist „Pro & Kontra" ein wunder-

© Der/die Autor(en), exklusiv lizenziert an Springer Fachmedien Wiesbaden GmbH, ein Teil von Springer Nature 2023
M. Beils, *Sportjournalismus*, Journalistische Praxis,
https://doi.org/10.1007/978-3-658-40904-3_13

bares Format für alle möglichen Mediengattungen. Gerade im Sport gibt es Woche für Woche Streitthemen, die sich eignen. Die Form der Auseinandersetzung muss dabei zum Thema passen. Bei klassischen Themen für den Fußballstammtisch (Ist Marco Rose noch der richtige Trainer für Borussia Dortmund?) darf es gern etwas deftiger zugehen – ohne dass die betroffene Person diskreditiert wird. Themen von gesellschaftlicher Bedeutung (Freigabe von Doping?) verlangen hingegen nach einer Auseinandersetzung ohne Schaum vor dem Mund.

Making of. Was war passiert? Bei der Suche nach einem Thema für den „Streit der Woche" in der Samstag-Ausgabe des „Stadt-Anzeigers"[26] hatte sich die Redaktion am Dienstag zuvor auf das nicht immer liebevolle Miteinander von herkömmlichen Radfahrern und E-Bikern geschnappt. „Zum einen hatten wir die Beobachtung gemacht, dass man beim Radausflug immer überholt, wird von Leuten gesetzteren Alters. Und dann siehst du: Okay, die haben einen Motor", berichtet Klemm, „parallel kam die Unfallstatistik des Landesinnenministeriums heraus, die zeigte, dass mit den megaschweren E-Bikes und Pedelecs viele Unfälle passieren." Gesucht wurde also jemand, der sich vehement für E-Bikes stark macht, und jemand der mit ebensolcher Vehemenz dagegen argumentiert. „Leute zu finden, die so etwas schreiben, ist ganz einfach. Da hat jeder Lust drauf", sagt Klemm. Und bei Themen rund ums Radfahren wird er als langjähriger Tour-de-France-Reporter in der Regel angesprochen. „Motordoping oder Lebensqualität? Sind Pedelecs und E-Bikes eine gute Idee?" lautete die Überschrift. Klemm wetterte gegen das elektrisch unterstützte Fahren. Michael Greuel, Chef des Regio-Desks, machte sich getreu dem kölschenen Motto „Mer muss och jönne könne" als Gegenpart für E-Bike-Touren stark.

Battle gewinnen. Klemm erklärt: „Für ein gutes Pro & Kontra brauchst du Schreiber, die das argumentativ durchhalten. Ich habe immer versucht, mich auch in die andere Position hineinzuversetzen und das auch so anzulegen." Für ihn ist diese Form des Meinungsstücks eine „klassische journalistische Form, in der man eine Gliederung umsetzt." Heißt: „Drei, vier Argumente, und dann feuilletonistisch schmücken. Ziel ist: den Vergleich gewinnen."

Ein paar Kostproben. E-Bike-Gegner Klemm lobt noch zurückhaltend die körperliche Leistung unmotorisierter Kletterer: „Sie haben etwas Wahnwitziges geschafft, alleine, durch Qual und mit Durchhaltevermögen, das ist ein bleibender

---

26 Quelle: Pro & Kontra zu E-Bikes: https://www.ksta.de/region/motordoping-oder-lebensqua litaet--sind-pedelecs-und-e-bikes-eine-gute-idee--38342894, abgerufen 22. März 2023.

Wert, von dem sie lange zehren können." Doch dann holt er aus: „Diese an sich ja sehr gute Sache jedoch wird jedoch völlig verwässert, wenn du kurz vor den Passhöhen der hohen Gebirgszüge von einem Opi auf seinem Pedelec überholt wirst, das ihn mit 25 Stundenkilometern den Berg hinaufkatapultiert, schneller als den ja auch schon gedopten Lance Armstrong. Dieses Motor-Doping nun ist ebenfalls und unbedingt eine Form des Betrugs. An sich selbst. An dem Sport, den man imitiert." Armstrong, Doping, Betrug, Imitation – jede Menge Reizwörter als Provokation. Und dann noch die Gefahr! „Stürze mit einem derart schweren, massigen und vor allem ja auch rasanten Gerät wie einem Pedelec sind rasch nicht mehr mit der Hausapotheke zu versorgen sind. Sondern nur noch von der Notfall-Ambulanz."

Die Replik. Greuel sieht's anders: „Insbesondere dort, wo die Landschaft nicht flach ist, benötigt es nun mal eine gewisse Grundkondition, wenn man mit dem Rad unterwegs sein will. Diese Ausdauer ist jedoch nicht jedem gegeben und der dazugehörige sportliche Ehrgeiz auch nicht – aus welchen Gründen, ist unerheblich. Da ist das Pedelec eine wundervolle Möglichkeit, trotzdem auf einem Zweirad durch die Natur zu fahren und an der frischen Luft zu sein – wenn gewollt auch über eine längere Strecke. Was ist denn die Alternative? In den meisten Fällen wohl das Auto. Da sind mir Pedelec-Fahrer definitiv lieber". Gute Argumente liefern sicherlich beide – und nur so funktioniert das „Pro & Kontra". Dass Klemms Provokation mehr Echo hervorrief, ist sicher nachvollziehbar.

Sport oder Buntes? Ob so ein Thema also im Sportteil eines Mediums erscheint oder im Vermischten, spielt keine Rolle. Ich finde, solche Freizeitthemen beleben den klassischen Sportteil, der sich ansonsten überwiegend mit Spitzenklasse beschäftigt. Mit den E-Bikes bekommt man womöglich Leserinnen und Leser in den Sportteil gezogen, die sich für die herkömmlichen Themen nicht immer interessieren.

13.2 Blicke auf Fußball-Trainer

Viele Medien haben „Pro & Kontra" als feste Rubriken eingeführt. Bei „t-online.de" liefern sich Autoren wie Robert Hiersemann und Florian Wichert regelmäßig interessante Duelle als „Zweikampf der Woche". Im Online-Angebot des stilbildenden Magazins „11 Freunde" heißt es zum Beispiel „Liebe & Hass". Ich halte den Begriff Hass in diesem Zusammenhang zwar für deplatziert, dennoch gibt es da tolle Beispiele für diese Darstellungsform. Mir gefiel besonders die Diskussion („Die Kappe der Nation") um das Auftreten des Kölner Trainers Steffen Baumgart, weil sie in eine Debatte auf den Punkt bringt, die ich mit meinen Fußballkumpels seit Baumgarts Dienstbeginn beim FC führe.[27]

Bizarres Bauerntheater. In seinem „Hass"-Stück schreibt Chefredakteur Philipp Köster: „Merkwürdigerweise wird das bizarre Baumgartsche Bauerntheater als Ausdruck besonderer Authentizität abgefeiert." Köster ordnet ein: „Beim Effzeh erweist sich das gefühlige Umfeld als unguter Verstärker Baumgartscher Emo-Exzesse. Zwei fußballerische Lebenslügen gibt es nämlich in Köln. Die eine ist, dass massenweise vom Karneval geklaute Liedgut für den Ausweis eigener Kreativität zu halten. Die andere ist die ebenso unkaputtbare wie hanebüchene Überzeugung, es handele sich beim 1. FC Köln um einen irgendwie besonderen Verein ... Baumgart hat dem Kölner Affen vom ersten Tag an Zucker gegeben." „11Freunde" setzt sich kritisch mit der Person Baumgart auseinander, ohne ihn persönlich anzugreifen.

Waterboarding im Entmüdungsbecken. Autor Stephan Reich hält im Baumgart-Gegenstück „Liebe" entgegen: „Wir reden doch alle Nase lang über die Typen, die dem Fußball angeblich fehlen. Aber wenn dann wirklich mal einer wie Steffen Baumgart in der Bundesliga landet wie Will Smiths Hand auf Chris Rocks Backe bei der Oscarverleihung, wenn er dann bei minus vier Grad im ausgebeulten Shirt an der Seitenlinie rumblökt, Interviews führt, als würde er den naseweisen Fieldreporter am liebsten im Entmüdungsbecken waterboarden, und so unter Strom steht, dass er stets kurz davor scheint, höchstselbst auf den Platz zu sprinten, um den gegnerischen Schönspieler per beidbeiniger Grätsche in einen langwierigen Rehaprozess zu treten, dann ist es den feinen Leuten auch wieder nicht recht?" Da steckt viel Sprachwitz drin.

▶ **Tipp** Es gilt der Spruch des früheren bayerischen Ministerpräsidenten Franz-Josef Strauß: „Everybody's darling ist bald Everybody's Depp." Also: Nur Mut bei solchen kommentierenden Formaten. Ruhig kräftig zuspitzen und eine deutliche Gegenposition zum Sparringspartner einnehmen – auch wenn sie vielleicht nicht immer zu hundert Prozent der eigenen Überzeugung entspricht. Doch nur so funktioniert das Format. Wenn sich die Kontrahenten sprichwörtlich mit Wattebällchen beschmeißen, ist's langweilig. Aber bitte nie beleidigend werden!

---

27 Quelle: https://11freunde.de/artikel/wie-heisst-nochmal-der-trainer-von-koeln/7834315?utm_campaign=elf&utm_medium=rss&utm_source=rss, abgerufen 8. März 2023.

Übung

Hinter dem Videotitel „Fair Play Goal of the Year" auf YouTube verbirgt sich eine Sequenz aus einem Fußballspiel in Norwegen. Schauen Sie sich die Szene ruhig mehrmals an, um sie zu verstehen. Eine Mannschaft lebt den Fairplay-Gedanken vor. Das ist lobenswert und kann in einem „Pro" gewürdigt werden. Doch wenn man sich nun vorstellt, dass sich so eine Szene in einem superwichtigen Spiel, etwa dem Halbfinale einer WM ereignet hätte, könnte man die Spieler auch in einem „Kontra" der Naivität zeihen. Versuchen Sie, beide Positionen in ungefähr zwei gleich langen Texten darzustellen. Persönliche Anmerkungen: Wenn ich dieses Beispiel in meinen Seminaren bringe, schlagen sich immer fast gleich viele Teilnehmerinnen und Teilnehmer auf die beiden Seiten.

Verwendete Quellen

- Pro & Kontra zu E-Bikes: https://www.ksta.de/region/motordoping-oder-lebensqualitaet--sind-pedelecs-und-e-bikes-eine-gute-idee--38342894, abgerufen am 22. März 2023.
- Liebe & Hass zu Trainer Baumgart: https://11freunde.de/p/club/heftinhalt/die-kappe-der-nation-31948678.html, abgerufen 22. März 2023.
- 11 Freunde, https://11freunde.de/artikel/wie-heisst-nochmal-der-trainer-von-koeln/7834315?utm_campaign=elf&utm_medium=rss&utm_source=rss, abgerufen 8. März 2023.
- Fair Play Goal of the Year, https://www.youtube.com/watch?v=G4yML7tI1qo, abgerufen 8. März 2023.

Gesprächspartner und -partnerinnen

- Stephan Klemm, „Kölner Stadt-Anzeiger", Köln, 12. Juni 2022

Strukturierte Texte 14

> **Zusammenfassung**
>
> Häppchen-Journalismus? Igitt. Die große Kunst sind doch die langen Texte, die den Leser fesseln. Gerade (nicht nur) im Digitalen aber eignen sich unterteilte, sinnvoll strukturierte Texte zur Informationsvermittlung oft. Und: Je schwieriger der Inhalt, desto klarer und nachvollziehbarer muss er erklärt werden. Zum Beispiel im Frage-Antwort-Format.

> **Stichworte**
>
> Frage-Antwort-Format, Listicle, Erklärstück

14.1 In Häppchen zerlegt

Auch optisch anders. Schnelle und klare Nachrichten sind das eine, was Leserinnen und Leser wollen. Davon hat der Sport genug zu bieten (siehe das Kapitel über die Eilmeldung). In einer komplizierten Welt jedoch, ist auch die Nachfrage nach erklärenden und analysierenden Formaten größer denn je. So wie die Analyse in der Chemie Stoffe und Gemische zerlegt, so zerlegt die journalistische Analyse komplexe Inhalte. Die Dresdner Forscher von „Lesewert" haben herausgefunden, dass die Leserinnen und Leser über die schnelle Nachricht hinaus heute verstärkt nach Orientierung und Einordnung verlangen. Entsprechend beliebt und wichtig seien daher neben erzählenden Formaten (Reportage, Porträt) und meinungsbetonten Darstellungsformen (Kommentare, Essays) gerade auch Erklärstücke wie Listicles, Faktenchecks und Fragen-und-Antworten-Formate. Die sind – egal ob auf Bildschirm oder Papier – auch optisch als besondere Form erkennbar. Durch gefettete oder anderweitig hervorgehobene Fragen sehen sie aus wie ein Interview.

Für erklärungsbedürftige Sachverhalte. Alle Formen, die in inhaltlich sinnvolle Abschnitte untergliedert sind, kann man zu den strukturierten Formaten, die für kreative Textformate geeignet sind zählen. Beraterin Anne-Kathrin Gerstlauer bezeichnet sie als Innovation ohne Bling-Bling (Gerstlauer 2021, S. 1). Das Frage-Antwort-Format eignet sich ihrer Einschätzung nach für Inhalte „die zahlenlastig daherkommen oder erklärungsbedürftige Sachverhalte behandeln". Es gilt der Grundsatz: Je komplizierter ein Thema, desto bekömmlicher und einfacher muss ich es erklären. Für den Sportjournalismus ist das beispielsweise bei Themen rund um Doping oder Sportpolitik oftmals so.

Jede Einheit kann für sich stehen. Die Deutsche Presse-Agentur bietet ihrer Kundschaft auch immer mehr strukturierte Stücke an – weil sie die entsprechende Nachfrage registriert. Ein paar der Regeln, die dort gelten:

- Die Zahl der Fragen und Antworten hängt von der Komplexität des Themas ab.
- Jede Frage/Antwort-Kombination soll für sich genommen eine geschlossene Einheit sein, die auch einzeln funktioniert.
- Kompetente Journalistinnen und Journalisten, die das Thema ausgiebig recherchiert haben (und möglichst mit mehreren Experten/Beteiligten gesprochen sowie mehrere Quellen ausgewertet haben), beantworten die Fragen.
- Gerade bei besonderen oder strittigen Aussagen ist es sinnvoll, in der Antwort die genaue Quelle zu nennen.

Was wir wissen. Als besondere Form des strukturierten Stücks hat sich bei Agenturen, aber auch bei Publikumsmedien das Format „Was wir wissen, was wir nicht wissen" etabliert. Ursprünglich diente es dazu, den Kundenredaktionen in besonders dynamischen Situationen – etwa bei Terrorlagen – kompakt und übersichtlich den Stand der Recherche und insbesondere der verifizierten Tatsachen zu liefern. Bei „Was wir wissen" ist das sicher gut nachvollziehbar, hier werden belegte Fakten aufgeführt, der Transport von Vermutungen und Gerüchten ist tabu. Zu verbreiten, „was wir nicht wissen", wirkt auf den ersten Blick hingegen unjournalistisch, ist im Sinne der Vermittlung von glaubwürdigen Inhalten aber ein guter Weg, um etwa in sozialen Medien im Umlauf befindlichen Fake News zu begegnen. Bei der Berichterstattung über Terrorlagen kann es helfen, dem Kunden mitzuteilen, welche vermeintlich gesicherten und durch Social Media wabernden Informationen, noch gar nicht hinreichend verifiziert sind.

14.2 Fragen und Antworten aus dem Sport

Nicht nur schwerer Stoff. Die Analyse komplizierter Sportthemen – etwa der Olympia-Ausschluss der Russischen Föderation oder ein Dopingskandal im Nordischen Skisport – lassen sich im Frage-Antwort-Format gut sezieren. Das Format eignet sich auch für die Brot-und-Butter-Berichterstattung alltäglicher Sportthemen und hat sich wegen der leichten Konsumierbarkeit gerade in Digitalmedien etabliert.

14.3 Das Servicestück I

Beispiel Schwimm-EM. Als Vorschau auf mehrtägige Sportereignisse eignen sich strukturierte Formate zum Beispiel. Damit können der Leserschaft die wichtigsten Fakten kompakt präsentiert werden. Außerdem kann Service – etwa die übertragenden Fernsehsender oder die Zeitverschiebung zum Austragungsort – geboten werden. So berichtet der Anbieter „idowa" (2022) auf dpa-Basis vor den Schwimm-Europameisterschaften 2022 in Rom. Gut sind dabei auch immer Fragen aus der Sendung-mit-der-Maus-Perspektive, die auf den ersten Blick vielleicht etwas naiv daherkommen, die aber erhellende Antworten bringen. Oder die nach dem alten Woody-Allen-Motto „Was Sie schon immer über … wissen wollten, sich aber nie zu fragen getraut haben".[28]

> Frage: Gerade war doch WM, wieso jetzt noch eine Schwimm-EM?
>
> Antwort: Noch immer wirken sich mehrere coronabedingte Verschiebungen auf den Terminkalender der Schwimmerinnen und Schwimmer aus. Die EM ist schon länger geplant. Ursprünglich sollte es 2022 keine WM geben. Zunächst wurden dann aber die eigentlich für 2021 geplanten Titelkämpfe in Japan für dieses Jahr angesetzt. Und als diese dann um ein weiteres Jahr verschoben wurden, sprang Ungarn als zusätzlicher WM-Ausrichter für 2022 ein.

---

28 Quelle: https://www.idowa.de/inhalt.tv-favoriten-und-russland-fragen-und-antworten-zur-schwimm-wm.bf9f7e41-76fb-4a7f-a827-959ded89cb38.html, abgerufen 8. März 2023.

Frage: Welche Sportarten sind bei der EM dabei?

Antwort: Wie bei der WM werden Medaillen im Beckenschwimmen, Freiwasserschwimmen, Synchronschwimmen und Wasserspringen vergeben. Zusätzlich sind zudem die Klippenspringerinnen und Klippenspringer dabei ...

Frage: Kann ich die EM im Fernsehen verfolgen?

Antwort: ARD und ZDF übertragen Rennen im Rahmen der Berichterstattung zu den parallel stattfindenden European Championships in München.

14.4 Das Servicestück II

Beispiel Corona. Wie alle Formate lässt sich auch Frage/Antwort aufs Regionale herunterbrechen. Der „Sportbuzzer" aus dem Haus Madsack informierte die Amateurfußball-Szene auf diese Art über die Auswirkungen der Corona-Pandemie auf den Sport („Sportbuzzer" 2021).

Frage: Ist der Spuk nicht längst vorbei, wenn es wieder losgeht?

Antwort: Davon ist nicht auszugehen. Bis zum 3. Februar befindet sich Niedersachsen noch in der Weihnachts- und Neujahrsruhe, sprich in der Corona-Warnstufe 3. Nur Geimpfte und Genesene dürfen die Sportanlage mit einem zusätzlichen negativen Corona-Test betreten. Geboosterte benötigen diesen nicht. Und angesichts der angespannten Corona-Lage ist auch im Februar keine Änderung in Sicht.

Frage: Wann dürfen Ungeimpfte denn wieder Fußball spielen?

Antwort: Das dürfte noch dauern. In der Warnstufe 1 reicht Ungeimpften ein negativer Corona-Test, in den Warnstufen 2 und 3 müssen sie zu Hause bleiben.

Frage: Wer ist für die Kontrolle des Impfstatus zuständig?

Antwort: Der Betreiber der Sportanlage, also in der Regel der Verein. muss sich über den Status seiner Mitglieder im Klaren sein. Allerdings werden diese auch nur stichprobenartig vom Ordnungsamt oder der Polizei kontrolliert.

14.5 Nachricht, Einordnung, Gliederung

Beispiel Tour de France. Auch für nachrichtlichen Stoff, der eingeordnet werden will, eignen sich strukturierte Formate. So gab Eurosport auf seiner deutschen Website (Eurosport.de, 12. Juli 2022) nach den Etappen der Tour de France unter dem Titel „Drei Dinge, die auffielen" immer einen gegliederten Überblick über die Topthemen des Tagesabschnitt. Hierbei ist der jeweilige Einstieg ins Thema keine Frage, sondern eine Aussage. Dieses Beispiel ist sportfachlicher als die zuvor. Eurosport bedient damit aber genau die Zielgruppe der bei diesem Sender vor dem Fernseher sitzenden Expertinnen und Experten. Und die Kundschaft weiß um die Verlässlichkeit: Dieses Format bekomme ich jeden Tag.

Auffällig 1: Kampf um Grün: Kaum Herausforderer für van Aert – Als Wout Van Aert im Winter ankündigte, dass er in diesem Jahr ganz offen ums Grüne Trikot bei der Tour kämpfen will, wurde der Belgier sofort als klarer Top-Favorit für die Punktewertung betitelt. Und offenbar war das nicht nur die Meinung der Experten, sondern auch die, die sich innerhalb des Pelotons breit gemacht hat. Denn so richtig aktiv sind in Dänemark kaum Konkurrenten des Belgiers in den Kampf um die Punkte eingestiegen … Und so führt Van Aert mit drei zweiten Plätzen bei drei Zielankünften sowie einer ordentlichen Zwischensprint-Ausbeute die Punktewertung bereits nach den ersten drei Tagen souverän an.

Auffällig 2: Relativ wenig Stürze und keine Ausfälle – In den vergangenen Jahren – vor allem 2021 – war die erste Tour-Woche von großem Chaos, vielen Stürzen und teilweise bereits schweren Verletzungen geprägt … Doch abgesehen vom verregneten Auftaktzeitfahren zeigte sich Skandinavien am Wochenende von seiner harmlosen Seite und auch das Peloton blieb entspannter als befürchtet. So kam es zwar jeden Tag zu einigen Stürzen, bei weitem aber nicht zu so schwerwiegenden und dramatischen wie in den letzten Jahren.

Auffällig 3: Die Verlierer des Wochenendes: Bahrain und EF – Auch wenn sich das Chaos in Grenzen hielt, küssten ein paar Fahrer in Dänemark doch den Asphalt. Und dabei kristallisierten sich im Verlauf des Auftakt-Wochenendes vor allem zwei Teams als große Verlierer heraus: Bahrain Victorious und EF Education – EasyPost. Beide Rennställe verloren am Sonntag in Sonderborg mit jeweils beiden Hoffnungsträgern für die Gesamtwertung wertvolle Zeit, nachdem sie in den Massensturz zehn Kilometer vor Schluss verwickelt waren.

14.6 Listicle

Schmuddelkind? Ein Listicle ist ein Artikel, der in Aufzählungsform, eben als Liste, veröffentlicht wird. Ein typisches Listicle hat eine Überschrift wie „Auf diese zehn Profis müssen Sie bei der Basketball-EM achten" oder (natürlich mit entsprechenden Fotos) „Die elf kuriosesten Trikots der Bundesligageschichte". Dieses Format wird gerade online im Sportjournalismus gern genommen. Mit Blick auf Zeitungen stellt Christian Eißner, leitender Redaktionscoach bei „Lesewert", fest: „Listicles werden von Zeitungen selten verwendet und gelten noch immer als Schmuddelkind, weil manche Online-Portale sie als Clickbaits missbrauchen." Das bedeutet, dass die Kundschaft mit reißerischen Überschriften und Anreißern neugierig gemacht und zum Weiterklicken animiert wird, die dann folgenden Inhalte das Versprechen der Überschrift selten halten.

Gute Lesewerte. Eißner beobachtet: „Viele Redakteurinnen und Redakteure denken, dass Listicles weniger seriös wirken würden als durchgeschriebene Texte. Gut gemachte Listicles funktionieren aber auch im Printjournalismus wunderbar. Wir sehen deutlich an den Lesewerten, dass sie von Leserinnen und Lesern gut angenommen werden."

Themenwahl steht am Anfang. Vor der Entscheidung für dieses Format steht die Frage, ob sich das Thema überhaupt für ein Listicle eignet. Welchen Charakter soll es haben? Wie sieht die Struktur aus? Eißners Beispiel: „Nach ,7 Gründe, warum der 1. FC Köln niemals wieder absteigt' müssen dann auch sieben Gründe folgen. Und nicht noch ein Unterpunkt zu einer möglichen Trainerdiskussion.

Einfache Sprache. Das Listicle zwingt die Autorin oder den Autor fast, auf bürokratische Sprache und umständliche Formulierungen zu verzichten. Eißner: „Da Listicles vor allem auf dem Smartphone extrem gut gelesen werden, sollten die Texte zu den Unterpunkten präzise formuliert werden. So lang wie nötig, aber so kurz wie möglich." Im Zweifel eignet sich der gute, alte Satzbau Subjekt-Prädikat-Objekt ganz hervorragend.

> ▶ **Tipp** Strukturierte Stück sind oft gut, aber nur wenn sie dosiert und passend zum Thema eingesetzt werden. In einem Lokalsportkonzept haben Kollege Stefan Klüttermann und ich einmal postuliert, dass sich auf einer Zeitungsseite in der Regel drei verschiedene journalistische Darstellungsformen finden sollen. Ein abwechslungsreicher Gattungsmix war das Ziel dieser Vorgabe. Auch in digitalen Produkten gilt: Die Mischung muss stimmen, das Was – also der Inhalt – und das Wie – also die Form.

> **Übung**
>
> Wie könnte ein Frage-Antwort-Stück zum Start der neuen Saison in einer Sportart, mit der Sie sich befassen, aussehen? Darin kann es um die Deutsche Eishockey-Liga, die Basketball-Bezirksliga oder was auch immer gehen. Wichtig ist die Struktur. Geht es vornehmlich um Service oder um sportliche Prognosen? Gern kann man so ein Format auch mit mehreren Expertinnen oder Experten bespielen. Ex-Spieler oder auch Redakteure könnten in ihren strukturierten Vorschaue schreiben, wem sie den Titelgewinn zutrauen, wer vermutlich absteigt, wer das Potenzial für eine Überraschung hat. Doch genug. Sie sollen ja überlegen, wie sich das Formatgewinnbringend einsetzen lässt.

Verwendete Quellen

- Anne-Kathrin Gerstlauer, Journalisten-Werkstatt: Kreative Textformen (Eugendorf/Salzburg: Oberauer Der Medienfachverlag, 1. Aufl. 2021)

- https://www.idowa.de/inhalt.europameisterschaften-in-rom-bundestrainer-biedermann-marke-fuer-maertens-noch-nicht-drin.edfd2b91-bba5-4321-a8ba-270b54a58dc5.html, abgerufen 8. März 202.3
- https://www.idowa.de/inhalt.tv-favoriten-und-russland-fragen-und-antworten-zur-schwimm-wm.bf9f7e41-76fb-4a7f-a827-959ded89cb38.html, abgerufen 8. März 2023.
- https://www.eurosport.de/radsport/tour-de-france/2022/drei-dinge-die-auffielen-kaum-konkurrenz-fur-van-aert-und-nur-wenig-chaos_sto9018198/story.shtml, aberufen 8. März 2023.
- https://www.sportbuzzer.de/artikel/faq-corona-nfv-region-hannover-fussball-amateure-strafen-kontrollen-ausnahmen/, abgerufen 8. März 2023.

Gesprächspartner und -partnerinnen

- Christian Eißner, „Lesewert", Dresden

Faktencheck 15

> **Zusammenfassung**
>
> Als journalistische Darstellungsform ist der Faktencheck noch jung. Zum journalistischen Handwerk gehört das Überprüfen von Aussagen jedoch seit jeher. Im Sport kommt die Form bislang noch selten zum Einsatz.

> **Stichworte**
>
> Fake News, Trump, Putin, Ukraine, Plausibilität

15.1 Faktencheck – was ist das?

Aussagen prüfen. Das Überprüfen von Aussagen auf ihre Richtigkeit – darum geht es beim Faktencheck. Stimmt das tatsächlich, was da behauptet wird? Auch in der Amtszeit von US-Präsident Donald Trump gewann „Factchecking" durch die Medien an Bedeutung.

Polarisierende Themen. Die Themen Zuwanderung und Corona führten in Deutschland zur Diskussion teils abenteuerlicher Behauptungen, die sich nur mit großem Aufwand und vielen Rechercheerfahrungen auf ihren Wahrheitsgehalt überprüfen ließen. Und dann kam noch Wladimir Putins Angriffskrieg auf die Ukraine hinzu. Das erste Opfer eines Krieges ist die Wahrheit. Tatsächlich geht es

© Der/die Autor(en), exklusiv lizenziert an Springer Fachmedien Wiesbaden GmbH, ein Teil von Springer Nature 2023
M. Beils, *Sportjournalismus*, Journalistische Praxis,
https://doi.org/10.1007/978-3-658-40904-3_15

bei der Darstellungsform darum, die Wahrheit darzustellen, und zwar in Abgrenzung zu dem, was an Falschinformationen in der Regel über soziale Netzwerke in die Welt geblasen wird. Von daher handelt es sich um journalistische Arbeit im ureigensten Sinne.

15.2 Reaktion auf neue Herausforderung

Besorgniserregende gesellschaftliche Entwicklungen. „Als unabhängige Nachrichtenagentur und Gemeinschaftsunternehmen der deutschen Medien sehen wir es als unsere Aufgabe, Standards im Bereich Factchecking zu etablieren und zu vermitteln", teilt die Deutsche Presse-Agentur auf ihrer Website mit, „unser Ziel ist es, das Format Faktencheck journalistisch voranzutreiben und damit den besorgniserregenden gesellschaftlichen Entwicklungen etwas entgegenzusetzen." dpa hat dazu eine eigenständige Faktencheck-Redaktion aufgebaut, die gezielt mögliche Falschbehauptungen überprüft und professionelle Faktenchecks erstellt. Die Redaktion entscheidet nach eigenen Angaben selbst über die Publikation – ohne redaktionelle Einflussnahme von außen.

Behauptungen prüfen. Die dpa überprüft in der Öffentlichkeit geäußerte, gesellschaftlich relevante Äußerungen. Strenggenommen handelt es sich dabei nicht um Fakten, sondern um Behauptungen unter anderem von Politikerinnen und Politikern oder anderen Personen des öffentlichen Lebens. In Ausnahmefällen prüft dpa auch Behauptungen von weniger prominenten Quellen. Entscheidend ist immer die Relevanz bzw. der Reizfaktor eines Themas. Eine Behauptung führt bei dpa zum Faktencheck, wenn die Agentur überzeugt ist, dass sich zwangsläufig bei interessierten Bürgerinnen und Bürgern die Frage stellt: „Stimmt das?" oder „Ist das wirklich so?"

Die Agentur hat für alle gesellschaftlich relevanten Bereiche eigene Expertinnen und Experten, von der Politik über die Wirtschaft bis hin zu Sport und Show-Business. Mit deren Hintergrundwissen geht sie an die Recherche. Sie sucht nach allen öffentlich zugänglichen Informationen zu einem bestimmten Thema. Das können Behördendokumente, Statistik-Angaben und auch Gutachten von Fachleuten und anderen glaubwürdigen Quellen sein. Beziehen sich Behauptungen auf Personen, versucht dpa, diese direkt zu befragen.

Form des Faktenchecks. Zur Beantwortung der Frage, ob eine Behauptung wahr oder falsch ist, nutzen die dpa-Kolleginnen und -kollegen alle Techniken einer sorgfältigen journalistischen Recherche. Dazu zählen neben den klassischen Schritten der Verifikation (Überprüfung der Identität einer Quelle, Abgleichen mit offiziellen Statistiken, Recherche bei in einer Behauptung erwähnten Personen u. ä.) auch neue Recherche-Methoden im digitalen Journalismus. Dazu gehören Techniken und Werkzeuge wie Foto-Rückwärts-Suche, Internet-Archiv, Geolocation. Nicht immer gibt es am Ende des Faktenchecks ein eindeutiges Urteil. Es gibt auch dpa-Faktenchecks, die im Ergebnis keine eindeutige Bewertung treffen können. „Idealerweise ist ein dpa-Faktencheck in die Bereiche Behauptung, Bewertung und Fakten aufgeteilt. Dieses Format soll eine möglichst große Klarheit schaffen", teilt die Agentur im persönlichen Gespräch mit dem Autoren mit. Die Bewertung schließt nach Möglichkeit ein deutliches Urteil ein, wie zum Beispiel: Die Behauptung stimmt oder stimmt nicht. Möglich sind aber auch Abstufungen wie „stimmt überwiegend" beziehungsweise „stimmt überwiegend nicht".

Auch im Sport. Es kommt bislang seltener im Sport als in anderen Ressorts wie Politik oder auch Wissenschaft vor, dass Faktenchecks vorgenommen werden. Aber zumindest Verbindungen zum Sport gibt es. Als ein Beispiel für einen Faktencheck zieht dpa ein Beispiel aus dem Oktober 2022 (dpa 2022) heran. Überschrift: Fußballfans feiern im Video Will Grigg – nicht die brennende Krim-Brücke. Was war passiert? Im Internet machten Videos die Runde, in denen Ukrainerinnen und Ukrainer in einer Bar angeblich den Angriff auf die Brücke zwischen der Halbinsel Krim und dem russischen Festland feiern. In dem Video wird als Untertitel „Kerch Bridge on fire – Your defence is terrified" eingeblendet. Dabei handelt es sich vermeintlich um den Text, den die Menschen in dem Video rufen Die Behauptung ist falsch: Bei den Menschen in dem Video handelt es sich um englische Fußballfans. In der ursprünglichen Aufnahme ist zu sehen, wie Anhänger des Clubs Wigan Athletic den Stürmer Will Grigg mit einem an den Song „Freed from Desire" angelehnten Text feiern. Das Video kursiert seit dem Jahr 2016 und hat nichts mit dem russischen Angriffskrieg gegen die Ukraine zu tun.

15.3 Leichtere Themen

Plausibilitätsüberprüfung. Im Sport liegt es nahe, den Fakten- oder auch Behauptungscheck hin und wieder in einen Plausibilitätscheck herunterzustufen. Das bietet sich zum Beispiel bei Transfermarktthemen an. Als es im Sommer 2022 Gerüchte um einen Wechsel von Cristiano Ronaldo von Manchester United zu Borussia Dortmund gab, machte Sebastian Weßling in der „Westdeutschen Allgemeinen Zeitung" den „BVB-Faktencheck: Wechsel Cristiano Ronaldo nach Dortmund?"[29] Kurz, kompakt und eindeutig. Seine Argumente gegen den Transfer: CR7 ist deutlich zu teuer und passt nicht ins Gehaltsgefüge der Borussia; in Anthony Modeste hatte der Club gerade für viel Geld einen Angreifer geholt und Jungstar Moukoko sollte nicht noch ein Stürmer vor die Nase gesetzt werden; die zu erwartenden Trikotverkäufe spielen die Mehrausgaben nicht herein; mit 37 Jahren hat der Portugiese keine große Perspektive mehr. Fazit: Das wird nichts mit CR und dem BVB. Und es wurde ja auch nichts. Es lohnt sich also den Faktencheck ins Portfolio seiner Textgattungen aufzunehmen und immer mal zu überlegen, ob es sich im Sinne von Klarheit und Wahrheit, aber auch im Sinne des Wechsels von Darstellungsformen mal zu spielen.

Verwendete Quellen

- Faktencheck bei dpa: https://www.dpa.com/de/unternehmen/faktencheck# faktencheck-bei-dpa, nicht mehr online.
- WAZ vom 18.08.2022: https://www.waz.de/sport/fussball/bvb/bvb-faktencheck-wechselt-superstar-cristiano-ronaldo-nach-dortmund-id236194313.html, aufgerufen am 21. März 2023.

---

[29] WAZ vom 18.08.2022: https://www.waz.de/sport/fussball/bvb/bvb-faktencheck-wechselt-superstar-cristiano-ronaldo-nach-dortmund-id236194313.html, aufgerufen am 21. März 2023.

Infografik 16

> **Zusammenfassung**
>
> Sag's mit Grafiken! Viele Informationen lassen sich besser optisch als textlich vermitteln. Infografiken sind dazu ein gutes Mittel. Im multimedialen Kontext und angesichts der zunehmenden Informationsvermittlung über kleine Smartphone-Bildschirme gewinnen sie noch einmal an Bedeutung.

> **Stichworte**
>
> Infografik, Visualisierung, interaktive Grafiken, Skandinavien

16.1 Optisch attraktiv

Auch ohne Sprachkenntnis. Viele Jahre sind wir als Familie in den Sommerurlaub nach Schweden gefahren. Meine Frau wunderte sich immer darüber, dass ich einen ansehnlichen Teil des Ferien-Budgets für Tageszeitungen und Magazine ausgab. „Du verstehst doch gar nicht, was da drinsteht", sagte sie. Mit ein bisschen Übung bin ich durch den Sportteil und den (für den Schwedenurlaub nicht unbedeutenden) Wetterbericht gestiegen, obwohl es damals noch keinen Google-Übersetzer gab. Der Grund für den Kauf der Printprodukte hingegen war ein ganz anderer. Die schwedischen Medien – wie allgemein die in Skandinavien – setzten spätestens ab den 1990er Jahren über alle Ressorts hinweg sehr stark auf Grafiken

© Der/die Autor(en), exklusiv lizenziert an Springer Fachmedien Wiesbaden GmbH, ein Teil von Springer Nature 2023
M. Beils, *Sportjournalismus*, Journalistische Praxis,
https://doi.org/10.1007/978-3-658-40904-3_16

zur Informationsvermittlung. Von denen war ich so fasziniert, dass ich gar nicht genug davon bekommen konnte und viele als Anregung mit zu meinem damaligen Arbeitgeber, der „Rheinischen Post", brachte.

Ideen aus Stockholm. Auf Vermittlung des Meerbuscher Zeitungsdesigners Norbert Küpper hospitierte ich später zwei Tage bei „Svenska Dagbladet" in Stockholm, fixte mit einem daraus resultierenden Vortrag meine eigene Redaktion für das Thema an, so dass wir in der Sportredaktion immer mehr mit Infografiken arbeiteten. In Stefan Weigel, später Nachrichtenchef beim „Spiegel", bekamen wir dann noch einen Gleichgesinnten als stellvertretenden Chefredakteur hinzu. Beim renommierten kontinentalen Wettbewerb für Zeitungsdesign bekamen wir auch einige „European Newspaper Awards". Aus dieser Entwicklung entsprang mein Wechsel auf den Posten des Leiters der Infografik-Redaktion bei der Deutschen Presse-Agentur in Berlin. Bei unseren Sportkunden kamen vornehmlich regelmäßige Grafiken zur Fußball-Bundesliga, die voraussichtlichen Aufstellungen zu Länderspielen und die Standards zur Formel 1, wie etwa die Streckenführung und die Startaufstellung, gut an.

Einfach erklären. Für diese Art der Informationsvermittlung habe ich ein Vorbild. Es kauert auf dem Regal neben meinem Schreibtisch, ist flauschig weich, orange und vermutlich klimpert es manchmal mit den Augen, wenn ich nicht hingucke. Wer erklärt die Welt besser als die Maus aus der ‚Sendung mit der Maus'? Wer bringt Informationen besser auf den Punkt? Je schwieriger, je komplexer die Welt wird, umso wichtiger sind solche Fachleute fürs Erklären, ganz egal, ob das Mäuse oder Journalisten sind. Grafiken sind ein gutes Mittel dafür.

16.2 Prinzipien des Doyens

Wenn es viele Zahlen gibt. „Wir lieben Grafiken", sagen die beiden früheren Geschäftsführer der dpa-infografik GmbH, Christoph Dernbach und Frank Rumpf. „Weil wir überzeugt sind, dass es oft kein besseres Mittel gibt, um komplexe Sachverhalten auf den Punkt zu bringen." Raimar Heber (Heber 2016), seit Jahren Art Director der dpa-infografik und so etwas wie der Doyen der Infografik im deutschsprachigen Raum, zählt als Anwendungsfälle für die Infografik auf:

- wenn Text und/oder Foto nicht ausreichen
- wenn es viele Zahlen gibt
- wenn das, worüber wir reden, noch nicht da ist (Prognosen)
- Veränderungen über einen längeren Zeitraum.

Im Sport kommt der Fall „viele Zahlen" besonders oft vor. Die Digitalisierung macht es möglich, dass Zahlen bis zum Geht-nicht-mehr erfasst sind. Ob der Pulsschlag von Radrennfahrern bei der Tour de France, die Geschwindigkeit eines Wurfs beim Handball oder die Flugbahn eines Golfballs – all das lässt sich wunderbar grafisch aufbereiten. Gern als Stillgrafik, oder auch im 3-D-Format oder animiert für Fernsehen oder Internet. An Stoff für solche Grafiken ist in der Regel kein Mangel. Bisweilen erscheint es gar absurd, welche Daten erfasst werden: Die Rotationsgeschwindigkeit des Balls wurde bei der WM in Katar immer wieder eingeblendet. Erwartete Tore, überspielte Gegner – viele Daten, deren Nutzen sich freilich oft nur Spezialisten erschließt.

16.3 WM 2018

Desaster in Kasan. Die Fußball-Weltmeisterschaft 2018 in Russland war ein unerfreuliches Kapitel in der Geschichte des deutschen Fußballs. Nie zuvor war die deutsche Mannschaft in der Vorrunde eines WM-Turniers gescheitert. Doch einen Schritt zurück. Vor dem letzten Spieltag in der Vorrunden-Gruppe F war völlig offen, welche Teams das Achtelfinale erreichen würden. Schweden, Mexiko, Südkorea und die deutsche Mannschaft mit Bundestrainer Joachim Löw hatten noch Chancen aufs Weiterkommen. Gleichzeitig spielten in Jekaterinburg Schweden gegen Mexiko und in Kasan Deutschland gegen Außenseiter Südkorea.

Text ungeeignet. Nun hätte man im Vorfeld ellenlange Texte schreiben können, aus denen hervorgeht, bei welchen Resultaten in den beiden Spielen Deutschland doch noch weiterkäme. Die wären nicht nur lang, sondern auch kompliziert und damit ziemlich untauglich gewesen. In einer Infografik ließ sich dieses Was-wäre-wenn viel kompakter und klarer darstellen. Und zwar in einer vergleichsweise übersichtlichen Kreuztabelle. Also machte sich dpa-Infografik daran, solch ein Gemälde zu entwerfen. Auf der x-Achse die möglichen Ergebnisse der einen Partie, auf der y-Achse die der anderen. Am Schnittpunkt wurde farblich deutlich gemacht, was die jeweilige Konstellation für die deutsche Elf bedeutete. In Person von Florian Lütticke gab es in der Sportredaktion zudem einen Kollegen, der regelfester als jeder Fußballfunktionär und Schiedsrichter war. Er prüfte die Grafik rauf und runter und konnte den Weltverband dabei sogar noch auf einen Fehler in seinen Statuten hinweisen. Für uns war wichtig: Das Ding muss sitzen, mit nur einem Fehler hätten wir uns der Lächerlichkeit preisgegeben.

Auf der Titelseite. Die Infografik wurde ein Renner sowohl auf Digitalkanälen wie „Spiegel.de" als auch in der Zeitung. Carsten Fiedler, Chefredakteur des „Kölner Stadt-Anzeigers", platzierte sie sogar als optischen Aufmacher auf der Titelseite. Seine Leserinnen und Leser waren so im Laufe der beiden Partien immer bestens darüber informiert, welche Teams beim jeweiligen Spielstand das Achtelfinale des Turniers erreicht hätten. Die Infografik-Redaktion der dpa war an diesem Tag deutlich erfolgreicher als das deutsche Team, das nach der überraschenden 0:2-Niederlage gegen Südkorea heimreisen musste. Dass die Infografik ein wichtiger Bestandteil des multimedialen Erzählens ist, war damit einmal mehr bewiesen.

16.4 „Die richtige Sportart"

In der Adventszeit des Jahres 2015 saßen mein Kollege Gianni Costa und ich zusammen und überlegten, wie wir dem Publikum zu Weihnachten eine leicht bekömmliche Grafik bieten könnten, an der sie hängen bleiben oder „auf der sie spazieren gehen können", wie es bei uns hieß. Ergebnis war ein nicht unbedingt journalistisches Produkt, sondern eine Spielerei, die dem Gesamtprodukt guttat, weil sie Unerwartetes bot. Die Grafik war überschrieben mit: „Welche Sportart für Sie die richtige ist?" Da wurde gefragt, ob die Leserinnen und Leser lieber draußen Sport treiben oder in der Halle, ob allein oder im Team. Und so ging das Ebene für Ebene in einem Flussdiagramm weiter. Wie gesagt, nicht mehr als eine Spielerei. Immerhin hielten wir damit eine der Grundgesetze des Medienschaffens ein: „Du sollst nicht langweilen."

16.5 Inspiration

Innovation aus Mecklenburg-Vorpommern. Wer nach Ideen für Infografiken im Sport sucht, wird auf den Social-Media-Kanälen vieler Anbieter fündig, etwa bei „Transfermarkt.de", wo es in der Regel um Zahlen, Daten, Fakten geht. Der European Newspaper Award bringt Jahr für Jahr eindrucksvolle Beispiele für Infografiken und visuelles Storytelling. Als erstaunlicher Erfolg hat sich zudem das Magazin „Katapult" mit seinen digitalen Ablegern etabliert. Die freche Redaktion aus Greifswald in Mecklenburg-Vorpommern konzentriert sich zwar auf politische und sozialwissenschaftliche Themen, hat aber immer wieder auch das eine oder andere Sportthema im Blick. Seit dem 30. März 2016 wird „Katapult" vierteljährlich gedruckt und in Deutschland, Österreich, Luxemburg, Liechtenstein und der Schweiz vertrieben. Das Magazin ist 100 Seiten.

Inspirierend ist auch immer wieder der Blick auf Infografiken aus dem skandinavischen Raum, zuletzt wieder im Zusammenhang mit der Corona-Pandemie und der Energieproblematik.

▶ **Tipp** Teamwork ist Trumpf. Das gilt zwar im Grunde für jede journalistische Disziplin, für die Infografik aber im Besonderen. Wenn Redakteure, die Informationen recherchieren und strukturieren, und Grafiker diese dann umsetzen, prallen schon zwei Welten aufeinander. Denen einen geht es um klare Vermittlung der News, die anderen neigen bisweilen zum Künstlerischen und Schönen. Wenn diese beiden Parteien auf Augenhöhe diskutieren – und so habe ich es immer wieder bei dpa-Infografik erlebt – wird das ein schöner produktiver Prozess mit einem Klasseergebnis.

Übung

Informieren Sie sich über wichtige Sportveranstaltungen am kommenden Wochenende. Das können internationale Events wie ein Formel-1-Rennen sein, das kann aber auch das örtliche Reitturnier sein. Scribbeln Sie eine Serie von fünf Infografiken im Hochformat für ein Smartphone, die Sie im Vorfeld veröffentlichen können. Wichtig dabei: Die Vermittlung von Informationen steht im Mittelpunkt. Und: Keep it short and simple. Überfrachten Sie die Grafik keinesfalls mit Informationen. Weniger ist in der Regel mehr.

Verwendete Quellen

- Raimar Heber, Infografik: Gute Geschichten erzählen mit komplexen Daten: Fakten und Zahlen spannend präsentieren! (Bonn: Verlag Rheinwerk, 1. Aufl. 2016)
- Marie Lampert/Rolf Wespe, Storytelling für Journalisten, (Köln: Herbert von Halem Verlag, 5. Aufl. 2021)

Gesprächspartner und -partnerinnen

- Norbert Küpper, Zeitungsdesign, Meerbusch, 2. April 2008
- Christoph Dernbach und Frank Rumpf, dpa

17 Datenjournalismus

> **Zusammenfassung**
>
> Wenn es in einem Ressort an Daten nicht mangelt, dann ist das der Sport. Wie lässt sich aus der Fülle an Informationen relevanter journalistischer Inhalt herstellen? Wie lässt sich Datenjournalismus ins Alltagsgeschäft integrieren?

> **Stichworte**
>
> Datenjournalismus, Infografik, Künstliche Intelligenz

17.1 Was ist Datenjournalismus?

Vorreiter Sport. Die Bundeszentrale für politische Bildung definiert: „Regierungen, Unternehmen und Nichtregierungsorganisationen sitzen auf Unmengen von Daten und könnten diese zu Open Data machen. Die Journalismusform, die mit diesen Datensätzen arbeitet, nennt sich Datenjournalismus." Seit Anfang der 2010er Jahre hat eben dieser Datenjournalismus an Bedeutung gewonnen. Journalistinnen und Journalisten stehen dabei vor den für ihren Beruf klassischen Aufgaben:

- Daten sammeln
- Daten prüfen
- Daten bewerten

- Daten interpretieren
- Hinzu kommt jetzt: Daten visualisieren

Die Disziplin ist eng verwandt mit dem zuvor beschriebenen Feld der Infografik und mit dem Thema „Automatisierte Texte/künstliche Intelligenz". An Daten ist im Sport kein Mangel. Von daher ist das Potenzial für Datenjournalismus gegeben.

Für Lorenz Matzat (2011) ist der Sport „der wirkliche Vorreiter in Sachen Datenjournalismus". Dass die Spielstände und Reihenfolge in der Liga uns in strukturierter Form als Tabelle präsentiert werden, sei nichts Neues. „Doch erfahren wir mittlerweile, wie viele Meter ein Fußballer im Spiel gerannt ist und wie schnell er dabei im Durchschnitt war. Im Fernsehen gibt es als Beigabe Unmengen von zusätzlichen Informationen wie über die Zeit des Ballbesitzes oder den Aufenthalt in gegnerische Hälfte einer Mannschaft. Gemessen wird das heute oftmals durch automatische Erfassung per Kamera und Rechner."[30]

17.2 Dirk Nowitzkis Würfe

Etwas ganz Besonderes. Clemens Boisserée leitet bei der Rheinischen Post in Düsseldorf die redaktionelle Produktentwicklung. Als seine Themenschwerpunkte nennt er Künstliche Intelligenz, Datenjournalismus und „immer auch ein bisschen Sport". Zum Karriereende des Basketballprofis Dirk Nowitzki hatte er sich ein datenjournalistisches Projekt vorgenommen. Boisserée stellte alle rund 26 000 Würfe in der NBA-Karriere des gebürtigen Würzburgers dar. Auf einer Grafik wollte er zeigen, von wo Nowitzki geworfen und ob er getroffen hatte. „Ich habe das in der ‚Los Angeles Times' für Kobe Bryant gesehen und mir gesagt: Wenn Dirk Nowitzki seine Karriere beendet, machst du das mit dessen Daten", berichtet Boisserée. Gute Ideen zu übernehmen, ist ja nicht verboten. Ganz im Gegenteil.

Was tun? Für Boisserée ist die „NBA die digitalste Sportliga der Welt. Sie hat 2010 mit dem deutschen Unternehmen SAP zusammen ein Statistiksystem geschaffen, das ich so noch nirgendwo im Sport gesehen habe. Die tracken alles. Jeder Fuß, den ein Spieler irgendwo auf das Spielfeld setzt, wird erfasst und kann abgerufen werden. Du kriegst nicht nur jeden Wurf, sondern auch: Was war das für eine Art von Wurf? Wie wurde verteidigt? Wie weit war er vom Korb entfernt? Eine Viertelstunde nach jedem Wurf gibt es ein Video davon auf der Website." Um all diese

---

30 Bundeszentrale für politische Bildung, https://www.bpb.de/themen/daten/opendata/64069/datenjournalismus/, abgerufen 8. März 2023.

Daten verfügbar zu machen, hat die NBA eine entsprechende technische Schnittstelle eingerichtet. „Damals war das echt frickelig, weil ich die technischen Skills noch nicht hatte, um das automatisiert abzurufen", sagt der Rheinländer, der sein Handwerk unter anderem an der Technischen Hochschule in Köln gelernt hat. Er erstellte für jede einzelne Saison eine Excel-Tabelle und hatte dann eine gigantische Gesamttabelle mit 26 000 Einträgen – das ist die Zahl der Würfe während der gesamten NBA-Karriere des Spielers. Jeweils mit der zugehörigen Geokoordinate, die angab, von wo auf dem Feld Nowitzki geworfen hatte. Boisserée: „Die NBA nutzt ein Koordinatensystem. Aus dem System kannst du es exportieren in einer Fassung, so dass du es ins Internet auf eine Karte packen kannst."

Worin liegt der Erkenntnisgewinn? Die interaktive Grafik, die dabei herausgekommen ist, sieht imposant aus. Doch welchen Nutzen, welchen journalistischen Wert hat sie? „Du kannst es filtern. Zum Beispiel: Wie viele Dreier hat der Kerl getroffen? Was war seine beste Saison?", erklärt der Autor. „In der Saison 1998/99 hat Nowitzki angefangen, da war er noch frisch und jung, aber noch nicht gut. Dann schauen wir uns seine Saison 2006 an, in der er wertvollster Spieler der Liga wurde, und stellen fest, wie absurd viele Würfe er getroffen hat." Was waren seine Spezialwürfe? Wie gut war er in den Finalserien? „Wenn du Basketballjournalist bist, kannst du da vieles entdecken. Und wenn du ihn dann in den Kontext mit all den anderen großen Basketballern unserer Zeit stellst und siehst, wo er im Vergleich zu LeBron James, Michael Jordan und so weiter steht, stellst du fest, dass es Bereiche auf dem Spielfeld gibt, in denen kein anderer so erfolgreich war wie Nowitzki. Da stecken Geschichten en masse drin."

Es gab auch Kritik. „Im Nachgang war einer der Kritikpunkte an dem Projekt, dass es mobil nur bedingt funktionierte. Wir hatten zwar eine mobile-optimierte Darstellung, und es lief auch alles. Die Darstellung an sich ist für Mobilgeräte aber einfach sehr kleinteilig.", sagt Boisserée. Die „LA Times" hat ihre Grafik mit Kobe Bryants 30 699 Würfen mobil gar nicht interaktiv gemacht, sondern als eine Tour durch statische Charts

17.3 Alltägliche Themen

Boisserées Ziel hingegen ist es, „Alltagsdatenjournalismus" in der Redaktion einzuführen. Das heißt: Themen, die sich aus Daten ergeben, mit grafischen Mitteln zu erzählen: „Was ist cool und interessant? Was ist die Geschichte? Wo kommen die Daten dafür her? Wie kriegen wir es visualisiert?" (s. Abb. 17) Im Zuge der Corona-Pandemie wurde das zu einer Selbstverständlichkeit. Kurven mit Infizierten-

Abb. 17 Video Clemens Boisserée, Rheinische Post (Video: Beils)

zahlen, Landkarten mit Inzidenzen wurden zum täglichen Produkt. Im Zuge von Russlands Angriffskrieg auf die Ukraine und die sich daraus ergebende Energieproblematik wurden Grafiken zum Stand in den Gasspeichern und zum täglichen bundesweiten Gasverbrauch zu solchen grafisch aufbereiteten Alltagsgrafiken. Für den Sport nennt Boisserée noch zwei Beispiele. Zum 30. Jahrestag der Wiedervereinigung stellte die RP-Redaktion die Zahlen der Fans von ostdeutschen Fußballclubs in nordrhein-westfälischen Postleitzahl-Regionen dar und ergänzte die Grafik wiederum jeweils mit einem Porträt eines Fans. Auch die Entwicklung der Mitgliederzahlen von Sportverbänden während der Coronazeit war ein Thema.

17.4 Vorsicht, Fake!

Sorgfalt und Ehrlichkeit. Sascha Venohr, Head of Datajournalism bei „Zeit online", mahnt im Interview mit Ulrike Bremm zur Vorsicht beim Umgang mit Daten: „Zunächst gilt das Gleiche wie bei allen journalistischen Arbeiten: Wir müssen die Quelle verifizieren – woher kommen die Daten?" Und zur Sorgfalt: „Dann prüfe ich, ob der Datensatz das beinhaltet, was er verspricht, ob er vollständig ist oder Lücken aufweist." Und auch die nächsten Schritte sind für ihn klassisch journalistisch: „Wir suchen nach Mustern in den Daten, um das Erzählbare zu finden. Was sind die höchsten, was die niedrigsten Werte, was ist der Durchschnitt? Bei chronologischen Datensätzen beispielsweise kann man versuchen, mit einfachen

Visualisierungstools Kurven darzustellen, um Trends zu erkennen ... Im Idealfall lässt man sich überraschen von einer spannenden Geschichte, die in den Daten steckt." Allerdings muss man auch bisweilen so ehrlich sein, dass eine Geschichte kaputt recherchiert wird: „Häufig gibt es aber auch Fälle, wo man den Deckel wieder draufmacht, weil keine Geschichte drin ist." Auch Arbeit für die Mülltonne gehört zum Geschäft.[31]

▶ **Tipp** Die Gefahr beim Datenjournalismus besteht immer darin, sich in die Werte zu verlieben. Also immer die Frage stellen: Was haben meine Leserinnen und Leser von diesen Daten? Wo liegt der Erkenntnisgewinn? Also immer dran denken: Aufs Einordnen und Erklären kommt es an.

Übung

Der Deutsche Olympische Sportbund stellt als Dachverband jährlich die Entwicklung der Mitgliederzahlen in den Verbänden für die einzelnen Sportarten zusammen. Auch nach Region, Alter und nach Geschlecht. Suchen Sie in der Datenfülle nach interessanten Geschichten! Wo gibt es spannende Tendenzen? Was lässt sich miteinander vergleichen? Stellen Sie hierzu zusammen, wie Sie die Geschichte erzählen wollen. Was gehört in eine (interaktive) Grafik? Was muss in einen ergänzenden Text? Welche weiteren Rechercheansätze gibt es?

Verwendete Quellen

- Lorenz Matzat Datenjournalismus: https://www.bpb.de/themen/daten/opendata/64069/datenjournalismus/, abgerufen 8. März 2023.
- DOSB-Statistiken (für die Übung) https://www.dosb.de/medienservice/statistiken, abgerufen 22. März 2023.
- Fachjournalist, https://www.fachjournalist.de/storytelling-der-datenjournalismus-ist-im-alltag-angekommen/, abgerufen 8. März 2023.
- Die Nowitzki-Grafik: https://interaktiv.rp-online.de/ig/19/dirk-nowitzki-career-shotchart/, abgerufen 22. März 2023.

---

31 Fachjournalist, https://www.fachjournalist.de/storytelling-der-datenjournalismus-ist-im-alltag-angekommen/, abgerufen 8. März 2023.

- Mehr Informationen zu Datenjournalismus: https://www.fachjournalist.de/storytelling-der-datenjournalismus-ist-im-alltag-angekommen/, abgerufen 8. März 2023.

- Raimar Heber, Infografik – Gute Geschichten erzählen mit komplexen Daten, (Bonn: Rheinwerk Verlag, 1. Aufl. 2018)

Gesprächspartner und -partnerinnen

- Clemens Boisserée, „Rheinische Post", Köln, 3. März 2022

Investigativ-Story 18

Zusammenfassung

Recherche in die Tiefe, Enthüllungen aus dem Innersten des Sport-Business – Investigativ-Journalismus ist ein wichtiges Segment der Berichterstattung rund um den Sport. Er verlangt großes handwerkliches Können, Arbeit in vielfältigen Teams und ein dickes Fell.

Stichworte

Investigativer Journalismus, Football Leaks, Recherche

18.1 Juristisch heikle Themen

Juristisch angreifbar. Treffen beim Italiener am Hafen in Münster. Rafael Buschmann, einer der profiliertesten Investigativ-Reporter Deutschlands, betont zu Beginn unseres Gesprächs, wie wichtig ihm saubere Formulierungen im Kapitel über ihn und seine Tätigkeit sind. „Wenn wir hier über Dinge reden, die meinen Beruf betreffen, sind es ja fast immer auch Dinge, die sehr justiziabel sind, die häufig juristisch angreifbar sind", sagt der „Spiegel"-Journalist. Damit ist frühzeitig klar: In diesem Kapitel des Buchs geht es um eine andere Art von Journalismus als in den meisten anderen. Wobei Sorgfalt selbstredend in allen Gewerken des Journalismus unabdingbar ist.

© Der/die Autor(en), exklusiv lizenziert an Springer Fachmedien Wiesbaden GmbH, ein Teil von Springer Nature 2023
M. Beils, *Sportjournalismus*, Journalistische Praxis,
https://doi.org/10.1007/978-3-658-40904-3_18

Es geht um Milliarden. In Buschmanns Recherchen dreht es sich häufig um die Macht in der zum Großteil verborgenen Welt des Profifußballs und um Milliardenbeträge. Beispiele für seine Themen: Die Situation minderjähriger Fußballspieler, die aus Afrika nach Europa gelockt und hier allein gelassen werden, dazu Doping, Wettbetrug, Korruption und vor allem Finanz- und Steuertricks. „Football Leaks" war der große Coup von Buschmann, seinem damaligen Ressortleiter Michael Wulzinger und deren Teams in der Mitte der 2010er-Jahre.

Überschaubarer Kreis. Die Schar der Investigativreporter im deutschen Sportjournalismus ist überschaubar: der mit dem Bundesverdienstkreuz für seine Recherchen ausgezeichnete Hajo Seppelt für die ARD, Thomas Kistner von der „Süddeutschen Zeitung", Tim Röhn von der „Welt" und die freien Journalisten Jens Weinreich und Ronny Blaschke zählen dazu. Sie verstehen sich durchaus als Konkurrenten.

Mit dem Job ins Bett. Bisweilen vermisst Buschmann die Zeit, als er noch für „Spiegel online" herkömmlicher Sportreporter war und live von der Pressetribüne über Champions-League-Partien berichtete. „Ich habe diesen Adrenalinkick geliebt", sagt er. „Das war ein schönes Arbeiten. Du hast den Laptop zugeklappt, bist nach Hause gegangen, und der Job war erledigt." Als Investigativ-Journalist „stehst du mit deinem Job auf und gehst mit ihm schlafen", sagt er. Selbst wenn er nun sieben, acht Artikel zu einem Thema veröffentliche, könne es sein, dass erst ein paar Monate später jemand mit einer Klage zur allerersten Geschichte kommt.

Hinter der glatten Fassade. Durch Untersuchungen – für sie steht das Wort Investigation – bekommt man „die Möglichkeit, mal den Vorhang im Fußball hochzuziehen. Also: Mal hinter diese sehr glatt polierte Fassade gucken zu können und zu sehen, wie die Automatismen ablaufen, die am Ende ja auch zu dem Produkt führen, das vielen Sportjournalisten serviert wird", erklärt Buschmann. Und Servierer sind in der Regel die Vereine, die die Hoheit über die meisten Informationen rund um ihre Millionenverdiener behaupten. Man muss sich schon sehr, sehr gute Quellen aufbauen, sehr, sehr guten Kontakt oftmals zu den Beratern haben, dass man dann Zugänge zu den Spielern bekommt und von da aus ein gewisses Vertrauensverhältnis möglicherweise erschaffen kann, um exklusive Inhalte zu generieren."

18.2 Football Leaks

Mehr als 70 Millionen Dokumente auswerten. Bei Football Leaks war es „aber umgekehrt", erinnert sich Buschmann (s. Abb. 18) Die Informationen wurden an den Reporter herangetragen. „Wir hatten auf einmal all diese exklusiven Inhalte. Da liegen über 70 Millionen Dokumente, die uns gezeigt haben, wie Verträge gestaltet werden, welche Berater im Hintergrund agieren, wie teilweise jegliches Wertesystem gebeugt wird." Football Leaks gilt als Fußballversion der Enthüllungsplattform WikiLeaks. Der Betreiber, der bis zu seiner Enttarnung nur als „John" in Erscheinung getretene Portugiese Rui Pinto, veröffentlicht auf einer Website Informationen rund um die Geldflüsse und Vertragsabschlüsse, um das seiner Einschätzung nach hochkorrupte System Spitzenfußball bloßzustellen.

Sieben Monate über den Daten gehockt. Mittels Recherchen rund um das Geschäftsgebaren des niederländischen Erstligisten Twente Enschede bekam Buschmann 2015 Kontakt mit Football Leaks. „Das war ganz interessant, aber zunächst nicht der Burner", erzählt Buschmann. Doch er und Ressortleiter Wulzinger rochen bald Lunte. „Scheint ganz interessant zu sein." Da hat jemand Einblick in Verträge und gibt möglicherweise diese Informationen preis. Lasst uns mal versuchen, Kontakt mit dem Informanten aufzunehmen. „Irgendwie strange" fanden die „Spiegel"-Journalisten die Vorgänge dennoch.

Abb. 18 Video Rafael Buschmann, „Der Spiegel" (Video: Beils)

Streng geheime Treffen. Bis sich der „Spiegel" dann vor gigantische Datenmengen gestellt sah, „war es ein ziemlich langer Anlauf", erinnert sich Buschmann. Das erste Treffen mit „John", wie sich der Hinweisgeber zunächst nannte, fand „irgendwo in Osteuropa" statt. Ganz geheim. Nur der Ressortleiter und ein Mitglied der Chefredaktion wussten, zu wem Buschmann sich aufgemacht hatte. Zweimal am Tag musste sich der Reporter bei seinem Chef melden, es hätte ja auch gefährlich werden können. Wie im Agentenfilm.

Internationale Zusammenarbeit. Um der Menge an Material und des Themas Herr zu werden, holte sich die Sportredaktion hausintern Unterstützung aus dem Investigativteam. Datenanalysten, eine Volkswirtin, Rechtsexperten kamen hinzu. Später teilte der „Spiegel" seinen Fund mit dem Norddeutschen Rundfunk und mehr als einem Dutzend Medienhäusern auf dem Kontinent, die sich zuvor zur „European Investigative Collaboration" (EIC) zusammengefunden hatten. Buschmann: „Sieben Monate haben wir nichts anderes gemacht, als über diesen Daten zu hocken und zu versuchen zu verstehen, wie beispielsweise die Steuerhinterziehung von Cristiano Ronaldo abgelaufen ist. Also: wer darin involviert war, wie das aufgedröselt wurde, wie komplex das war." Im Kern stand die Frage, wie Fußballprofis und -clubs der alleroberstem Kategorie Steuertricksereien betreiben.

Die Veröffentlichung. Ende 2016 veröffentlichten die beteiligten Medien erste Teile eines Leaks. Enthalten waren 18,6 Millionen Dokumente, darunter Originalverträge mit geheimen Nebenabsprachen. Es ging etwa um die Kontrakte von Mesut Özil und Cristiano Ronaldo mit Real Madrid. In einer zweiten Welle im Herbst 2018 standen Pläne für eine Super League als Konkurrenzprodukt zur Champions League im Mittelpunkt. Themen: die Geschäfte an der Spitze des Fußball-Weltverbands um aus dem Mittleren Osten geführte europäische Großclubs.

Was bleibt? Das fragen sich die Autoren solcher Stücke häufig. Der persönliche Aufwand ist immens. Wie auch bei den Enthüllungen um die Vergabe der Fußball-Weltmeisterschaft 2006. „Das Sommermärchen war am Ende eine der größten Enthüllungen des „Spiegel" in den letzten Jahren, bei dem wir uns tatsächlich mit allen Ikonen angelegt haben, die es in Deutschland gab und auch gezeigt haben, wie sie getrickst haben", sagt Buschmann. „Was davon bleibt, ist schwierig zu beantworten. Ich glaube aber auch nicht, dass wir für die Beantwortung dieser Frage arbeiten. Wir verstehen uns vielmehr als Dienstleister der Gesellschaft. Als Investigative sind wir Reporter und Reporterinnen, die umstrittene Sachverhalte, die irgendwer verheimlichen möchte, für die Menschen enthüllen, die es interessiert, die dann die Möglichkeit haben, einen Blick hinter eine Fassade zu werfen, einen unverstellten Blick zu haben. Ermittlungsbehörden entnehmen unseren

Enthüllungen zudem oft Ansatzpunkte für ihre weitere Arbeit. Aber wir sind niemals ihre Zulieferer, sondern begleiten ihre Ermittlungen ebenfalls kritisch."

Ans Eingemachte. Cristiano Ronaldo, so berichtet der „Spiegel"-Reporter, hat am Ende fast 20 Millionen Euro Strafzahlung leisten müssen, hinzu kam eine Bewährungsstrafe von knapp zwei Jahren. „Das ist jetzt nicht so ein kompletter Kindergarten, sondern da ging es dann schon mal ans Eingemachte und es waren ja zahlreiche Verfahren", erinnert sich Buschmann. „Das ist das Projekt, auf das ich immer noch mit am meisten angesprochen werde. Aus der Menge von Menschen draußen, von Fans, von Mitgliedern der Fußball-Branche. Irgendwas ist da offensichtlich hängen geblieben." Jemand habe mal ausgewertet durch Football Leaks seien über 70 Millionen an Strafgelder in die Europäische Union zurückgeflossen. „Die Zahl habe ich nie verifiziert. Aber sowas bleibt natürlich auch."

18.3 Änderungen durch Causa Relotius

Reportage erfunden. 2018 erschütterte der Fall Claas Relotius den „Spiegel" im Besonderen und den Investigativ-Journalismus im Allgemeinen. Der preisgekrönte Journalist hatte Teile seiner Reportagen und Interviews erfunden. Mitte 2019 veröffentlichte das Magazin den 17-seitigen Abschlussbericht einer im Dezember 2018 einberufenen Aufklärungskommission. Die Kommission berichtete von etlichen Hinweisen (von außen und aus dem Kollegenkreis) darauf, dass manche Spiegel-Kollegen in ihren Texten nicht immer journalistisch korrekt arbeiteten. Verfälschungen, unkorrekte nicht vollständig dargestellte Fakten waren demnach keine Einzelfälle.

Auch Dramaturgie muss Wirklichkeit abbilden. Die Kommission empfahl festzuschreiben, dass in Geschichten nicht nur die Fakten stimmen, sondern auch Dramaturgie und Abläufe die Wirklichkeit wiedergeben müssen. Zudem wurde die Arbeit der Abteilung Dokumentation, die die Storys auf ihre Richtigkeit prüfte, noch einmal intensiviert. Alles nachvollziehbar, alles angesichts drastischer Vorwürfe gegen die Medien („Lügenpresse") dringend erforderlich. Vor dem Investigativjournalismus, der seine Quellen in besonderer Weise unter Schutz stellen muss, standen damit aber noch höhere Hürden.

Quellenschutz ist das A und O. Buschmann betont: „Wenn wir Quellen nicht vernünftig schützen, können wir dicht machen." Der Autor stand auch schon allein für die Glaubwürdigkeit seiner Informanten. Buschmann: „Es gehörte ja zu unserer DNA, dass wir auch Quellen öffnen und Quellen schützen, auf Quellen aufpassen und dass es ein Vertrauen auch in uns und unsere Quellen gibt." In den Football-Leaks-Recherchen hatte er „einen unfassbar dicken Stapel an Dokumenten", die Identität seines Kontaktmanns „John" habe er, so gut es ging, nachweisen können. Auch die „New York Times" brachte ein Interview mit dem Hinweisgeber unter dessen Pseudonym. „Aber ich weiß nicht, ob man das heute überhaupt noch so aufschreiben könnte, weil sich unsere Standards zur Verifizierung in den Jahren nach dem Fall Relotius verändert haben", sagt Buschmann. Aussagen müssten gefilmt oder anderweitig verifiziert werden. „Das ist natürlich nicht ganz simpel, wenn man eine Quelle hat, die partout anonym bleiben will und die man deshalb besonders schützen muss", sagt Buschmann.

Neue Rahmenbedingungen. Die Nachprüfbarkeit sei noch wichtiger geworden. Eine Geschichte wie Football Leaks wäre nach Relotius vielleicht in der Form gar nicht mehr möglich gewesen, weil es unter den heutigen Rahmenbedingungen für den Informanten schwieriger wäre, anonym mit dem „Spiegel" zu sprechen. „Die Nachprüfbarkeit hat Vor- und Nachteile. Der Vorteil ist, dass der Verlag sich absichert, dass ihm nicht irgendjemand ein Ei hineinlegt. Zudem wird unsere Arbeit für die Leserin und den Leser deutlich nachvollziehbarer, weil transparenter. Der Nachteil ist, dass diejenigen, die wirklich als Reporter arbeiten wollen, die als Augen der Leser unterwegs sind, dadurch auch an Grenzen stoßen. An Grenzen, bei denen die Frage ja auch aufgeworfen wird: Wie kann ich letztgültig eine Quelle schützen?"

18.4 Anforderungen an Investigativ-Journalisten

Infos von mutmaßlichem Hacker. „Ich weiß nicht, ob in den Jahren 2016 bis 2018 irgendjemand aus unserem Team überhaupt mal Urlaub gemacht hat", fragt sich Buschmann. „Wir haben ganz oft von Montag bis Sonntag durchgearbeitet. Also das waren Phasen, die auch abseits von der Arbeitsbelastung ins völlig Absurde gelaufen sind. Du wusstest, so einen Zugang zu Informationen hast du nur einmal im Leben. Du musst schnell und sauber arbeiten." Das Projekt wurde ohnehin schon kritisch betrachtet: Darf man Informationen, die man von einem mutmaßlichen Hacker bekommen hat, in dieser Art zur Veröffentlichung verwenden?

In echten Schwierigkeiten. Charakterliche Stärke hält Buschmann für eine wesentliche Anforderung an Investigativ-Reporter. „Wenn man investigativ tätig ist, kann es immer passieren, dass man eine Bugwelle abbekommt. Von den Vereinen, von den Spielern, von den Beratern. Dass man verklagt wird, dass man für eine Weile echte Schwierigkeiten hat, um sich zu behaupten und sich zu erklären, um seine Geschichten darlegen zu können." Im Nachgang zur Causa Relotius beobachtet Buschmann: „Da gab es eine Zäsur. Es wird Journalisten nicht mehr per se geglaubt – und zwar nicht nur von denjenigen, die Lügenpresse rufen – sondern auch von Kollegen. Wir erleben es ja oft: Wir machen eine Enthüllung und dann kommt die PR-Abteilung von Spieler ABC oder Funktionär ABC und macht wahnsinnigen Druck auf andere Kollegen. Und diese Kollegen beginnen dann, uns Fragen zu stellen. Also auf einmal werden wir nach der Enthüllung zu einem Objekt der Berichterstattung. Manchmal ist das unangenehm, weil es viel Zeit kostet und Fragen, die die Quelle betreffen, eben nicht immer beantwortet werden können. Manchmal hat das Ganze aber auch große Vorteile für uns, weil wir dadurch Vorwürfe schnell und transparent ausräumen können."

18.5 Rückhalt

In Verbünden. Aufwändige Recherchen wie diese können nur von großen Redaktionen und immer häufiger von Netzwerken gestemmt werden. NDR, WDR und „Süddeutsche Zeitung" kooperieren zum Beispiel in so einem Verbund, um Kosten zu sparen und die Auswertegeschwindigkeit zu erhöhen. Paradefall waren die „Panama Papers", bei denen es ab 2016 um die Aufdeckung von illegalen Finanzgeschäften von Offshore-Unternehmen ging. Der Rückhalt aus der Redaktionsspitze, die aufwändige Unterstützung durch fachkundige Juristen und durch Wirtschaft- und Finanzexperten sowie die technische Ausstattung (Buschmann: „Wir haben uns eine sehr teure forensische Software angeschafft") zählen zu den wesentlichen Grundlagen des Erfolgs.

Ziemlich wilde Verfahren. In den „Football Leaks"-Recherchen war für Buschmann und seine Kolleginnen und Kollegen neben der schieren Datenmenge die Frage im Mittelpunkt: „Wie können wir herausfinden, ob die Dokumente nicht nur relevant, sondern vor allem auch echt sind? Das Zeug hat bis zum Schluss allen unseren Plausibilitätsstandards und Richtlinien standgehalten. Wir haben auch bis heute kein einziges Verfahren verloren. Und da gab es auch ziemlich wilde Verfahren. Die Steuerberater von Cristiano Ronaldo haben fast zwei Jahre lang gegen uns geklagt."

▶ **Tipp** Das entscheidende Handwerkszeug für Investigativ-Journalisten ist laut „Spiegel"-Reporter Rafael Buschmann das juristische Verständnis: „Man muss wissen, was eine begründete Verdachtsberichterstattung ist. Wie weit kann ich gehen, um Persönlichkeitsrechte nicht zu verletzen? Welche Fallstricke gibt es, wenn ich Konfrontationen schriftlich aufsetze und erfolgreich absichern möchte?" Der Weg vom Schreiben bis zum Erscheinen sei noch einmal von ganz anderen Unwägbarkeiten gepflastert: Menschenkenntnis und ein gutes Verständnis für Quellen, nennt Buschmann hier. „Das ist der Unterschied zu einer normalen deskriptiven Geschichte aus dem Alltag heraus." Kenntnisse des eigentlichen Sportgeschehens seien für seine Tätigkeit „sekundärer Natur". Für eine Berichterstattung über einen Fußballstar, der eine Offshore-Firma betreibt, um Steuern zu sparen, ist das Wissen über seine sportlichen Stärken „am Ende nicht entscheidend".

Verwendete Quellen

- Rafael Buschmann/Michael Wulzinger, Football Leaks – die schmutzigen Geschäfte im Profifußball (München: Penguin-Verlag, 1. Aufl. 2018)
- Rafael Buschmann/Michael Wulzinger, Football Leaks 2: Neue Enthüllungen aus der Welt des Profifußballs, (München: DVA, 1. Aufl. 2019)

- „Spiegel"-Beiträge zu Relotius: https://www.spiegel.de/kultur/gesellschaft/der-fall-claas-relotius-hier-finden-sie-alle-artikel-im-ueberblick-a-1245066.html, abgerufen am 21. März 2023.

Gesprächspartner und -partnerinnen

- Rafael Buschmann, „Der Spiegel", Münster, 4. Mai 2022

Satire 19

Zusammenfassung

Mehr und mehr lebt die Sportberichterstattung auch von leichten und humorvollen Beiträgen. Dazu gehören etwa Glossen und Kommentare. Eine besonders schwierige, aber mitunter sehr lehrreiche Form ist die Satire.

Stichworte

Humor, Spott, WM 2006, Sommermärchen, Medienmechanismen

19.1 Wandel auch zur Heiterkeit

Leichtere Zugänge. Lange war die Sportberichterstattung sachlich und fachlich. Das galt für die Themen, für die Sprache, für die Darstellungsformen in geschriebener wie in gesprochener oder gefilmter Fassung. Die angeblich schönste Nebensache der Welt war geprägt von Schwere und Ernsthaftigkeit. Christoph Biermann, Reporter beim Magazin „11Freunde" und damit praktisch bei der ersten Adresse für einen leichteren Zugang zum Fußball beheimatet, sieht in den frühen 1990er-Jahren den Wandel eintreten.

Wendepunkt 1992. Für Biermann datiert der Wendepunkt hin zum modernen Fußball mit all seinen Begleiterscheinungen, wie wir ihn heute kennen im Jahr

1992. Das Privatfernsehen eroberte den Sport, „ran" setzt im Fernseh-Fußball mit einer unterhaltsameren und boulevardeskeren Art der Berichterstattung neue Maßstäbe. Der ökonomische Charakter änderte sich durch mehrstellige Millionenumsätze, die Fußballkultur wandelte sich, und der Fußball-Journalismus im Fernsehen wurde „weniger altväterlich als in der Sportschau", stellte Biermann fest. Auch Frauen wurden bewusster mit dem Programm angesprochen. „Plötzlich kam so viel Geld, mit allem, was daran gut, aber auch bedenklich ist", sagt Biermann im Rückblick. Die Champions League startete und in England die Premier League. „Das Spiel selbst wurde komplett umgebaut." Zum Beispiel auch durch die neue Rückpassregelung. Nick Hornby veröffentlichte in „Fever Pitch" eines der wichtigsten Fußballbücher, das das Wesen des Fans zum Ausdruck brachte. Biermann: „1992 ist das große Wendejahr des Fußballs, von da aus verändert sich vieles." Auch im Sportjournalismus: mit umfangreicherer, intensiverer, spezialisierter, besser, komplexer und abwechslungsreicherer Berichterstattung.

Heiter weiter. Biermann reüssierte in den 1990er-Jahren mit Kolumnen in der „taz", und „die sollten in aller Regel lustig sein. Das war damals relativ neu, das gab es kaum". Mit leichter Hand begleitete er über viele Jahre das Fußball-Geschehen. Zunächst war das etwas Außergewöhnliches. Doch solche Formen entwickelten sich. Glossen hielten Einzug in die Sportteile, es gab Karikaturen. Und ab 2000 etablierte sich das Magazin „11 Freunde" von Philipp Köster und Reinaldo Coddou H. Es erzählt Geschichten rund um den Fußball und seine Fans, oft in humorvollem Stil – gern auch mit den Mitteln der Satire.

Mit scharfem Witz. Der Duden bezeichnet die Satire als Kunstgattung (Literatur, Karikatur, Film), die durch Übertreibung, Ironie und [beißenden] Spott an Personen, Ereignissen Kritik übt, sie der Lächerlichkeit preisgibt, Zustände anprangert, mit scharfem Witz geißelt. Und wenn die Frage aufkommt, was Satire darf, wird gern auf den Journalisten und Schriftsteller Kurt Tucholsky und seine Antwort „Alles!" verwiesen. Doch in den Gesetzen findet auch die Satire ihre Schranken. Und mitunter in selbstgesetzten Regeln etwa von Berufsverbänden. So steht in den Leitlinien des Verbands deutscher Sportjournalisten (VDS), dass seine Mitglieder „trotz der Konkurrenz der Medienbereiche und Mediensysteme untereinander einen fairen Umgang und offene Kritik" pflegen und sich zur „gegenseitigen Wertschätzung verpflichten".[32] Von daher bewegt sich die folgende von „11Freunde" initiierte Satire zumindest in einem Grenzbereich. Die entlarvende

---

32 Leitlinien des VDS, https://www.sportjournalist.de/download?seiten_dateien=139, abgerufen 8. März 2023.

Aktion ist indes so lehrreich und mahnend, dass sie in diesem Kontext vorgestellt werden soll.

19.2 Fantrip nach Frankfurt/Oder

Oder statt Main. Die Geschichte spielt im April 2019, zwei vermeintliche Fans des portugiesischen Clubs Benfica Lissabon stehen im Mittelpunkt. Die beiden hatten sich angeblich im eigenen Auto zum Viertelfinalrückspiel in der Europa League bei Eintracht Frankfurt aufgemacht und vermeintlich übersehen, dass es zwei Städte dieses Namens in Deutschland gibt. Also hatten Alvaro und Jorge die Metropole am Main umkurvt und waren stattdessen von Lissabon über Paris und Berlin an die Oder gefahren. Dort posierten sie vorm Ortseingangsschild und fanden schließlich auch das Stadion: Von Europacup-Stimmung war aber an der polnischen Grenze nichts zu spüren. Die Portugiesen hatten ihren Reiseweg ausführlich auf Instagram dokumentiert. Und so nahte alsbald Rat und Hilfe – und zwar gleich tausendfach. Nur eine halbe Stunde, nachdem die beiden in Frankfurt/Oder gestrandet waren, wurden sie mit Nachrichten, Hilfsangeboten und Routenplänen in den sozialen Medien überschüttet.

Bis zu „Sports Illustrated". Kommentare kamen jedoch nicht nur von privaten Insta-Nutzerinnen und -Nutzern: Es entwickelte sich zu einem Social-Media-Thema ungeahnten Ausmaßes – auch bei etablierten Medien. „11Freunde" berichtete später: „Hatten zunächst die notorischen Durchlauferhitzer „Spox" und „Fums" von der Irrfahrt berichtet, kamen alsbald die nationalen Qualitätsmedien um die Ecke, also Sportschau, Sky und MDR. Dann tickerte auch die Deutsche Presse-Agentur, die BBC, die Hauptstadtfranzosen von ‚Le Parisien' sowie die Amerikaner von ‚Sports Illustrated' und Fox die Geschichte von den beiden verstrahlten Portugiesen einmal um die ganze Welt. Dann finnische, chilenische, rumänische, spanische, portugiesische, türkische, russische Seiten. Und schließlich wurde einer der beiden Portugiesen sogar live bei DAZN in die Sendung geschaltet."

Entlarvend. Blöd nur: Die ganze Reise war eine Inszenierung. Tatsächlich fuhren die beiden vermeintlichen Benfica-Fans nur von Berlin an die Oder. Die roten Lissabon-Trikots waren auf links gezogene Leibchen von Hannover 96 und 1. FC Nürnberg, ein „11Freunde"-Magazin spiegelte sich in der Windschutzscheibe, aus dem Radio klang die Hymne von Benficas Erzrivale FC Porto – es gab reichlich Sollbruchstellen, die mit ein wenig Recherche (und Nachdenken) zu entdecken gewesen wären. „11Freunde" betonte, dass fast alle Redaktionen sorgfältig bedacht gewesen seien, „sich bloß nicht durch allzu penetrante Recherche die hübsche Story kaputtmachen lassen zu lassen. Wie blöd kann man sein, fragen viele Medien, allerdings nicht im Selbstgespräch, sondern adressiert an den armen Alvaro (einer der beiden Fans), der sich pflichtgemäß zerknirscht gibt".

Lausige Story vom Dorfplatz. „11Freunde"-Chefredakteur Philipp Köster bestätigte der dpa, dass die Redaktion einen in Berlin ansässigen Schauspieler für die Aktion engagiert hatte. „Wir wollten die Medienmechanismen zeigen: Dass egal, was auf einem Dorfplatz passiert, als Meldung ungeprüft in die Öffentlichkeit getragen wird." Köster sprach von einer „lausigen Story", die hätte auffallen müssen, und nannte einige Fehler darin. Zur Resonanz in den Sozialen Medien sagte Köster: „Alle haben es gierig aufgegriffen." Und milde: „Ich bin mir sicher, dass uns das auch hätte passieren können."[33]

19.3 „Titanic" und die WM 2006

Wie bei Wallraff. Inwieweit dürfen Journalistinnen und Journalisten eingreifen, um Realitäten darzustellen, gar zu kreieren, um Missstände zu entlarven. Seit mein Landsmann aus dem Bergischen Land, der Enthüllungsjournalist Günter Wallraff, in seinen Recherchen zum Akteur wurde und so in die dunkelsten Winkel des Landes hinabstieg, hat sich diese Form des Investigativ-Journalismus etabliert. Dennoch ist es immer wieder eine Gratwanderung, wenn Journalistinnen und Journalisten für ihre Storys zu Akteurinnen und Akteuren werden. Prominentestes Beispiel ist die Aktion des Satire-Magazins „Titanic" bei der Vergabe der später als „Sommermärchen" in die Sportgeschichte eingegangenen Fußball-Weltmeisterschaft 2006. Auch hier begab sich ein Journalist, der spätere EU-Politiker Martin Sonneborn, ins Zentrum des Geschehens – und das unter Vortäuschung falscher Tatsachen.

Zürich 2000. Am Abend des 5. Juli 2000, dem Tag vor der Wahl des Gastgebers durch die Mitglieder des Fifa-Exekutivkomitees, sandte der damalige Chefredakteur der „Titanic", Martin Sonneborn, nacheinander zwei fingierte Bestechungsfaxe an das Grand Hotel Dolder in Zürich, in dem die Teilnehmer der Tagung des Weltfußballverbandes abgestiegen waren. Redakteur Stefan Gärtner sagte, im ersten Schreiben sei angekündigt worden, man werde sich für den Fall einer für Deutschland günstigen Stimmabgabe erkenntlich zeigen. Im zweiten Fax seien

---

33 Quelle: 11. Freunde, https://11freunde.de/artikel/frankfurt-oder/1307719, abgerufen 8. März 2023.

Schwarzwälder Schinken und eine Kuckucksuhr in Aussicht gestellt worden. Die Telefaxe gingen an die Rezeption der Zürcher Fifa-Zentrale mit der Bitte um Weiterleitung an die Verantwortliche. Die Briefe wurden einem knappen Dutzend Exekutiv-Mitgliedern unter der Hoteltür durchgeschoben.

Unterlassungserklärung. Der Deutsche Fußball-Bund reagierte nach Bekanntwerden der Aktion scharf und drohte dem Magazin mit einer Schadenersatzforderung von 600 Millionen D-Mark. Sonneborn musste eine Unterlassungserklärung abgeben, Zeit seines Lebens nicht mehr Einfluss auf Fifa- und Uefa-Delegierte zu nehmen. Nicht jeder fand's lustig. Entlarvend war diese Satire ebenfalls – zumal die Umstände der Vergabe solcher Turniere bis heute ein Mysterium sind. Sonneborn zog als „Der Mann, der die WM nach Deutschland holte" durch die Lande und schrieb das Büchlein „Ich tat es für mein Land".

Folgend die Abschrift des Faxes.

„[...] *in this difficult situation, Germany would like to emphasize the urgency of its appeal to hold the World Cup 2006 in Germany.*

Let me come straight to the point:
In appreciation of your support we would like to offer you a small gift for your vote in favour of Germany:
A fine basket with specialities from the black forest, including some really good sausages, ham and – hold on to your seat – a wonderful KuKuClock!
And a beer mug, too! Do we leave you any choice???

We trust in the wisdom of your decision tomorrow,
sincerely yours

Martin Sonneborn
Secretary TDES
(WM 2006 initiative)"[34]

TDES steht laut Sonneborn als Abkürzung für „Titanic – Das endgültige Satiremagazin.

---

34 Web Archive: https://web.archive.org/web/20170115024611/http://www.spiegel.de/pics/72/0, 1020,542872,00.jpg, abgerufen am 24. März 2023.

Verwendete Quellen

- Leitlinien des VDS, https://www.sportjournalist.de/download?seiten_dateien =139, abgerufen 8. März 2023.
- Vergabe der WM 2006: https://www.titanic-magazin.de/heft/klassik/2000/august/wm1/, abgerufen 8. März 2023.
- Benfica-Fans auf vermeintlicher Irrfahrt: https://www.stuttgarter-nachrichten.de/inhalt.irrfahrt-von-benfica-fans-wie-dpa-auf-eine-inszenierung-hereinfiel.d08d198f-cc0e-47e4-9556-ab5ccaa7aa2c.html, abgerufen 8. März 2023.
- 11. Freunde, https://11freunde.de/artikel/frankfurt-oder/1307719, abgerufen 8. März 2023.
- Web Archive: https://web.archive.org/web/20170115024611/http://www.spiegel.de/pics/72/0,1020,542872,00.jpg, abgerufen am 24. März 2023.

Gesprächspartner und -partnerinnen

- Christoph Biermann, „11Freunde"

Newsletter 20

> **Zusammenfassung**
>
> Was früher der Briefkasten an der Haustür war, ist heute das E-Mail-Postfach. Dort landen im Tages- oder Wochenrhythmus immer mehr Newsletter. Auch im Sport gibt es interessante Produkte.

> **Stichworte**
>
> Newsletter, E-Mail, Sport1, Fever Pit'ch, Finanztip

20.1 Was Newsletter leisten

Elektronische Post. Die E-Mail ist eine Kommunikationsform aus der Steinzeit der Digitalisierung. Und obwohl ihr Ableben immer wieder vorausgesagt wurde, erfreut sie sich weiter regen Interesses. Ich benutze schwerpunktmäßig eine E-Mail-Adresse, die ich Mitte der 90er Jahre des vergangenen Jahrhunderts angelegt habe. Neben vielem Schund, der da Tag für Tag ankommt, finden sich aber immer häufiger Newsletter mit spannenden Inhalten. Produziert werden sie von etablierten Medienunternehmen, von Start-ups oder von selbständigen Journalistinnen und Journalisten, die sich damit ihr eigenes Publikum aufbauen. Newsletter-Formate erleben „einen Boom ohnegleichen": „Trotz vermeintlicher Informationssättigung gibt es ein wachsendes Bedürfnis nach individueller Ansprache

© Der/die Autor(en), exklusiv lizenziert an Springer Fachmedien Wiesbaden GmbH, ein Teil von Springer Nature 2023
M. Beils, *Sportjournalismus*, Journalistische Praxis,
https://doi.org/10.1007/978-3-658-40904-3_20

und auf den Einzelnen zugeschnittenen Interessen. Und Newsletter sind dafür ein geradezu ideales Mittel."[35]

Warum der Aufwand für die Autoren? Die Düsseldorfer Redaktionsberaterin Franziska Bluhm hält die E-Mail auch im mobilen Zeitalter für „eine der wichtigsten Anwendungen auf dem Smartphone. Deshalb ist es wahnsinnig praktisch, wenn wir diese App für unsere Kommunikation nutzen". Auch, weil sie Vorteile gegenüber Social-Media-Marketing habe. „Nutzerverhalten spielt auf Social Media inzwischen eine große Rolle: Wenn man eine Weile mit bestimmten Accounts nicht interagiert, folgert der Algorithmus, dass man kein Interesse hat. Mühsam aufgebaute Verbindungen werden dann tote Verbindungen. Die Wahrscheinlichkeit, dass jemand die E-Mail-Adresse wechselt, ist hingegen relativ niedrig. Das heißt: Die einmal aufgebauten Kontakte sind ‚ewiger' als auf Social Media." (Bluhm 2021).

Hälfte bekommt redaktionelle Newsletter. Laut einer Umfrage vom Unternehmen United Internet im Herbst 2022 vorgelegten Studie[36] hat die Bedeutung von Newslettern im davor liegenden Drei-Jahres-Abschnitt deutlich zugelegt. Befragt wurden 922 Nutzerinnen und Nutzer von web.de und gmx.

- 76 % der Deutschen lesen laut der Studie Newsletter (2019 waren es noch 70 %).
- 57 % davon lesen die digitale Post mindestens wöchentlich, ein Plus von vier Prozentpunkten im Vergleich zu 2019.
- An der Spitze stehen mit 76 Prozent Newsletter von Online-Shops, redaktionelle Newsletter kommen immerhin auf 50 Prozent. „Heavy-Newsletter-Lesende wollen sich in erster Linie informieren", heißt es in der Studie, „redaktionelle Newsletter spielen eine größere Rolle und die Lesezeit hat den Schwerpunkt am Vormittag." Mit Heavy-Newsletter-Lesenden sind diejenigen gemeint, die mindestens einen Newsletter pro Tag lesen. Hier liegt der Anteil der redaktionellen Newsletter bei 58 Prozent.
- Lag 2019 noch der große Bildschirm als Endgerät mit 84 Prozent klar vor dem Smartphone (67 Prozent), steht die Nutzung nach Devices nun bei 74:74 gleichauf.

---

35 Franziska Bluhm, Newsletter schreiben, Journalisten-Werkstatt (Eugendorf/Salzburg: Oberauer Der Medienfachverlag, 1. Aufl. 2021)
36 Quelle: United Internet, https://www.united-internet-media.de/de/research/online-studien/user-insights/newsletter-studie-de-2022/, abgerufen 16. März 2023.

20.2 Fever Pit'ch

Sehr unique. Pit Gottschalk ist ein Tempomacher im deutschen Fußball-Journalismus. Der gebürtige Aachener war unter anderem Chefredakteur der „Sport-Bild", Sportchef von „Welt" und „Welt am Sonntag", übernahm Management-Aufgaben bei Axel Springer SE. Seit Ende seiner Zeit als Sport-Chefredakteur bei der „Funke Mediengruppe" arbeitet er als Chefredakteur und Mitglied der Geschäftsleitung bei „Sport1". Den Drive, dicht am Bundesliga-Geschehen zu sein, hat er nicht verloren. Mit seinem wochentäglichen Newsletter „Fever Pit'ch" – montags bis freitags um 6.10 Uhr im Mailfach – betreibt er ein wegweisendes Produkt. „Da bin ich sehr unique", betont er. Einzigartig also.[37]

Wie geht das? Er produziert seinen Newsletter mittels gängiger Tools abends zu später Stunde neben seinem Job – praktisch zum Privatvergnügen („Ich verdiene damit kein Geld, so ein Ding geht nur mit Leidenschaft und Liebe"). Nebenbei fühlt er sich in der 8.45-Uhr-Konferenz am nächsten Morgen in seinem Hauptjob thematisch dadurch bestens vorbereitet. Angefangen hat er damit 2018 in einer Auszeit nach dem beruflichen Abschnitt bei der Funke-Mediengruppe. Erster Produktionsort: Ein „Starbucks" in Miami. Mit seiner Art des Zugangs auf seine Zielgruppe habe er „einen Nerv getroffen" und innerhalb weniger Tage 800 Abonnenten gehabt, vier Jahre später sind es weit über 30 000. Den Namen „Fever Pit'ch" lieferte übrigens der ehemalige Fußballprofi Carsten Pröpper in einer Befragung von Gottschalks Facebook-Community. Er ist eine Abwandlung des Buchklassikers „Fever Pitch" von Nick Hornby.

Was drin steht. Gottschalk befolgt den Lehrsatz des amerikanischen Digital-Experten und Google-Exegeten Jeff Jarvis: Do what you can do best and link to the rest. Was Gottschalk nach eigener Einschätzung am besten kann, ist: Kommentieren. „Ich kann sehr schnell kommentieren, weil ich immer eine Meinung habe und auch gegen den Mainstream argumentiere", betont er. Und so sind seine eigenen Meinungsartikel und die seines Kompagnons Alex Steudel charakteristisch für den Newsletter. Hinzu kommen Links zu Beiträgen anderer Medien. Zu den großen Meinungsführern wie „Bild", „FAZ", „Frankfurter Rundschau" oder „Kicker" oder zu starken Regionalmedien wie dem „Express", der „Leipziger Volkszeitung", dem „Weser-Kurier" oder der „Rheinischen Post". Gottschalk: „So ist die Grundstruktur dieses Newsletters. Persönliche Ansprache, eigene Kommentierung und Verlinken zu dem, was wichtig ist."

---

37 Quelle: https://www.feverpitch.de/, abgerufen 8. März 2023.

Ein Beispiel. Am 15. Juli 2022 startete die Zweite Liga mit dem Spiel des Rückkehrers 1. FC Kaiserslautern gegen Hannover 96, und in England lief die Europameisterschaft der Frauen. Folgende wesentliche Elemente enthielt „Fever Pit'ch":

- Gottschalks Anschreiben („Guten Morgen liebe Fußballfreunde"): Im Mittelpunkt stehen die Bedeutung und die ruhmreiche Geschichte der Lauterer.
- TV-Tipps: In der immer unübersichtlicheren Fernseh-Fußball-Landschaft ein wesentliches Service-Element zu den Sendungen des Wochenendes.
- Link zu Story über den Zweitliga-Start von Darmstadt 98
- Kolumne „Der Steudel!" von Alex Steudel über den Hamburger SV. Auszug: „Die Frage, wie tief ein Klub noch stürzen kann, ist jedoch nicht angebracht, das muss man dem HSV zugutehalten. Er hält sich seit vier Jahren tapfer in Liga zwei und tut sogar manchmal so, als könne er aufsteigen, um es dann ganz knapp doch nicht zu schaffen."
- Kolumne „Meine Meinung" von Pit Gottschalk zu den unterschiedlichen Erfolgsprämien in den Nationalmannschaften der Frauen und Männer. Auszug: „Die Nationalmannschaft ist kein Business, sondern immer noch eine Frage der Ehre und emotionalen Verpflichtung. Auch die Aussicht auf eine üppige Belohnung verhinderte bei den Männern 2018 keine WM-Blamage." Dazu: ein halbes Dutzend Links zu Geschichten zu diesem sogar von Bundeskanzler Olaf Scholz per Twitter kommentierten Thema.
- Was sonst noch so los ist. Links zu weiteren aktuellen Themen
- Alle mal hersehen! Ein Foto des Tages.

Dank einer Kooperation mit dem Sportinformationsdienst (SID) gibt es auch immer Stücke aus dem umfangreichen Angebot der Agentur.

Die Zielgruppe. Gottschalk hat sein Publikum klar vor Augen, dazu hat er drei Zielgruppen definiert. „Erstens sind das die Leute, die ins Stadion gehen – und zwar auf die Haupttribüne, nicht in die Kurve. Zweitens sind es diejenigen, die am Samstag Sky gucken, denen DAZN zusätzlich, aber zu teuer ist." Und dann sind es noch die, die „die vielleicht selbst kicken, vor allem, weil sie sich aufs Bier danach freuen". Er orientiert sich dabei an den Grundbedürfnissen potenzieller Leser: „Was wollen sie eigentlich lesen? Sie möchten morgens aufstehen und wissen, was im Sport – vornehmlich im Fußball – passiert. Und dafür haben sie jahrelang immer ihre Morgenzeitung gehabt. Und weil es die Inhalte in dieser Form immer weniger gibt – manchmal aus Aktualitätsgründen, manchmal aus Kostengründen – gehen die Leute ins Internet und müssen dort aktiv werden. Sie müssen nämlich suchen." Gottschalk meint aber, „dass die Leute gerne auch bedient werden möchten, so wie sie das eben in der Morgenzeitung gemacht haben". Und so wie es jetzt ein Newsletter kann.

Wie wichtig der Absender ist. Man sagt immer so leicht: Auf die Inhalte kommt es an! „Nein, das stimmt nicht so ganz", meint Gottschalk. „Wenn ich mich in Berlin auf dem Alexanderplatz hinstellen würde und sagte, in Deutschland sei alles Mist, dann würde ich wahrscheinlich allenfalls ein müdes Lächeln ernten. Wenn Olaf Scholz sich dahinstellt und sagt: In Deutschland ist alles Mist, würde das Schlagzeilen in der ganzen Welt machen, obwohl wir beide das Gleiche sagen? Also hängt doch vieles eben auch vom Absender ab." Seit jeher verpflichten Sportmedien ja auch insbesondere bei Großereignissen namhaft Kolumnisten, um Aufmerksamkeit zu generieren. So ging für uns bei der „Rheinischen Post" bei Fußball-Welt- und Europameisterschaften oft der frühere Bundestrainer Berti Vogts mit seinen Betrachtungen in die Bütt. Ein meinungsfreudiger Local Hero – so funktionierte es.

Journalisten als Marke. Gottschalk ist „überzeugt, es ist nicht mehr wie früher, dass eine Medienmarke sendet, sondern es sind Personen, die in Interaktion treten". Der Austausch mit dem Publikum – zum Beispiel über Twitter-Umfragen – gehört für ihn zum Job. „Brand Building in eigener Sache gehört zum Berufsbild des modernen Sportjournalisten", sagt er. „Du musst ein bisschen unternehmerischer denken als früher, selbst wenn du in einem Konzern arbeitest." Wie das auf den Social-Media-Kanälen geht, macht auf Twitter mit seinen klugen und originellen Gedanken Günter Klein vor. Auch Stefan Herrmanns vom „Tagesspiegel", Gianni Costa von der „Rheinischen Post", Thomas Nowag vom SID und Holger Schmidt von der dpa stechen hervor.

Kein Algorhithmus filtert. Der Journalist und Unternehmer Sebastian Esser[38] (2022) nennt als einen wesentlichen Vorteil des Newsletters im Vergleich zur Kommunikation via Social Media: „Sie können Ihren Usern regelmäßig etwas schicken, und kein Algorhithmus filtert die Nachricht weg. Das perfekte journalistische Medium." Als Ergänzung empfiehlt er einen Podcast: „Kaum ein anderes Medium ist ähnlich effektiv darin, eine persönliche Bindung zu Ihrer Community aufzubauen." Das macht Gottschalk übrigens auch so. Mit Kollege Malte Asmus podcasted er unter dem Titel „Fever Pit'ch".

---

38 Sebastian Esser, Mach dein Ding, in: Medium-Magazin 3/2022, Frankfurt/Main.

20.3 „Finanztip"

Eine Million Abonnenten. Um zu zeigen, dass man mit einem Newsletter auch direkt Geld verdienen kann, empfiehlt sich ein Ausflug in den Verbraucherjournalismus. „Finanztip" ist mit mehr als einer Million Abonnentinnen und Abonnenten der erfolgreichste Newsletter in Deutschland. „Kein anderes journalistisches Newsletter-Angebot dürfte eine ähnlich große Reichweite haben", schreibt Wirtschaftsjournalist Florian Rinke vom führenden Online-Marketing-Unternehmen OMR.[39] Der vom Niederrhein stammende „Finanztip"-Chefredakteur Hermann-Josef Tenhagen – nicht zu verwechseln mit dem ebenfalls vom rechten unteren Niederrhein stammenden ehemaligen Bochumer Abwehrspieler Franz-Josef „Jupp" Tenhagen – gelingt es, Themen so aufzubereiten, dass sie von hohem Nutzwert für sein Publikum sind.

Fast sieben Millionen Euro Umsatz. Laut Bundesanzeiger konnte Finanztip allein 2020 einen Überschuss von 2,5 Millionen Euro erwirtschaften – bei einem Umsatz von jährlich sechs bis sieben Millionen. „Im Unternehmen heißt es, der Gewinn sei in diesem Jahr außerordentlich hoch ausgefallen, weil viele Menschen am Börsenboom zu Beginn der Pandemie teilhaben wollten und bei Finanztip nach den entsprechenden Artikeln (und Anbietern) suchten", schreibt Rinke. Aus 60 Beschäftigten besteht das Redaktionsteam, Google-Optimierung ist wesentlich für die Verbreitung.

An jedem Freitag. Der Newsletter an sich ist kostenlos, er erscheint an jedem Freitag. Das Portal finanziert sich über Erlöse aus so genannten Affiliate-Links. Es gibt keine Abos, wie bei der Stiftung Warentest und Finanztest, oder Werbeanzeigen wie auf anderen journalistischen Websites. Die Redaktion recherchiert ein Thema und veröffentlicht dazu einen Artikel mit Empfehlungen – etwa zu den besten Anbietern bei Girokonten. Nach der Veröffentlichung geht die Affiliate-Abteilung auf Banken, Versicherungen und Co. zu und fragt, ob sie verlinkt werden wollen. Klicken Nutzerinnen und Nutzer anschließend auf den Link, bekommt Finanztip eine Provision.

Der Inhalt als Erfolgsrezept. Rinke stellt fest: „Das Geheimnis hinter dem Reichweiten-Erfolg des Newsletters ist zunächst mal der Content. Von Spartipps der Woche bis zum Ratgeber, wie man mit Alternativen zur Gehaltserhöhung mehr

---

39 Vgl. https://omr.com/de/daily/finanztip-hat-eine-million-newsletter-abonnenten-und-macht-millionen-gewinne/, abgerufen 16. März 2023.

Netto heraushandeln kann, ist alles dabei und für viele Menschen relevant." Ausgangspunkt der Entwicklung war 2014 die Entscheidung des Bundesgerichtshofs, die bis dahin gängige Praxis vieler Banken, bestimmte Gebühren für rechtswidrig.

▶ **Tipp** Es ist wie bei allen Produktentwicklungen. Marktbeobachtung ist wichtig. Wo und wie finde ich mein Publikum? Wie und wann präsentiere ich was? Und: Ein Newsletter muss mit Herzblut gemacht werden. Weil er konsequent und durchgängig produziert werden muss. Weil er – siehe Gottschalk – auch zu unchristlichen Zeiten gemacht werden muss. Und weil der persönliche Touch wichtig ist, um den Adressaten dauerhaft zu begeistern. Entscheiden Sie sich bei einem Thema für Ihren Newsletter also für eins, das Sie begeistert. „Schreibt nur über das, worüber ihr stundenlang reden könntet. Und traut euch, eure Persönlichkeit durchscheinen zu lassen", sagt Sham Jaff, die Autorin des seit 2014 wöchentlich erscheinenden Newsletters „What happend last week" (Bluhm 2021). Wichtig: Die rechtlichen Rahmenbedingungen. Wer einen Newsletter bezieht, muss ihn auch abbestellen können.

Übung

Abonnieren Sie Newsletter aus dem Sport und gern auch aus anderen Themengebieten, die Sie interessieren. Nach einer gewissen Zeit werden Sie nicht mehr alle lesen. Analysieren Sie die Gründe dafür. Als Orientierungspunkte dienen dabei die für viele Bereiche des Journalismus tauglichen Kategorien News, Use & Entertainment. Welcher Newsletter bietet mir Nachrichten, welcher Nutzwert, und wo fühle ich mich gut unterhalten? Vielleicht ergibt sich daraus ja eine Idee für einen eigenen Newsletter.

Verwendete Quellen

- Website Pit Gottschalk: https://pitgottschalk.de/, abgerufen 22. März 2023.
- Beitrag zu „Finanztip": https://omr.com/de/daily/finanztip-hat-eine-million-newsletter-abonnenten-und-macht-millionen-gewinne/, abgerufen 16. März 2023.
- Fever Pitch: https://www.feverpitch.de/, abgerufen 8. März 2023.
- United Internet, https://www.united-internet-media.de/de/research/online-studien/user-insights/newsletter-studie-de-2022/, abgerufen 16. März 2023.

- Franziska Bluhm, Newsletter schreiben, Journalisten-Werkstatt (Eugendorf/Salzburg: Oberauer Der Medienfachverlag, 1. Aufl. 2021)

- Sebastian Esser, Mach dein Ding, in: Medium-Magazin 3/2022, Frankfurt/Main

Gesprächspartner und -partnerinnen

- Pit Gottschalk, Sport1, Hagen, 14. Februar 2022

Podcast 21

> **Zusammenfassung**
>
> Hochprofessionell oder amateurhaft und damit mitunter liebevoll – die Bandbreite der Podcasts ist gewaltig. Und ihre Zahl auch. Renommierte Medienhäuser ergänzen ihre starken Marken seit einigen Jahren um das Audioformat. Und manche Athletinnen und Athleten, Vereine und Verbände produzieren sogar ihren eigenen Podcasts und werden damit zu Quellen für Journalistinnen und Journalisten.
>
> **Stichworte**
>
> Podcast, Rangliste, Sportpolitik

21.1 Geschichte des Podcast

Drosten-Podcast mit hohem Nachrichtenwert. Den Durchbruch fast schon zu einer Art Leitmedium schaffte der Podcast in Deutschland während der Corona-Pandemie. Weit mehr als 100 Folgen des „Corona-Updates" mit dem Leiter der Virologie an der Berliner Charité, Christian Drosten, und der Direktorin des Instituts für Medizinische Virologie am Universitätsklinikum Frankfurt, Sandra Ciesek, produzierte der NDR bis Juni 2022. Praktisch alle Nachrichten-Medien zitierten Drostens Aussagen aus diesem Kanal. Dabei war das Medium da schon mehr als 20 Jahre alt.

Über Smartphone oder Sprachassistent. Der Begriff Podcast setzt sich aus dem Wort „iPod" (Apple-Abspielgerät für Audiodateien) und dem englischen „Broadcast" (Sendung) zusammen. Ein Podcast ist also eine Audio-Datei, die man zeitunabhängig anhören kann, indem man sie als Datei aus dem Internet lädt oder direkt streamt. Podcasts werden heute vor allem auf dem Smartphone gehört, aber auch am Computer, am Smart-TV, mit Hilfe von WLAN-Radios oder smarten Sprachassistenten.

Große Bandbreite. Klassische Radiosender, Zeitungen, Unternehmen, Stiftungen und Vereine haben mittlerweile eigene Podcasts im Angebot, genauso wie Musikstreaming- oder Hörbuchdienste. In der Szene gibt es auch viele private Anbieter, die zu allen möglichen Themen podcasten. Die Bandbreite reicht vom lockeren Gespräch am Küchentisch bis zum facettenreichen Hörspiel, das mit erstklassiger Profitechnik produziert wird. Ein Podcast besteht aus einer Serie von Medienbeiträgen (beispielsweise Interviews, Meldungen, Mitschnitte von Radiosendungen, Musiksendungen), die als Einzelsendung, über eine Podcast-App bezogen werden können. Über Portale wie die ARD-Mediathek oder Anbieter wie Spotify ist der Zugriff möglich. In der Regel kostenlos, weil die Angebote werbe- oder gebührenfinanziert sind.

Lieber hören als lesen. Laut Reuters Institute Digital News Report 2022 hören 29 Prozent der Deutschen Podcasts (Basis: 2002 Befragte). Der Branchenverband Bitkom kommt in einer repräsentativen Umfrage unter 1100 Personen über 16 Jahren in Deutschland 2022 sogar auf 43 Prozent, die zumindest selten (weniger als einmal im Monat) Podcasts hören – und damit auf etwas mehr als im Jahr zuvor (2021: 38 Prozent). Unter den Jüngeren zwischen 16 und 29 Jahren hört sogar mehr als die Hälfte (56 Prozent) Podcasts. „Vor einigen Jahren waren Podcasts totgesagt, jetzt sind sie extrem erfolgreich und der Zuspruch wächst weiter. Mittlerweile bieten viele Redaktionen, Unternehmen und auch Privatpersonen eigene Podcast-Serien an und erschließen sich so ein neues Publikum", kommentiert Bitkom-Hauptgeschäftsführer Bernhard Rohleder[40]. Drei Viertel (76 Prozent) der Podcast-Nutzerinnen und -Nutzer hören danach lieber Podcasts als zu lesen. Zudem ziehen drei von zehn (30 Prozent) Podcasts dem jeweils aktuellen Radioprogramm vor.

---

40 Quelle: Pressemitteilung Bitkom, https://www.bitkom.org/Presse/Presseinformation/Zwei-von-fuenf-hoeren-Podcasts, abgerufen 8. März 2023.

Sport liegt gleichauf mit der Politik dabei auf Rang sechs der beliebtesten Interessenfelder. Und 20 Prozent der Befragten hören ihren Podcast am liebsten beim Sport.

21.2 Podcasts im Sport

Und nun zum Sport. Neben Medizin (siehe Drosten) und Politik, Erotik und Technik haben sich auch zahlreiche Podcasts aus dem Sport etabliert (s. Tab. 21.1). Anbieter sind dabei die Medienhäuser mit journalistischen Inhalten, aber auch Vereine und einzelne Sportler, die ungefiltert durch Medien ihre Sicht der Dinge in die Öffentlichkeit geben. Führend hierbei ist „Einfach mal luppen", in dem Fußball-Weltmeister Toni Kroos und sein Bruder Felix regelmäßig ihre Sicht auf das Fußballgeschehen schildern. Die Handball-Bundesliga lässt Sky-Kommentator Florian Schmidt-Sommerfeld bei „Hand aufs Harz" mit einem Promi aus der Liga plaudern. Für Nachrichtenmedien ist es interessant, solche Podcasts zu beobachten und eventuell Berichtenswertes dort zu entdecken. So führte Toni Kroos in dem Podcast zum Beispiel seine Sicht auf das Aufsehen erregende Fieldinterview mit Nils Kaben fort.

Tab. 21.1 Beliebteste Podcast-Themen 2021

Rang	Thema	Prozent
1	Corona-Virus	73
2	Nachrichten	65
3	Comedy	49
4	Gesundheit und Medizin	47
5	Bildung	40
6	Politik	38
	Sport und Freizeit	38
8	Kinder und Familie	37
9	Gesellschaft	35
10	Musik	35

Quelle: https://bitkom-research.de/de/pressemitteilung/musik-podcast-hoerbuch-bei-einem-drittel-laeuft-dauerhaft-ein-audiostreameruntergeladen, abgerufen am 13. November 2022

Sportpolitik behauptet sich. Bei den Medien gibt es praktisch keine große Marke mehr, die ihr Portfolio im Digitalbereich nicht um diese Audioformate erweitert hätten. Folgende Übersicht zeigt die erfolgreichsten Sport-Podcasts bei Spotify und iTunes am 24. August 2022. Auffällig ist, dass zwei Podcasts an der Spitze stehen, die sportpolitisch geprägt sind und damit auf herkömmlichen Kanälen nicht zum Massengeschäft taugen. Ansonsten – wie zu erwarten – liegt der Schwerpunkt auch hier auf dem Fußball. Das „Medium Magazin" meint dazu: Die Zeiten, in denen Podcasts vor allem nach der Formel „zwei Typen und ein Mikrofon" funktionierten, sind längst vorbei. Heute glänzt das Medium mit packend erzählten und sorgfältig recherchierten Formaten (s. Tab. 21.2)

Tab. 21.2 Beliebteste Podcasts Sport, August 2022

Rang	Titel	Thema	Autor/Anbieter
1	Geheimsache Doping – der Podcast	Sportpolitik	Hajo Seppelt/RBB
2	Beyond Qatar – die Geschichte hinter der Skandal-WM	Sportpolitik/Fußball	Moritz Knorr
3	Football Bromance	American Football	Patrick Esume und Björn Werner
4	Reif ist live	Fußball	Bild/Springer
5	Kicker meets DAZN	Fußball	Kicker/DAZN
6	Einfach mal luppen	Fußball	Kroos-Brüder
7	Der Stahlwerk-Doppelpass	Fußball	Sport 1
8	Lauschangriff – endlich was mit Sport	Sport allgemein	Frank Buschmann, Florian Schmidt-Sommerfeld
9	Fußball MML	Fußball	Micky Beisenherz, Maik Nöcker, Lucas Vogelsang
10	50+2 – der Fußball-Podcast mit Nico & Niklas	Fußball	Niklas Levinsohn und Nico Heymer

Quelle: https://podwatch.io/charts/sport-podcasts/, abgerufen 8. März 2023.
Übersicht zeigt die erfolgreichsten Sport-Podcasts bei Spotify und iTunes am 24. August 2022.

21.3 „Ball you need is love"

„Kacktor" als Besonderheit. Seit 2007 läuft „Zeiglers wunderbare Welt des Fußballs". Immer sonntags um 22.15 Uhr im WDR-Fernsehen, mehr als 500 Mal bereits. Werder Bremens Stadionsprecher und Radiomann Arnd Zeigler kommentiert darin das aktuelle Geschehen in der Bundesliga, flapsig, zugespitzt, lustig, hintergründig. Gesendet wird aus Zeiglers Wohnhaus in Bremen in Do-it-yourself-Anmutung. „Wir haben bei ihm zu Hause die Wohnung geentert", erinnert sich WDR-Redakteur Dominik Dünwald. Die Sendung versteht sich als Multimedia-Format. Ohne das, was die treue Community auf den Bolzplätzen der Republik entdeckt, hätte diese Sendung nicht ihren Charakter. Als Pendant zum „Tor des Monats" gibt es dort die Rubrik „Kacktor des Monats", bei der der unattraktivste Treffer gesucht wird. Es gibt skurrile Aktionen und Charaktere aus der Kreisliga. Zudem öffnet Zeigler regelmäßig seine Schatzkiste und zeigt viele kleine, bunte Videoschnipsel aus den Tiefen des WDR-Sportarchivs.

Podcast als Ergänzung. Rund um die Fernsehsendung gibt es Social-Media-Angebote, Zeigler geht mit einer Bühnenshow auf Tournee und seit 2019 läuft der Podcast „Ball you need is love", eine Abwandlung des Beatles-Titels „All you need is love". Dünwald: „Wir hatten uns damals gefragt, wie wir das Ganze noch einmal auf eine andere Ebene heben könnten." Und da Zeigler sowohl im Fußball als auch in der Musik zu Hause ist, lag der Gedanke nahe, die beiden Themenbereiche in einem Format zu verknüpfen. Heißt: Mit ausgewählten Gästen ausführlich darüber zu reden. Olli Dittrich und Olli Schulz fanden sich auf der Gästeliste. Als im Herbst 2021 die Duisburgerin Bärbel Bas überraschend Präsidentin des Deutschen Bundestags wurde, folgte sie der Einladung in den Podcast und sprach ausführlich über ihre Leidenschaft für und ihre Sozialisation im Fußball. Als Highlight gilt auch die Folge mit dem Schauspieler Matthias Brand. Der WDR finanziert die Produktion, 20 Folgen pro Jahr umfasst eine Staffel, nach einem Jahr werden die Folgen aus der Mediathek gelöscht.

Recherche als Basis. Als besonderen Erfolg nennt Dünwald die Analyseergebnisse, nach denen die Hörer auch noch im dritten Viertel des in der Regel einstündigen Gesprächs zuhören und nicht abschalten. Ein Erfolgsrezept: Zeigler wird von der Redaktion bestens mit Hintergründen um Gesprächspartner und Themen gebrieft. Es ist nicht so, dass sich da mal zwei Personen für ein Stündchen vor das Mikrofon setzen. „Das ist schon alles sehr, sehr fundiert" sagt Dünwald, „und klar bringt Arnd seine eigenen Ideen rein, je nachdem, wie das Gespräch läuft und schmeißt die Hälfte der vorbereiteten Fragen weg. Aber er ist auf alles Mögliche vorbereitet".

Zwei Fußball-Romantiker. Seit Herbst 2022 ist Zeigler noch Protagonist in einem zweiten Podcast. Bei „11Freunde" debattiert er immer donnerstags mit deren Chefredakteur Philipp Köster über das Bundesliga-Geschehen. Es ist erstaunlich, dass diese beiden selbst ernannten Fußball-Romantiker so lange gebraucht haben, um zusammenzufinden. Dieser Podcast, der auf Anhieb der zweitbeliebteste zum Thema Fußball war, ist ein Beleg dafür, dass es dem Publikum mitunter doch noch genügt, wenn sich zwei Menschen eine Stunde lang unterhalten; allerdings muss es dazu prominente Absender geben. Dennoch droht auch die Übersättigung beim Boom-Thema Fußball-Podcasts. Wann ist der Punkt erreicht, an dem es heißt: Es ist alles schon gesagt, nur noch nicht von jedem?

21.4 „Sport inside"

Jenseits der Glitzerwelt. „Sport inside" ist keine leichte Kost. Es geht um die schweren, die gesellschaftsrelevanten Themen des Sports: um Machtmissbrauch und Wettbetrug, um krumme Finanzgeschäfte und Diskriminierung. Um Themen, die zu verarbeiten der öffentlich-rechtliche Rundfunk einen Auftrag hat. Samstags um 13 Uhr gibt es im WDR-Fernsehen „die Geschichten jenseits der glitzernden Sportwelt: informativ, kritisch und authentisch", wie der Sender sie nennt[41]. Zur Produktfamilie gehört seit 2020 der entsprechende Podcast. Beispiele für Themen: Ist der Sport mit Transfrauen überfordert? Putins treue Helfer im Sport. Sexualisierte Gewalt im Sport. Neben einer Serie, die sich mit den Folgen der Übernahme von Clubs durch Investoren („50+1-Regel") beschäftigte, waren zwei Podcasts zu Tierquälerei im Reitsport außergewöhnlich erfolgreich. Eine Nische, die bedient werden kann.

Jüngeres Publikum als auf anderen Kanälen. Während auf den meisten Kanälen die Glitzerwelt des Fußballs alle anderen Inhalte überragt, finden Podcasts auch zu solch schwierigen Themen Gehör. Auf 95 000 Zuhörerinnen und Zuhörer bringen es die „Sport inside"-Folgen, wenn sie bei WDR5 im Radio laufen, kommen im Schnitt weitere 30 000 hinzu. „Damit können wir sehr zufrieden sein", sagt Redakteur Felix Becker und verweist auf die Besonderheit der Themen. Hinzu kommt: Mit dem Podcast erreicht der Sender nicht nur sein traditionelles älteres Publikum, sondern ermittelt einen Schwerpunkt bei den Mittdreißigern. Auch der Frauenanteil sei vergleichsweise hoch für ein Sportangebot.

---

41 Quelle: WDR, https://www1.wdr.de/fernsehen/sport-inside/ueber-sport-inside/ueberuns sendung174.html, abgerufen 8. März 2023.

Wie ein journalistisches Interview. In der Erarbeitung ist der Redaktion wichtig, dass zunächst vom Thema hergedacht wird und nicht vom Ausspielkanal. „Wir bekommen Themenvorschläge etwa von freien Mitarbeiterinnen und Mitarbeitern. Und dann überlegen wir erst mal, welches Format würde da am besten passen?" erzählt Becker, „machen wir vielleicht auch nur einen Text für ‚sportschau.de' für den Hintergrundbereich dort, einen Podcast, einen Film oder auch alle drei Sachen?" Der Podcast zeichne sich dadurch aus, dass wir die Redaktion da zum einen durch die größere Länge von bis zu einer Stunde viel mehr Möglichkeit hat, in die Tiefe zu gehen. „Unsere Expertinnen und Autoren haben so die Möglichkeit, die Expertise, die sie über Jahre gesammelt haben, dort ausführlich zu präsentieren." Die größte Verwandtschaft zu einem etablierten Hörfunkformat sieht Becker beim „Sport inside"-Podcast zu einem journalistischen Interview: „Eine der beiden Hosts spricht mit einem Experten oder einer Expertin über ein Thema. Das Ganze wird ein bisschen angereichert mit einzelnen O-Tönen, Interviews, teilweise auch mit Einspielern."

▶ **Tipp** Für Felix Becker, Redakteur des Podcast „Sport inside", gilt es bei der Produktion vornehmlich auf drei Dinge zu achten:
1. Die technische Qualität: Gute Audioqualität, gute Verständlichkeit, gut abgemischte Töne sauber geschnitten. Für einen Anbieter wie den WDR gehört das im Wortsinn zum guten Ton. Becker hat aber festgestellt, dass gerade während der Corona-Pandemie, als viele Anbieter zu Hause aus dem Wohn- oder Arbeitszimmer produziert haben, die technische Qualität auch deutlich verbessert wurde. „Man kann auch gute Podcasts zu Hause produzieren", sagt er.
2. „Inhaltlich lebt der Podcast sehr von der Expertise der Gesprächspartner", sagt Becker. „Und auch von der Recherche." Die Inside-Autorinnen und -Autoren beschäftigen sich teilweise schon seit Jahren mit den in der Regel hochsensiblen Themen.
3. Hinzu kommt die Form der Präsentation. Heißt: die gute Ansprache an die Gesprächspartnerinnen und -partner, aber auch an das Publikum. Mit dem Ziel, lebhaft und spannend zu erzählen.

Verwendete Quellen

- Philipp Eins: Podcasts im Journalismus (Journalistische Praxis, Wiesbaden: Springer VS 2022)
- Sven Preger: Geschichten erzählen. Storytelling für Radio und Podcast (Journalistische Praxis, Wiesbaden: Springer VS 2019)

- Reuters Digital News Report: https://reutersinstitute.politics.ox.ac.uk/sites/default/files/2022-06/Digital_News-Report_2022.pdf, abgerufen 22. März 2023.
- Bitkom Factsheet Podcasts: https://www.bitkom.org/Bitkom/Publikationen/Fact-Sheet-Podcasts, abgerufen 22. März 2023.
- Pressemitteilung Bitkom, https://www.bitkom.org/Presse/Presseinformation/Zwei-von-fuenf-hoeren-Podcasts, abgerufen 8. März 2023.
- WDR, https://www1.wdr.de/fernsehen/sport-inside/ueber-sport-inside/ueberunssendung174.html, abgerufen 8. März 2023.
- Podcast „Sport inside": https://www1.wdr.de/mediathek/audio/wdr5/sport-inside/index.html, abgerufen 8. März 2023.

Gesprächspartner und -partnerinnen

- Dominik Dünwald, WDR, Köln, 12. Mai 2022
- Felix Becker, WDR, Köln 5. Mai 2022

Live-Streaming 22

> **Zusammenfassung**
>
> Vorbei an herkömmlichen Medien kommunizieren Vereine und Verbände professionell selbst in die Öffentlichkeit. Neben Social Media ist das Bewegtbild der Megatrend. Insbesondere kleinere Sportarten nutzen die Möglichkeiten von Live-Streams. Was bedeutet das für den klassischen Journalismus?

> **Stichworte**
>
> Live-Stream, Sportdeutschland.tv, Faustball, User Generated Content

22.1 Programm für Spezialisten

Faustball aus Vaihingen. Die meisten Sportfreunde saßen an jenem Juli-Abend vor dem Fernseher und verfolgten das Endspiel der Fußball-Europameisterschaft der Frauen im Londoner Wembleystadion. Es war eines der Top-Sportereignisse des Sommers 2022. Auch meine Frau verfolgte aus dem heimischen Wohnzimmer die Partie, wenngleich sie sich normalerweise nichts aus Fußball macht. Währenddessen hockte ich in der Küche und schaute auf mein Smartphone: Live-Übertragung der Junioren-Europameisterschaften im Faustball aus Vaihingen an der Enz. Eine Sportart, die üblicherweise kein Massenpublikum erreicht. Ein Angebot für Nerds. Ich interessiere mich für die Sportart, die ich selbst leidlich betreibe.

© Der/die Autor(en), exklusiv lizenziert an Springer Fachmedien Wiesbaden GmbH, ein Teil von Springer Nature 2023
M. Beils, *Sportjournalismus*, Journalistische Praxis,
https://doi.org/10.1007/978-3-658-40904-3_22

Außerdem gehörte zum Team der U18 ein Spieler aus unserem Verein. Und einer der beiden Kommentatoren des Live-Streams kommt auch aus unserem Club.

Fünfstellige Zuschauerzahlen. Was das Publikum zu sehen bekam, waren Profiaufnahmen. Zu hören gab es fachkundigen Kommentar, der den ebenfalls fachkundigen Zuschauern gerecht wurde. Auf rund 9000 Unique User, also einzelne Zuschauerinnen und Zuschauer, an den drei Tagen der Junioren-EM brachten es die Faustballer. Bei Deutschen Meisterschaften seien es bis zu 10 000, sagt Verbandschef Jörn Verleger. Auch das Begleitprogramm wird professionalisiert. Mit einem Expertentalk nach Vorbild „Doppelpass" u. a. mit dem Bundestrainer werden die Direktübertragungen ergänzt. Die Faustballer – und selbstverständlich nicht nur sie – experimentieren. Sich an den Großen ein Beispiel zu nehmen und erfolgreichen Formaten nachzueifern, ist legitim. Der Bayer Verleger ist Präsident des Weltverbands International Fistball Association (IFA) und als Chef der Deutschen Faustball-Liga auch höchster Funktionär auf nationaler Ebene. Ihm ist daran gelegen, die Sportart auch gegenüber der breiten Öffentlichkeit besser zu positionieren.

Sechsstellige Zuschauerzahl. Bei den World Games, den Weltspielen der nichtolympischen Sportarten, kam die Übertragung des Frauen-Finals 2022 im amerikanischen Birmingham (Alabama) auf über 200 000 Zuschauer ab drei Jahren in der Spitze und 160 000 Zuschauer im Schnitt beim 4:2-Finalsieg der deutschen Faustballerinnen. 2019 im polnischen Breslau sahen 370 000 Zuschauerinnen und Zuschauer zu wesentlich sendefreundlicherer Zeit die Liveübertragung des Männer Finales und zeigte damit, dass Potenzial auch in dieser Randsportart besteht.

Gesprächsstoff läuft. Die laut Medienauswertung der IFA meist verbreitete Meldung aus dem Faustball im Jahr 2019 hatte freilich nichts mit dem Wettkampfgeschehen bei der WM in der Schweiz zu tun. Der Neuseeländer Samuel Kempf fing – bei einem Ausflug nach der Weltmeisterschaft – bei einer Achterbahnfahrt ein Handy auf, das Passagiere im Wagen vor ihm verloren hatten. Und das bei 134 km/h. Ein Video davon kam auf sieben Millionen Abrufe und der Faustballer wurde zum Viral-Star. Wunderbarer Gesprächsstoff und damit für die breite Masse sicher interessanter als das Weltturnier einer kleinen Sportart. Immerhin: Faustball wurde genannt.

Technische Mindeststandards. Doch zurück zum Standardbetrieb. Topereignisse im frei empfangbaren TV – das ist für Verleger ein Ziel. Spekulationen über regelmäßige Übertragungen der Bundesliga-Spiele in der „Sportschau" sind für ihn aber nur „Träume von Leuten nach dem dritten Bier am Bierstand". Doch das

Live-Streaming auf Sportdeutschland.tv hat sich etabliert – im Faustball wie in anderen weniger populären Sportarten. „Die DFBL ist relativ früh dabei gewesen. Wir sind ein verlässlicher und guter Partner. Allerdings noch nicht in so einem Umfang wie die Tischtennis-Liga", sagt er. „Wir verlangen eine Mindestqualität der Sendefähigkeit. Nicht jedes Handyvideo soll auf Sportdeutschland kommen. Wir haben an diese Chance geglaubt, haben selbst produziert. In der Eigenproduktion sind wir gut aufgestellt." Zum Faustball-Programm auf „Sportdeutschland.tv" gehören nationale Wettbewerbe, aber auch Veranstaltungen etwa aus Österreich oder der Schweiz, wenn das Signal zur Verfügung gestellt wird. Mit „fistball.tv" betreibt der Weltverband in Kooperation mit dem Schweizer Unternehmen Sportradar zudem eine weitere, internationale Plattform. Verleger sagt: „Wir haben dort bis Ende 2021 an den Clickzahlen von Sportradar partizipiert und streamen nun auf unserer eigenen OTT-Plattform. Wir haben an der Zusammenarbeit mit Sportradar im Jahr ca. 1000 bis 2000 Euro verdient. Davon kannst du dir mal ein Kameraset kaufen."

22.2 Sportdeutschland.tv

Von Handball bis Quidditch. 2011 gründete der Deutsche Olympische Sportbund (DOSB) gemeinsam mit der GIP Media Productions GmbH die DOSB New Media GmbH mit Sitz in Köln zur Entwicklung von Onlineanwendungen für den deutschen Sport. Im August 2014 ging die Internetseite Sportdeutschland.tv auf Sendung. Ziel des Online-Senders ist die Übertragung einer breiten Auswahl an Sportarten: live oder als Aufzeichnungen und Zusammenfassungen. Insbesondere kommen Sportarten und Veranstaltungen ins Programm, die bei den etablierten Sendern keinen Platz finden: also neben verbreiteten Sportarten wie Handball oder Tischtennis auch das durch die Harry-Potter-Romane populär gewordene Quidditch, die Tischtennis-Fußball-Kombination Headis oder eben der traditionsreiche, aus der Turnbewegung des 19. Jahrhunderts hervorgegangene Faustball.

Beispiel für Live-Streams (5. August 2022/Auszug):

- 9.55 Uhr: Boxen, Deutsche Meisterschaften, Elite
- 10.25 Uhr: Squash, Bremen Open
- 11.50 Uhr: Rollkunstlauf, Deutsche Meisterschaften
- 13.15 Uhr: Box Lacrosse, Europameisterschaft

Die Technik. Der Großteil der Inhalte ist kostenfrei abrufbar, manche Livestreams oder Videos gibt es gegen Gebühr. Eine App macht die Produktion einfach und kostengünstig. Sportdeutschland wirbt: „Perfekt auf die Übertragung von Sportevents zugeschnitten, besitzt die App alle wichtigen Funktionen, die für eine Sportproduktion benötigt werden. Der Sportdeutschland.tv-Streamer bietet Dir unter anderem: Livestreaming in Full-HD-Qualität, Einbindung eigener Sponsoren, Zeitlupen und Highlights, Kommentarfunktion, individuelle Spielstände, Zeiteinblendung und vieles mehr." Bei Bedarf wird auch professionelles Equipment (Kamera, PC, Stativ, Software und Headset) für einen hochwertigen Livestream vermietet. Die Vereine und Verbände können ihr Profil wie ein „Club-TV" nutzen: mit Livestreams (z. B. Saisonspiele, Turniere, Pressekonferenzen, Trainings, Q&A mit Spielern), Beiträgen mit Bildern (z. B. Ankündigungen, Vorberichte, Nachberichte) und Videos (Highlights, Spielervorstellungen, Trailer) zu veröffentlichen.

Geld verdienen. Vereine können mit dem Live-Stream auch ihr Budget aufbessern – in Maßen. Pay-per-View, Event-Pass und Abonnement stehen als Möglichkeiten zur Verfügung. Doch das ist in der Regel nicht der erste Zweck des Live-Streams. Es geht den Sportarten darum, für sich zu werben und latent Interessierte an sich zu binden und für sich zu begeistern (s. Abb. 22).

Abb. 22 Live-Streaming aus der Dritten Handball-Liga (Foto: Beils)

22.3 Bedeutung für den klassischen Journalismus

Auch hier: PR statt Journalismus. Wie in vorangegangenen Kapiteln bereits betrachtet, übernehmen auch hier Verbände und Vereine die Kommunikation selbst. Neben Social Media, als einfach, schnell und mit großer Reichweite zu betreibenden Kanälen tritt hier der zweite Megatrend massiv auf: Bewegbild-Kommunikation. Und dank der sich rasant entwickelnden Technik ist die Produktion mit ein bisschen Know-how fast ein Kinderspiel. Wo der Sport früher auf den klassischen Journalismus angewiesen war, um seine Inhalte an die Öffentlichkeit zu bringen, kommuniziert er nun selbst: PR statt Journalismus. Auch ich habe mir meine Informationen über die Drittliga-Handballer des Leichlinger TV immer öfter über deren Kanäle selbst als über die etablierten örtlichen Medien besorgt.

Chance für klassischen Journalismus. Nun geht es bei der Kommunikation zu solchen Themen in der Regel nicht um besonders brisante Themen, die einen qualitativ hochwertigen und kritischen Journalismus erfordern. Kann man also alles den Vereinen überlassen? Nein, auch bei kleineren Sportarten hat der (Lokal-)Journalismus seine Chancen. Hintergrundstücke, Personalien, prägnante nachrichtliche Berichterstattung – all das hat seine Berechtigung. Ganz typisch: Die Bedeutung erkennt man besonders dann, wenn einmal etwas nicht klappt. So standen zwei Dutzend Personen am Sportplatz vor verschlossenen Türen, als das Lokalblatt einen Spieltag der Faustball-Bundesliga versehentlich für einen Samstag statt für den folgenden Sonntag angekündigt hatte. Der Grundsatz „Was in der Zeitung steht, das stimmt", stimmte da eben nicht.

Sportfunktionäre schätzen Medien. „Für die Eigenwahrnehmung und das Selbstwertgefühl braucht der Faustball den klassischen Journalismus", betont Weltverbandspräsident Jörn Verleger. Dass sich die Sportart von ihren Abläufen her dazu verändern muss und in ihrer Präsentation interessanter werden muss, steht auf einem anderen Blatt. Interessant: Obwohl kleine Sportarten rege in ihr Communitys kommunizieren und damit wesentliche Zielgruppen erreichen, gibt es von deren Vertretern doch immer wieder Klagen, die Zeitungen, Internet-Portale und Sender würden nicht hinreichend berichten. Der Grund ist sportpolitischer Natur. Gerade auf lokaler Ebene sind Art und Umfang der klassischen Berichterstattung wichtig für die Wahrnehmung von Randsportarten. Und das ist wichtig, wenn es etwa um die Vergabe von Trainingszeiten oder die Instandsetzung von Sportanlagen geht.

22.4 Weitere Live-Stream-Anbieter

Schwerpunkt Fußball mit vollautomatischen Kameras. Während „Sportdeutschland.tv" die ganze Breite des Sports abdeckt, gibt es auch Spezialanbieter für Fußball. Der Streamingdienst Sporttotal etwa widmet sich seit 2016 ganz dem Amateurfußball. Als Ziel formuliert das Unternehmen: „Wir wollen den Amateursport demokratisieren." Mit der Videotechnik werden Partien live und vollautomatisch im Internet übertragen: mit einer 180-Grad-Kamera und mit einer speziellen Software-Technologie, die in der Lage ist, mit einem Algorithmus das Spiel vollautomatisiert live zu übertragen. Weder Kameraleute noch Übertragungswagen werden benötigt. Sporttotal.tv stattet Vereine, von der vierthöchsten Spielklasse bis hinunter zur Kreisliga, mit der neuesten Technik aus. Das werbefinanzierte Angebot umfasst neben der Schwerpunktsportart Fußball aber u. a. auch Basketball, Volleyball und Hockey. Anderes Beispiel: der niederrheinische C-Kreisligist FC Lobberich-Dyck streamt seine Spiele über die Plattform Twitch. Auch etablierte Medienhäuser setzen auf Amateur-Fußball live. So streamen die Thüringer Zeitungen etwa Spiele der Regionalliga in ihrem Bundesland.

22.5 Trend zum Streaming

Anteile gehen ins Digitale. Laut ARD/ZDF-Studie „Massen-Kommunikation Trends 2022" gewinnt das Streaming im Vergleich zum linearen Fernsehen weiter an Bedeutung. 80 Prozent der Bevölkerung schauen danach zwar weiterhin regelmäßig, das heißt mindestens einmal pro Woche, lineares Fernsehen, zwei Drittel sind es pro Tag. Die Nutzungsanteile verschieben sich bei den TV-Inhalten aber weiter in Richtung digitaler Ausspielwege. Je jünger das Publikum, umso breiter das Nutzungsspektrum von Videoanwendungen: Bei den unter 30-Jährigen entfällt auf lineares Fernsehen nur noch ein Viertel der Nutzungszeit, bei den 30- bis 49-Jährigen sind es gut die Hälfte.

Verwendete Quellen

- Informationen zu Sportdeutschland.tv: https://sportdeutschland.tv/faq, abgerufen 8. März 2023.
- Daten zur Mediennutzung: https://www.ard-zdf-massenkommunikation.de/mk-trends/mk-trends-2022/, abgerufen 8. März 2023.

Gesprächspartner und -partnerinnen

- Jörn Verleger, Internationale Faustball Association

Magazine 23

> **Zusammenfassung**
>
> Fachmagazine, die sich mit Sport befassen, gibt es reichlich. Ein Blick in die Bahnhofs-Buchhandlung zeigt das. Manche haben wie der „Kicker" eine mehr als 100-jährige Tradition oder genießen Kultstatus wie das jährlich erscheinende Bundesliga-Sonderheft des „Kicker", andere verschwinden schnell wieder vom Markt. Gerade im schnelllebigen Sport stellt der Magazin-Journalismus an seine Macherinnen und Macher besondere Anforderungen.

> **Stichworte**
>
> Kicker, 11Freunde, Sport Bild, Bravo Sport

23.1 Sportmagazine

Origineller Journalismus. Sind Magazine (der Begriff Zeitschrift darf synonym verwendet werden) also vom Aussterben bedroht? Vielleicht. Und warum sollten wir uns als Sportjournalistinnen und -journalisten mit diesem Medium überhaupt noch beschäftigen? Weil es existiert. Weil es dort nach wie vor Arbeit und Arbeitsplätze gibt. Weil sich Trends dort manifestieren. Und weil sie schon immer ein Hort für originellen und damit wegweisenden Journalismus waren. Das gilt nicht nur für den „Spiegel" oder für den insbesondere in den 1990er-Jahren hochinnovativen „Focus", sondern gerade auch für den Sportjournalismus. In der Kommunikation von Verbänden spielen gedruckte Magazine nach wie vor eine große Rolle. So hat der Landessportbund Berlin seine Zeitschrift vor einiger Zeit relauncht und ein modernes Produkt unter seine Mitglieder gebracht.

Bedeutendes Marktsegment. Mit 46 Titeln zählt der Sport laut MVFP zu den größten Sparten bei den Magazinen, zählt man die artverwandte Motorpresse hinzu, wird die Zahl eindrucksvoll. Billig sind die Produkte nicht. Der Durchschnittspreis für ein Sportmagazin liegt bei 5,63 Euro (Stand: Ende 2021). Dafür will schon einiges geboten sein.

Die Verleger, die sich verstärkt auf den Digitalmarkt konzentrieren, sehen aber auch im guten, alten Print noch Chancen (s. Tab. 23.1). Der Schwund auf dem Markt der Sportmagazine ist enorm. So lag die „Sport Bild", die zuletzt gut 175 000 Mal pro Woche verkauft wurde und damit auflagenstärkste Sportzeitschrift in Europa ist, in Spitzenzeiten bei über einer halben Million Exemplare (s. Tab. 23.2).

Tab. 23.1 Anzahl Publikumszeitschriften nach Gattungen

	Gattung	Zahl der Titel
1.	Monatliche Frauenzeitschriften	70
2.	Wohn- und Gartenzeitschriften	68
3.	Kinderzeitschriften	47
4.	Sportzeitschriften	46
5.	Konfessionelle Zeitschriften	38
6.	Wöchentliche Frauenzeitschriften	33
7.	Motorpresse	33
8.	Stadt- und Veranstaltungsmagazine	29
9.	Programmzeitschriften	28
10.	Wirtschaftspresse	26

Quelle: IVW 2021-4; Anzahl gemeldeter Titel in der Gattung Publikumszeitschriften

Tab. 23.2 Auflage ausgewählter Sportzeitschriften (IVW 3/22)

Titel	Verkaufte Auflage	Davon E-Paper	Im Abonnement
Sport-Bild (wöchentlich)	175 372	6254	58 726
Kicker (montags)	82 844	11 930	39 002
Kicker (donnerstags)	77 374	11 875	36 552
11Freunde (monatlich)	68 000	10 317	37 126
Bravo Sport (monatlich)	41 837	k. A.	13 546

Quelle: https://www.ivw.de/print/quartalsauflagen/pressemitteilungen/auflagenzahlen-des-3-quartals-2022, abgerufen: 30. November 2022

Versuch und Irrtum. Insbesondere im Special- oder gar Very-Special-Interest-Bereich gibt es immer wieder neue Versuche, den Markt zu erobern. Trends wie Wandern oder E-Biking haben zur Folge, dass entsprechende Formate entwickelt werden. Und das in der Regel mit ergänzenden digitalen Produkten. Als besonders kreativ erweist sich der Hamburger Magazin-Profi Oliver Wurm. Der ehemalige Sportjournalist (u. a. „Sport Bild") bringt gedruckte Magazine zu Einzelthemen heraus und erregt damit große Aufmerksamkeit. Für das Grundgesetz der Bundesrepublik Deutschland in Magazinform erhielt er das Bundesverdienstkreuz am Bande. Hamburgs Kultursenator Carsten Brosda, sagte bei der Verleihung: „Einen 70 Jahre alten, frei verfügbaren Verfassungstext auf eigene Kosten als Zeitschrift zu veröffentlichen, zeugt von unternehmerischem Mut, vor allem aber von demokratischer Leidenschaft."[42]

Die Startauflage von 100 000 Exemplaren brachte Wurm am 28. November 2018, unterstützt von einem befreundeten Designer, zum Preis von 10 Euro im Eigenverlag in den Handel. Bebildert wird das Heft mit Satellitenfotos von Deutschland und Europa, die der Astronaut Alexander Gerst von der internationalen Raumstation ISS aus produziert hat. Ergänzt wird der Text des Grundgesetzes mit Infografiken zur Geschichte Deutschlands sowie der Allgemeinen Erklärung der Menschenrechte. Weitere beachtenswerte Projekte von Oliver Wurm: Das Neue Testament als Magazin und das Magazin „Die Kanzlerin" zur Ära Merkel. „Ich habe nicht mehr gute Ideen als viele andere auch. Ich setze nur

---

42 Quelle: Hamburg.de, https://www.hamburg.de/pressearchiv-fhh/14695108/oliver-wurm-er haelt-das-bundesverdienstkreuz/, abgerufen 16. März 2023.

mehr davon um. Auch die unvernünftigen", sagte er dem Business-Magazin „Grow Smarter".[43]

Themenaktualität gefragt. Die Kunst bei der Magazin-Produktion liegt darin, sich von der Tagesaktualität nicht überholen zu lassen. Das gelingt nicht immer. So hat der frühere CSU-Politiker Franz Josef Strauß den „Spiegel" gern damit geärgert, dass er wichtige Entscheidungen getroffen oder Aussagen gemacht hat, als die Zeitschrift schon in Druck war. Gerade im Sportjournalismus ist die Gefahr groß, dass zwischen Redaktionsschluss des Blatts und Auslieferung noch etwas Wesentliches passiert, dass sich zum Beispiel der Protagonist der Titelstory eine schwere Verletzung zuzieht.

Der Fluch. Legendär ist der „11Freunde"-Fluch, der zur Folge hatte, dass mehrere Titelgeschichten nicht mehr aktuell waren. Im Januar 2020 erschien zum Beispiel ein Hertha-Cover, das den ganzen Monat Gültigkeit haben sollte, ein paar Tage später war Trainer Jürgen Klinsmann aber über alle Berge und die erste Seite nicht mehr aktuell. Mitgründer Philipp Köster dazu im „Spiegel": „Kaum bei uns auf dem Cover, schon entlassen oder verletzt oder wieder zurück in Amerika. Ach, beim Thema Klinsmann war ich echt genervt. Wir hatten eine wunderbare goldene Bling-Bling-Halskette mit dem Hertha-Wappen und der Schrift ‚Ein Unternehmen der Windhorst-Gruppe' auf dem Cover präsentiert. Und dann haut Klinsmann von heute auf morgen in den Sack.". So etwas passiert jeder Magazin-Redaktion. „Was mich tröstet: Vielen Lesern ist das Titelblatt gar nicht so wichtig. Die schauen lieber ins Heft und suchen unsere so genannte Erotikseite, auf der wir historische Tabellen präsentieren", sagte Köster.

Phänomene, Personen und Kultur. Auch wegen dieser Gefahr geht es beim Magazin-Journalismus viel mehr darum, Themen, die länger aktuell sind zu beleuchten und zu hinterfragen. So hat sich „11Freunde" damit behaupten können, sich neben Personen auch interessanten Phänomenen aus der Fußball-Kultur zu widmen, den Fanszenen zum Beispiel. Wichtig ist eben nicht nur, was auf dem Platz passiert, sondern mehr und mehr auch das Drumherum.

Originalität und Experimentierfreude. „Als wir anfingen, wurde vielerorts noch ziemlich dröge über Fußball geschrieben", erinnert sich Köster, „das ist vorbei. Das liegt sicher ein bisschen auch an uns, weil wir seit vielen Jahren ein Ort für

---

43 Interview mit Oliver Wurm: https://www.growsmarter.de/auf-die-schnauze-fallen-ist-eine-vorwaertsbewegung, abgerufen 8. März 2023.

journalistische Experimente sind. Aber es wird inzwischen an vielen Orten intelligent und rasant über Fußball geschrieben, etwa bei der ‚Süddeutschen' und beim ‚Spiegel'." Es sei die große Kunst, sich immer wieder neue Dinge auszudenken: „Manches machen dann eben doch nur wir, etwa einen Bundesligisten auf Sylt zu erfinden, mit Ultra-Treff im Gogärtchen und Stadion im Naturschutzgebiet am Wattenmeer."

23.2 Beispiel „Bravo Sport"

Dank junger Stars gegen den Trend. Über einen bemerkenswerten Erfolg freute sich die Bauer Media Group im Herbst 2022. Publishing Director Karsten Binke schrieb bei LinkedIn über die positive Auflagenentwicklung des im Kölner Redaktionsbüro Fred Wipperfürth erstellten Magazins „Bravo Sport": „Seit nunmehr sechs Ausgaben in Folge zieht der Titel deutlich mehr Käufer an als im Vorjahr – zum Teil mit zweistelligen Zuwachsraten. Das ist im Zeitschriften-Markt des Jahres 2022 eine absolute Ausnahme." Im dritten Quartal erreicht „Bravo Sport" eine IVW-Gesamt-Auflage von 41 837 Exemplaren und legt damit im Vorjahresvergleich um 17,5 Prozent zu; im Einzelverkauf sogar um 39 Prozent zu. Binke lieferte folgende Erklärung: „Jamal Musiala, Erling Haaland, Jude Bellingham: So viele junge, spektakuläre Spieler wie derzeit hat es im Fußball lange nicht gegeben. Sie begeistern nicht nur die Fans im Stadion, sondern auch die jungen Zeitschriftenleserinnen und -leser." Zu Hoch-Zeiten 1998 allerdings lag die verkaufte Auflage von „Bravo Sport" bei über 260 000 Exemplaren. Und das nicht wie heute im Vier-, sondern im Zwei-Wochen-Rhythmus. Heute kaum noch vorstellbar.[44]

90 Prozent Fußball. Auch wenn der Name ein breites Sportprogramm verspricht, speist sich „Bravo Sport" zum weit überwiegenden Teil aus dem Fußball und hier wiederum aus der Bundesliga. Mit „jungen, coolen Stars" wie eben Musiala oder Bellingham identifiziert sich das Publikum, das in der Kerngruppe zwischen neun und zwölf Jahren alt ist, betont Andreas Mayer, Geschäftsführer des Redaktionsbüros: „Wir feiern die Stars." Vorzugsweise von den deutschen Topclubs Bayern München, Borussia Dortmund und – mit wachsender Bedeutung – RB Leipzig. Die Zeitschrift sei eben auch ein „Star-Magazin" und steht damit in enger Verwandtschaft zur weit älteren „Bravo", die eine Zeitlang auch in dem Redaktionsbüro in Köln entstand.

---

44 LinkedIn, https://www.linkedin.com/in/karsten-binke-2678032a/, abgerufen 8. März 2023.

Football und Federer. Außer Fußball kommt nur wenig ins Blatt – und noch weniger auf die Titelseite. American Football erkennt Mayer auch in der Zielgruppe von „Bravo Sport" im Aufschwung, das Interesse am Frauenfußball sieht er spätestens seit der EM 2022 auch beim ganz jungen Publikum wachsen, E-Sport ist ebenfalls ein Thema, dazu etwas NBA. Zu Beginn des russischen Angriffskriegs auf die Ukraine erklärte die Redaktion ihren Leserinnen und Lesern, wer eigentlich diese Klitschkos sind und welche Karriere sie im Boxring hinter sich haben. Aber dieses Thema ist ein Ausreißer genau wie die Story zum Karriereende des Tennis-Stars Roger Federer. Aber etwas nachdenklicher darf es zwischendurch auch mal sein: etwa in der Geschichte über das Nachhaltigkeitskonzept „Forever green" des FC Sevilla.

Neunjährige lesen auf Papier? Auf den ersten Blick wirkt es überraschend, dass Kinder am Übergang zur weiterführenden Schule überhaupt Zeitschriften lesen und sich ihr Wissen um den Sport nicht allein aus digitalen Kanälen holen. „Wir wissen, dass die Kinder und Jugendlichen auch Magazine lesen, um zu entspannen und um gerade nicht immer auf Bildschirme zu gucken. Außerdem wollen sie andere Inhalte entdecken, als sie im Web und auf den Social-Media-Kanälen geboten bekommen", weiß Mayer.

Inhalte und Formen, die funktionieren. Erstaunlich: Jahrzehntealte Zusatzprodukte sind immer noch ein Anreiz, das Heft für 3,20 Euro zu kaufen. Die Starposter in der Mitte des Hefts zum Beispiel oder Gimmicks die in Tütchen auf der Titelseite kleben. Das inhaltliche Konzept wird beim Durchblättern schnell deutlich: Das Zusammenspiel von Fotos, Grafik, Überschriften und Vorspännen ist Programm, und die Texte sind kurz und klar in der Aussage

23.3 Sechs Prinzipien der Magazin-Produktion

Beispiel Polizei. Um etwas tiefer in den Magazin-Journalismus einzusteigen, entfernen wir uns ein wenig vom Sport. Zuletzt war ich im Innenministerium des Landes Nordrhein-Westfalen als Leiter der Öffentlichkeitsarbeit unter anderem für das vierteljährlich erscheinende Mitarbeitermagazin der Polizei, die „Streife", zuständig. Als mir Minister Herbert Reul die Aufgabe schmackhaft machen wollte, dachte ich zunächst: Na ja, ist ja wie eine Schülerzeitung, das klappt schon. Doch schnell erschloss sich mir, dass die Bedeutung eines Printprodukts, das sich vor allem mit dem Arbeitsalltag von 60 000 Polizistinnen und Polizisten im größten Bundesland beschäftigt, eine spannende Aufgabe ist. Das Heft, das wir im Zusammenspiel mit einem externen Dienstleister herstellen, wird gelesen, und es wird diskutiert. So soll es sein.

Optik (1). Texte sind wichtig. Informativ oder unterhaltsam. Sprachlich gewandt und sinnig gegliedert. Klar doch. Doch insbesondere, wenn wir auf Hochglanzmagazine wie „Geo", „National Geographic" oder auch den „Playboy" gucken, erschließt sich die herausragende Bedeutung der Fotos. Das Schöne im Sport: Kein anderes Ressort ist hier so gut bestückt wie unseres. Und – zurück zur Polizei – die Arbeitswelt bietet hier auch Klassemotive, wie etwa beim Polizeieinsatz nach dem Relegationsspiel der Fußball-Bundesliga zwischen Holstein Kiel und dem 1. FC Köln. Die Suche nach dem passenden Motiv für die Titelseite, die Bebilderung der wesentlichen Teile des Hefts, die Rückseite – das hat höchste Priorität bei der Herstellung der „Streife".

Themen (2). Ein Schwerpunktthema bestimmt das Heft. Es findet sich auf der Titelseite und in der Titelstory wieder. Es muss von Relevanz für große Teile der potenziellen Leserschaft sein. Es muss spannend sein. Und es darf während der Produktionszeit nicht durch das Tagesgeschehen überholt werden. Das ist bei einer dreimonatlich erscheinenden Zeitschrift durchaus eine Herausforderung. Doch das funktioniert. Themenbeispiele: Wie arbeiten die Ermittlerinnen und Ermittler im Phänomenbereich Kindesmissbrauch? Wie arbeitet die Polizei rechtsextremistische Chats in ihren Reihen auf? Cold Cases – 28 pensionierte Ermittler werden zur Lösung von ungeklärten Fällen zurückgeholt.

Menschen (3). Menschen interessieren sich für Menschen. Das ist ein einfacher und bewährter Lehrsatz im Journalismus, den man nicht oft genug betonen kann. Man könnte in einer Polizei-Zeitschrift von hierarchisch hochstehenden Amtsträgern erklären lassen, welche Beschäftigungsmöglichkeiten es für Menschen mit Behinderung bei der Polizei gibt. Man kann aber auch Rollstuhlfahrerinnen, Blinde und Gehörlose in ihrer Arbeitswelt porträtieren. Was ist wohl spannender (beim Schreiben und Fotografieren wie beim Lesen)? Weil wir vornehmlich über Polizistinnen und Polizisten berichten und nicht so sehr über „die da oben", haben wir eine Grundregel: Der Minister darf nur einmal im Blatt auftauchen, in der Regel im Editorial. Wir wollen ja nicht als Verlautbarungsblatt rüberkommen, das würde kaum einer lesen. Diesen Grundsatz sollte man auf ähnliche Produkte übersetzen. Es gab mal eine Ausgabe der Mitgliederzeitschrift des Landessportbunds NRW, in der der damalige Präsident Walter Schneeloch 14 Mal auf Fotos zu sehen war. Too much!

Abwechslung (4). Nicht nur bei den Fotos brauchen wir Abwechslung, sondern auch bei den Themen und am besten bei den Autoren. Uns stehen für die „Streife" hochklassige und erfahrene Magazin-Journalistinnen und -Journalisten über unseren Dienstleister zur Verfügung. Das sind fast schon paradiesische Zustände, die nicht jeder hat. Ein Autor, der das Heft in einem Stil durchschreibt, sollte es aber auch nicht sein. Eine gewisse Varianz ist erfrischend. Und für den Themenmix hat sich der Wechsel aus News (Neuigkeiten), Use (Nutzwertstücke) und Entertainment (Unterhaltung) bewährt. Gerade Letzteres darf auch in einem Polizei-Magazin nicht zu kurz kommen. Der Beitrag über die Kollegin, die bei schottischen Sportwettkämpfen etwa im Baumstamm-Weitwerfen antritt, ist dafür ein Paradebeispiel.

Verlässlichkeit (5). Kommste heut nicht, kommste morgen – so geht Magazin-Produktion schon einmal gar nicht. Nicht umsonst werden diese Produkte ja auch Periodika genannt. Die Frage der pünktlichen Produktion und Zustellung an die Adressatinnen und Adressaten ist auch eine der Glaubwürdigkeit. Steht der Minister nicht mehr hinter dem Produkt? Sind wir nicht mehr wert, dass über unsere Arbeit berichtet wird? Solche Fragen machten die Runde, als die „Streife" aus vertragsrechtlichen Gründen mal eine Zeit aussetzen musste. Das Schöne an solchen Reaktionen ist die Erkenntnis: Die Leute schätzen unser Blatt.

Mut (6). Noch einmal Franz Josef Strauß. „Everybody's darling ist bald everybody's Depp". Der bayerische Politiker liebte es anzuecken. Und zum Journalismus und seinen verwandten Spielarten gehört es auch, zu provozieren und anzuecken. Das ist bei einer Publikation eines Ministeriums naturgemäß etwas schwierig, weil Geheimhaltungspflichten bei manchen Themen zu beachten sind oder sie eine Steilvorlage für die Oppositionsparteien im Landtag wären. Es lohnt sich – siehe oben – Oliver Wurm oder das Magazin „Katapult" mit seinen Beibooten zu beobachten, die sind mutig. Ein besonderer Coup gelang übrigens „Bild" nach dem 7:1-Sieg der deutschen Fußball-Nationalmannschaft bei der WM 2014 gegen Gastgeber Brasilien. Das Blatt verzichtete auf Texte und präsentierte nur die Tore mit sieben großformatigen Fotos. Ganz nach Art eines Magazins. Solcher Mut tut gut.

▶ **Tipp** Dieses Kapitel widmet sich vornehmlich Printprodukten. Und die haben mit ihren digitalen Ergänzungen immer noch ihre Berechtigung. Zur Abnahme von fertigen Produkten ist es wichtig, dass sie etwa dem Chefredakteur genau in der Machart vorgelegt werden, wie sie Kunde und Kundin bekommen sollen. Das heißt: Wer eine App entwickelt, präsentiert sie auf dem Smartphone und nicht in vielfacher Vergrößerung per Beamer. Und wer ein Magazin zur Abgabe vorlegt, macht das ausgedruckt und in der Größe der Veröffentlichung. Nur so entwickelt es seine Wirkung. Meine Studentinnen und Studenten an der Deutschen Sporthochschule wundern sich zunächst immer, wenn es mir nicht reicht, dass sie mir ein pdf schicken, sondern ich um eine ausgedruckte Fassung bitte.

Übung

Entwerfen Sie die Struktur für ein monothematisches Magazin, gestalten und schreiben Sie die ersten acht Seiten. Das ist die Aufgabe, die ich während meines Seminars „Textuelle Kommunikation" an der Deutschen Sporthochschule stelle. Im Vorfeld einer Exkursion zu einer Sportveranstaltung bereiten wir dieses Produkt vor und ergänzen die Inhalte um die Ergebnisse unserer Recherchen vor Ort. Ganz nach Magazinart bietet das Event dann nur den Anlass für das Heft. So kam beim Besuch des Kanu-Weltcups in Duisburg zum Beispiel ein abwechslungsreiches Magazin heraus, das sich mit dem Konfliktfeld Umweltschutz/Natursport beschäftigte. Oder die Exkursion zur German Football League war Ausgangspunkt zu Texten über die Zukunftschance der NFL in Deutschland.

Verwendete Quellen

- Branchendaten Zeitschriften: https://www.mvfp.de/branche/branchendaten, abgerufen 8. März 2023.
- Hamburg.de: Oliver Wurm erhält das Bundesverdienstkreuz, https://www.hamburg.de/pressearchiv-fhh/14695108/oliver-wurm-erhaelt-das-bundesverdienstkreuz/, abgerufen 16. März 2023
- Hamburg.de, https://www.hamburg.de/pressearchiv-fhh/14695108/oliver-wurm-erhaelt-das-bundesverdienstkreuz/, abgerufen 16. März 2023.
- LinkedIn, https://www.linkedin.com/in/karsten-binke-2678032a/, abgerufen 8. März 2023.
- Interview mit Oliver Wurm: https://www.growsmarter.de/auf-die-schnauze-fallen-ist-eine-vorwaertsbewegung, abgerufen 8. März 2023.
- Interview mit Philip Köster, „11Freunde": https://www.spiegel.de/sport/fussball/11-freunde-wird-20-keiner-von-uns-will-dass-wieder-mit-der-schweinsblase-gekickt-wird-a-6313c145-b1ad-49f7-87c1-332506d985bd, abgerufen 8. März 2023.
- Mitarbeitermagazin der Polizei NRW: https://www.im.nrw/themen/polizei/die-streife, abgerufen 8. März 2023.

Gesprächspartner und -partnerinnen

- Andreas Mayer, Redaktionsbüro Fred Wipperfürth, Köln, 10.11.2022

Sportbuch 24

> **Zusammenfassung**
>
> Im Mittelpunkt dieses Lehrbuchs stehen Formate und Produkte des digitalen Journalismus. Wie passt das Kapitel Sportbuch da hinein? Weil das Genre seit dem Fußball-Boom rund um die WM 2006 an Bedeutung gewonnen hat. Und weil es vielen Journalisten in den Fingern kribbelt und sie mit dem Gedanken spielen, mal ein Buch zu verfassen.

> **Stichworte**
>
> Buch, Autor, Verlag

24.1 Bücher schreiben

Wie beim Bergsteigen. In der Regel haben Journalisten in ihrem eigenen Metier genug zu tun. Welchen Grund gibt es also, sich dann noch hinzusetzen und ein Buch zu verfassen? Ein Bergsteiger antwortet auf die Frage, warum er einen Gipfel erklimmen soll, mit der Antwort: Weil der Berg dasteht. Auf die Frage, warum dieses oder jenes Buch geschrieben werden muss, antwortet der Autor: Weil es das Buch noch nicht gibt. Tatsächlich ist der unmittelbare wirtschaftliche Nutzen für Buchschreiber oft überschaubar. Nur die wenigsten Autoren können allein von dieser Tätigkeit leben. Fürs Renommee allerdings kann es ganz gut sein, sich als kundiger Fachmann mit einem eigenen Werk zu positionieren. Und ein bisschen Eitelkeit spielt sicher auch oft eine Rolle.

Etwas Selbstgebasteltes. Als ich mit meiner Kollegin Kristina Hellwig mein erstes Buch geschrieben habe (Beils/Hellwig 2012) war ein Antrieb, dass wir mal etwas Selbstgebasteltes produzieren wollten, was wir bei allerlei Gelegenheiten verschenken konnten. Herausgekommen ist ein Band mit 33 Porträts von Prominenten aus dem Bergischen Land, unserer Heimatregion: darunter Handball-Legende Heiner Brand, Hans Günter Winkler als Reiter der Wunderstute Halla, Ex-Fußball-Bundestrainer Erich Ribbeck, Golfer Martin Kaymer, der ehemalige Fußball-Manager Reiner Calmund und Leichtathletik-Olympiasiegerin Heide Ecker-Rosendahl sowie der unverwechselbare Radsport-Journalist Herbert Watterott.

24.2 Autoren

WM-Boom 2006. Das Genre Sportbuch hat sich in Deutschland erst im Zuge des großen Fußball-Hypes im Vorfeld der Weltmeisterschaft 2006 entwickelt. Im angelsächsischen Raum spielte es auch wegen der Tradition der Oral History schon länger eine Rolle. Wer in London oder in New York in einen Buchladen geht, findet Regale voller Sportler-Biografien oder Monografien über Sportarten. „Fever Pitch", in dem Nick Hornby von Liebe zu und Leiden mit dem FC Arsenal erzählt, setzt die Benchmark.

Reng setzt Maßstäbe. Doch auch hierzulande haben sich einige aus dem Journalismus kommende Autoren profiliert und sich mit Büchern einen Namen gemacht. Zuallererst ist hier Ronald Reng zu nennen, dessen Biografie des früheren Nationaltorhüters Robert Enke (Reng 2010) wegen ihrer gesellschaftlichen Bedeutung besonders wichtig ist. Als Fußball-Erklärer hat sich Christoph Biermann mit Büchern positioniert und zum Beispiel den 1. FC Union Berlin ein Jahr lang begleitet (Biermann 2021). Dietrich Schulze-Marmeling genießt ebenfalls hohes Ansehen. Der Sporthistoriker Erik Eggers hat einen kleinen eigenen Sportbuch-Verlag, Eriks Buchregal, in dem 2022 zum Beispiel das stark in die Tiefe recherchierte Buch zum WM-Halbfinale 1982 zwischen Deutschland und Frankreich von Stephan Klemm erschien. Wie dieses zum 40. Jahrestag der „Nacht von Sevilla" geschriebene Buch sind viele Werke an Jahrestage gebunden. So erschienen 2022 auch mehrere Bände zum 25. Jahrestag von Jan Ullrichs Triumph bei der Tour de France. Solche Jubiläen versprechen, dass die Bücher in den Medien besprochen werden und sich ihre Verkaufsaussichten erhöhen.

Wie wird man Buchautor? 2001 arbeitete Reng als freiberuflicher Sportkorrespondent für deutsche Zeitungen in England. „Ich hatte über einen Spieler geschrieben, Lars Leese vom FC Barnsley. Er kam eigentlich aus der Kreisliga im Westerwald. Er hat seine Geschichte nicht nur mir erzählt, sondern vielen Leuten. Und die haben gesagt: Boah, du kannst ja ein Buch schreiben!

Verlag finden. „Wenn du noch keinen Verlag hast, bietest du deine Buchidee in einem einseitigen Exposee einem Literaturagenten an", erklärt Reng den Ablauf. „Der versucht, es dann bei einem Verlag unterzubringen. Klappt es, wird ein Vertrag abgeschlossen. Du bekommst einen Vorschuss, also ein Garantiehonorar. Und dann bist du prozentual an dem Buchverkauf beteiligt, in der Regel mit zehn bis 14 Prozent." Leichter gesagt als getan. Idee, Exposee, Akzeptanz beim Verlag – das sind aufwändige Schritte.

Geht das hauptberuflich? „Einige wenige Kollegen können davon leben, die meisten nicht", sagt Reng. Es werden in Deutschland jedes Jahr rund 100 000 Bücher veröffentlicht. „Es ist auf dem Buchmarkt ähnlich wie bei Fußballprofis: Wahnsinnig viele versuchen, in dem Beruf Fuß zu fassen, der Mehrheit gelingt es trotz gewissem Talent nicht, einige Tausend bleiben in der Regionalliga hängen, mit der Hoffnung, doch noch, irgendwann nach oben zu kommen, und einige Wenige schaffen den großen Durchbruch. Wie ein Fußballer mit seiner Technik oder Schnelligkeit musst du als Buchautor versuchen, durch etwas Besonderes herauszustechen, also zum Beispiel einer einmaligen Geschichte oder einer famosen Recherche." Von den 100 000 Autoren der jährlich erscheinenden Bücher, ist das für 95 000 ein Nebenerwerb, schätzt Reng. „5000 versuchen, davon zu leben. Und 3000 schaffen es. Das gilt für Bücher aller Couleur. Vom Krimi bis zum Sportbuch."

24.3 Themen und Umsetzung

Tief ins Thema eindringen. Für Reng ist die „ganz große Gemeinsamkeit zwischen Sportbuch-Autorenschaft und Journalismus die Recherche". Der mittlerweile im Südtiroler Bozen beheimatete Hesse sagt: „Du versuchst, so tief wie möglich in ein Thema einzudringen. Der größte Unterschied zum Tages- oder Magazinjournalismus ist die Tiefe. Du hast beim Sportbuch die Chance und die Pflicht, Zusammenhänge zu erklären, das Große und Ganze. Ein Sportbuch ist keine Ergänzung oder Erweiterung. Sondern es kann die Sachen aufdecken, für die im Tagesjournalismus weder die Muße noch der Platz ist. Damit meine ich nicht nur investigative Themen. Ein Buch kann das System des Sports, Persönlichkeiten oder sporthistorische Entwicklungen oder Ereignisse besser erklären."

Wo die Themen zu finden sind. „Wie vermutlich jeder Journalist habe ich bei der Recherche manchmal das Gefühl: Darüber würde ich sehr gerne mehr erzählen als nur auf 8000 Zeichen in einem Magazin. Und manchmal läuft mir das Thema auch einfach zu", sagt Reng, der regelmäßig Lesungen hält. Bei einer dieser Gelegenheiten kam die Mutter des früheren Frankfurter Fußballprofis Markus Steinhöfer auf ihn zu. Sie hatte eine Agentur gegründet als Tutorin speziell für Jugendspieler und deren Familien, um die in den schwierigen Jahren auf dem Weg zu Profi zu betreuen. „Da machte es bei mir Klick: Das wäre ein Buch. Zu beschreiben, wie wird man Profi? Und wieso wird es der eine und der andere nicht. Wenn ich über die Jungs in Frau Steinhöfers Agentur schriebe, könnte ich den Kosmos der Traumfabrik Nachwuchsleistungszentrum erkläre, und es würden sich viele spannende Nebenstränge ergeben: Wie ergeht es einer Frau im Profifußball? Wie werden die Jungs erwachsen in der Traumfabrik? Was macht es mit den Familien, wenn alle ihr Leben dem Traum eines Sohns unterordnen? Ich habe mir zehn Jungs in ihrer Agentur angeguckt und drei ausgesucht, die ich neun Jahre begleitet habe."

Der stille Stürmer. Bei der Biografie des Stürmers Miro Klose kam niemand auf Reng zu. „Das war meine Idee. Miroslav hat eine einmalige Karriere, er ist der beste WM-Torschütze aller Zeiten. Und gleichzeitig wusste die Öffentlichkeit extrem wenig über ihn, weil er so wortkarg auftrat. Für ein Buch ist das eine gute Voraussetzung. Da habe ich ihn angesprochen, wir haben uns zweimal zu Vorgesprächen getroffen. Ich habe ihm erklärt, was ich vorhabe und wie groß der Aufwand ist. Dann hat er eingewilligt. Und dann geht das Procedere los."

Austausch mit Enke. Reng hatte dem Torwart Robert Enke mal das Buch ‚Traumhüter' geschenkt. „Das hat er in einem Tag gelesen. Das ist ja ein Superbuch, hat er gesagt. Ich war verlegen und wollte mich mit einem coolen Spruch aus der Situation herauswinden: Irgendwann schreiben wir dein Buch, sagte ich." Reng wusste damals nichts von Enkes Depressionen. Bei dem Torwart sei aber der Gedanke aufgekommen, er möchte etwas erzählen, er möchte, das, was er jetzt verstecken muss – nämlich, dass er an einer psychischen Krankheit leide – irgendwann rausschreien in ein Buch. „Deswegen hatte diese Buchidee für ihn eine große Bedeutung, gerade in den Wochen, in denen er an einer akuten Depression litt. Das war so ein Anker: Irgendwann muss ich es nicht mehr verstecken, da erzähle ich alles in meinem Buch."

Nach dem Suizid. Nachdem sich Enke das Leben genommen hatte, war bei dessen Frau Teresa und seinem Berater Jörg Neblung schnell der Gedanke da: Wir wollen Roberts Geschichte erzählen, damit die Leute daraus lernen können. Es sollte normaler, selbstverständlicher, natürlicher über Depressionen gesprochen werden. Und am besten kann man das in einem Buch, in dem man das ausführlich und differenziert darstellen kann. Reng: „Sie sind zwei Monate nach Roberts Tod zu mir gekommen und haben mich gefragt, ob ich dieses Buch schreiben kann. Nein, will ich nicht, habe ich zunächst gesagt, weil ich nach seinem Tod noch nicht so weit war. Aber ich habe eine Art Verpflichtung oder Druck verspürt, das zu machen. So habe ich das angefangen und bin zehn Monate versunken in der Welt eines toten Fußballfreundes."

Nicht alles funktioniert. Selbst Erfolgsautor Ronald Reng beißt schon einmal auf Granit. So geschehen beim langjährigen Freiburger Trainer Christian Streich. Reng wollte ihn ein Jahr als Trainer begleiten. Ein Mittelsmann hatte ein Treffen arrangiert. „Wir hatten einen fantastischen Abend bis zwei Uhr nachts", erinnert ich Reng. „Wir haben an dem Abend gefühlt über alles geredet – bloß keine Sekunde über die Buchidee. Weswegen ich ja bei ihm war. Ich hatte das Gefühl: Sobald ich versuchte, das Thema anzubringen, wischte Christian Streich es sofort mit einem anderen Thema vom Tisch. So war relativ schnell klar, dass er kein Buch machen will. So bin ich nach Hause gefahren. Es war klar, ich brauche auch gar nicht mehr nachfragen." Jetzt sei die Bekanntschaft mit Streich eher eine literarische. „Ich schicke ihm hin und wieder Bücher oder bringe ihm welche vorbei. Er liest viel."

Zum Abschluss dieses analog geprägten Kapitels nun (Tab. 24.1) noch ein Blick ins bestens sortierte Sportbuchregal des Erfolgsautoren Christoph Biermann.

Tab. 24.1 Buchtipps von Christoph Biermann

Genre/Themenbereich	Autor	Titel
Biografie	Ronald Reng	Traumhüter
Taktik	Michael Cox	Umschaltspiel
Humor	Axel Formeseyn	Voll die Latte
Kultur	David Winner	Oranje brillant
Fußball schauen	Hans Ulrich Gumbrecht	Crowds
Fußball und Politik	Dietrich Schulze-Marmeling	Der gezähmte Fußball
Fans	Nick Hornby	Fever Pitch
Fußballgewalt	Bill Buford	Unter Hooligans
Märchen	Joe McGinnis	Das Wunder von Castel di Sangro
Fußballbetrachtung	Jorge Valdano	Über Fußball
Fotos	Reinaldo Coddou H.	Buenos Aires
Stadien	Simon Inglis	The Football Grounds of Britain

Quelle: Eigene Darstellung

▶ **Tipp** „Es ist gut, wenn du einen Hauptberuf hast, der dich ernährt", sagt Reng. „Es ist nicht gut, wenn du einsteigst und sagst: Ich bin jetzt Sportbuchautor und muss davon leben. Das entwickelt sich im besten Fall." Außerdem müsse man sich als potenzieller Autor die Frage stellen, „muss es bei dem Thema wirklich ein Buch sein? Reicht nicht auch eine Reportage oder ein Essay? Brauche ich wirklich 200 bis 300 Seiten, um das zu erzählen? Und vor allem: Bin ich sicher, tausende Leser wollen 40 oder 50 Stunden ihrer Zeit aufbringen, um dieses Buch zu lesen?" Weiterer Punkt bei der Planung: Schaffe ich das zeitlich? Reng: „Ich rechne mindestens ein Jahr für ein Buch. Meistens werden es dann zwei." Und er macht den Job hauptberuflich.

Verwendete Quellen

- Ronald Reng, Robert Enke – ein allzu kurzes Leben, (München: Piper, 1. Aufl. 2010)
- Christoph Biermann, Wir werden ewig leben: Mein unglaubliches Jahr mit dem 1. FC Union Berlin. (Köln: KiWi-Paperback, 1. Aufl. 2020)

- Martin Beils/Kristina Hellwig, Bekannt. Bedeutend. Bergisch, (Bergisch Gladbach: Heider-Verlag, 1. Aufl. 2012)
- Stefan Klemm, Die Nacht von Sevilla '82, Eriks Buchregal 2021

Gesprächspartner und -partnerinnen

- Ronald Reng, freier Autor, Bozen, 22. Februar 2022

Instagram-Kanal 25

Zusammenfassung

Twitter und TikTok, YouTube und Facebook – die Kommunikation rund um den Sport findet immer mehr auf den Social-Media-Kanälen statt. Wie finden traditionelle Medien dort ihr Publikum? Mit dem Instagram-Format „NBA Overtime" über den nordamerikanischen Basketball liefern die „Sportschau" und Funk ein Beispiel mit journalistischem Anspruch.

Stichworte

Social Media, Instagram, Sportschau, Funk, NBA

25.1 NBA Overtime

Einfach mal machen. Lovis Binder arbeitete als freier Journalist für die WDR-Hörfunkwelle „1live", für die „Sportschau" betreute er die Social-Media-Kanäle, bis er zu seiner großen Liebe kam. „NBA Overtime ist zunächst einmal ziemlich spontan auf YouTube entstanden", erinnert sich der Hobby-Basketballer. Sein Kollege Torben Beckmann rief ihn im April 2018 an und fragte, ob er mit ihm ein Gespräch zur nordamerikanischen Basketball-Profiliga NBA auf dem YouTube-Kanal der Sportschau führen wolle. Über Fachwissen verfügten die beiden reichlich. „Und dann haben wir es einfach mal gemacht. Ohne Konzept. Und wir haben es veröffentlicht", sagt Binder. „Unsere Chefs fanden es gut." Damals habe es noch keine richtige Strategie für den Kanal gegeben: „Wir haben viel ausprobieren können." Die NBA-Talks funktionierten tatsächlich besser als der Durchschnitt der Inhalte auf dem Kanal der traditionsreichen „Sportschau". Rund zwei Jahre lief das so. Auf dem thematisch breit gefächerten „Sportschau"-Kanal mit Fußball, Handball, Wintersport und vielen anderem, behauptete sich das NBA-Pflänzchen, kam aber immer für das Publikum etwas überraschend wie „Kai aus der Kiste", so Binder im Gespräch mit dem Autoren.

Die Chefs überzeugt. Bis sich den beiden NBA-Experten die Gelegenheit bot, in der „Sportschau"-Redaktion neue Ideen zu präsentieren. „Wir haben geguckt, ob es eine Plattform gibt, auf der deutscher NBA-Content noch nicht so verbreitet ist" sagt Binder. Es habe da auch da schon mehrere Content Creator gegeben, die auf YouTube auf Deutsch über die NBA berichtet haben. Auf Instagram gab es aber niemanden außer zwei, drei kleinen Kanälen. Binder: „Da die Zugriffs- und Nutzerzahlen von Instagram weiter stetig stiegen, haben wir das als eigenen Kanal angeboten, um eine eigene Zielgruppe zu erreichen. So haben wir die Chefs überzeugt und konnten loslegen. Das war im Dezember 2020." Die wirtschaftliche Basis legten „Sportschau" und „Funk", ein ARD/ZDF-Netzwerk für das Publikum zwischen 14 und 29 Jahre, gemeinsam. In dieser Altersgruppe nutzen 88 Prozent wöchentlich oder häufiger Social Media. Ihr mit Abstand meistgenutztes Netzwerk ist Instagram.

25.2 Mission Statement

Man spricht Deutsch. Was wollen wir präsentieren? Wie wollen wir uns zeigen? Was ist der erste Eindruck, den die Nutzerinnen und Nutzer von dem Kanal bekommen sollten? Was verkörpern wir in der deutschen Basketballwelt? Mit diesen Fragen nach einem so genannten Mission Statement ging die Entwicklungsphase los. Und der Name „NBA Overtime" war schnell gefunden – die Verlängerung eines Basketball-Spiels. Ein wenig führt der englische Name allerdings in die Irre. Denn schnell war klar, dass die Einzigartigkeit des Kanals im riesigen weltweiten Informationsangebot rund um die NBA auch in seiner Deutschsprachigkeit liegen sollte – Deutsch allerdings garniert mit vielen Häppchen aus der englischen Fachsprache, derer sich die Szene bedient. „Wir sind der junge Kanal für die deutsche Community", betont Binder. Und: „Wir wollen keine Einbahnstraße sein, sondern mit den Leuten sprechen." Ein zentraler Punkt ist zudem der journalistische Hintergrund. Es geht um die kritische und tiefgehende Begleitung des Profisports und nicht um Bewunderung aus der Perspektive von Fans. Zudem wird der Ka-

Tab. 25.1 Nutzung von ausgewählten Social-Media-Plattformen 2019 bis 2022 – mindestens einmal wöchentlich genutzt (in %)

	2019 ges.	2020 ges.	2021 ges.	2022 ges.	2022 Frauen	2022 Männer	2022 14–29 J.	2022 30–49 J.	2022 50–69 J.	2022 ab 70 J.
Facebook	31	26	28	35	33	37	42	47	31	17
Instagram	19	20	26	31	31	31	74	39	13	3
TikTok	2	3	9	14	13	15	44	15	2	1
Snapchat	8	9	10	13	12	14	47	10	1	0
Twitter	4	5	4	10	8	13	20	14	5	3
LinkedIn	2	4	3	6	5	7	12	7	5	0

Quelle: https://www.ard-zdf-onlinestudie.de/, abgerufen: 28.Februar 2023

nal über die beiden Hosts, Gastgeber, personalisiert. Binder: „Uns ist es wichtig, dass Menschen für den Kanal stehen." Bei seinem Publikum liegt Instagram klar vorn (s. Tab. 25.1).

25.3 Inhalte

Gefäße befüllen. Als „NBA Overtime" startete, hatte der fränkisch-texanische Superstar Dirk Nowitzki seine Karriere bereits beendet. Dennoch war klar, dass die weiteren deutschen NBA-Spieler besonders im Fokus stehen sollten. „Die waren nicht so prominent im NBA-Kosmos die flogen eher unter dem Radar. Deshalb war es schwierig, Material oder Einschätzungen über die zu bekommen", erinnert sich Binder. „Uns ist es wichtig, einen guten Draht zu den deutschen NBA-Spielern zu haben. Mittlerweile haben wir fünf von sieben auf dem Kanal." Es galt, die Gefäße zu füllen, die verschiedenen Darstellungsformen zu nutzen, die Instagram für die Kommunikation zur Verfügung stellt. Und zwar mit Material, das entweder frei verfügbar war, von der Redaktion eingekauft oder selbst recherchiert werden konnte.

Vielfalt an Formaten. Das Team der deutschen Basketball-Community digitale Heimspiele, mit Analysen und Hintergründen, Lifestyle-Formaten und Memes, persönlichen Einschätzungen und journalistischer Einordnung. Ein reichhaltiger Mix aus Inhalten – so vielseitig, spektakulär, politisch und zugleich unterhaltsam, wie die NBA eben ist. So lautete der selbstgesetzte Auftrag.

Snackable Content. Ein Beispiel: Die Redaktion erklärt mit Fotos und Texttafeln, warum und wie Steph Curry von den Golden State Warriors für jedes Spiel stabile Schienen um seine Sprunggelenke packt. Schon im College hatte der Profi immer wieder Probleme mit dem Sprunggelenk, in der NBA-Saison 2011/12 fiel er fünfmal wegen Knöchelverletzungen aus. „Seitdem investieren Curry und die Warriors mehr Zeit und Geld in seine Gesundheit." Unter anderem durch einen Athletiktrainer und durch eben diese Schienen. „Snackable Content" nennt sich so etwas in der Social-Media-Welt, interessanter leicht konsumierbarer Inhalt, den man sich beim Warten an der Bushaltestelle einverleiben kann.

Interaktion mit dem Publikum. „Wir haben von allen WDR-Angeboten die höchste Interaktionsrate", betont Binder. Heißt: Die Kommunikation mit dem Publikum funktioniert. Es zahlt sich aus, dass wir die Community eingebunden haben und entsprechende Formate entwickelt haben." Mit einem schriftlichen Zitat plus Video, in dem Giannis Antetokounmpo den Dallas-Profi Dirk Nowitzki als sein Vorbild rühmte, erreichte die Redaktion 170 000 Nutzerinnen und Nutzer. Damit schaffte es der Eintrag aus der Bubble der eigentlichen Zielgruppe heraus. So wird Erfolg messbar. Mittlerweile gibt es Postings mit einer Reichweite von über einer Million (s. Abb. 25).

▶ **Tipp** Lovis Binder, Host von „NBA Overtime": „Ausprobieren ist wichtig, agil arbeiten. Behalten Sie Ihr Publikum stets im Blick, achten Sie auf Rückmeldungen und auf die Daten, die Ihnen zur Verfügung stehen. Wir hatten zum Beispiel am Anfang Video-Interviews von zehn bis 17 Minuten Länge, so wie wir es auf

Abb. 25 Video Lovis Binder, Sportschau und Funk (Video: Beils)

YouTube gewohnt waren. Wir haben aber festgestellt, dass diese Beiträge für das Instagram-Publikum zu lang sind. Jeder Kanal hat eben seine eigenen Gesetzmäßigkeiten. Wir zerlegen deshalb solche Interviews jetzt in kurze Schnipsel. Wichtig dabei: Das muss der Interviewer oder die Interviewerin bei der Vorbereitung des Gesprächs genauso planen."

Übung

Suchen Sie sich eine Randsportart wie Fallschirmspringen oder Fliegenfischen und verfolgen sie die Szene eine Woche lang auf Websites und auf den Social-Media-Kanälen. Überlegen Sie sich nun ein Konzept, wie ein Instagram-Kanal zu dieser Sportart aussehen kann? Welche Formate können Sie verwenden? Aus welchen Quellen bekommen Sie Material? Bauen Sie als Übung eine Reihe von zehn Beiträgen daraus. Das kann in Top-Qualität auf dem Rechner gemacht oder auf Papier gescribbelt werden. Vollkommen egal. Wichtig ist, dass Sie eine Idee und ein erstes Gefühl für Ihren Kanal haben.

Verwendete Quellen

- Der Instagram-Kanal NBA Overtime: https://www.instagram.com/nbaovertime/?hl=de, nicht mehr online.
- ARD/ZDF-Onlinestudie: https://www.ard-zdf-onlinestudie.de/, abgerufen am 22. März 2023.

Gesprächspartner und -partnerinnen

- Lovis Binder, „Sportschau" und „Funk"

Frauen im Sportjournalismus 26

> **Zusammenfassung**
>
> Frauen sind im Sportjournalismus deutlich unterrepräsentiert. Und die Berichterstattung über Sportler ist viel umfangreich als über Sportlerinnen. Warum ist das so? Welche Entwicklungen gibt es?

> **Stichworte**
>
> Frauensport, Frauenfußball, Sportjournalistinnen, Sexismus

26.1 Sportjournalistinnen

Reporterinnen und Ressortleiterinnen. Ich habe in meinem Arbeitsumfeld starke Sportjournalistinnen kennengelernt. Ulrike John, Miriam Schmidt, Kristina Puck als Reporterinnen bei dpa, Evi Simeoni von der „FAZ" und Barbara Klimke von der „Süddeutschen". Als Ressortleiterinnen Stefanie Wahl („Heilbronner Stimme"), Tanja Schneider („General-Anzeiger Bonn"), Martina Martin („Freies Wort", Chemnitz), Carolin Münzel („Main-Post", Würzburg), – die Liste ließe sich ohne Mühe verlängern. Glänzende Autorinnen, fachkundige und kritische Begleiterinnen des Sports. Es gibt keinen Grund, warum Frauen im Sportjournalismus schlechter sein sollten als Männer. Und doch sind sie in dem Beruf dramatisch unterrepräsentiert.

Reine Männerbuden. Lediglich rund elf Prozent, so die Schätzungen des Verbands deutscher Sportjournalisten, im Berufskollegium sind weiblich. In einer Diskussionsrunde der Fachhochschule des Mittelstands im Mai 2021 sagte Carsten Bergmann, Chefredakteur der „Hannoverschen Neuen Presse", über Sportredaktionen: „Das sind leider reine Männerbuden. Ich finde das bedauerlich und hätte gerne sehr viel mehr Frauen bei mir in der Redaktion. Ich halte es für unglaublich wichtig, alle Blickwinkel einzunehmen und ein Spiegelbild der Gesellschaft abzubilden – auch, um andere Zielgruppen zu erreichen."[45]

„**Mehr Vorbilder**". Bergmann stellt in Bewerbungsverfahren fest, dass sich Frauen oftmals nicht den ersten Schritt in eine männerdominierte Redaktion zutrauten. „Uns erreichen kaum Bewerbungen von Frauen, das finde ich unglaublich schade." Die ehemalige Pressesprecherin des Deutschen Olympischen Sportbunds und vormalige Sportchefin der „Frankfurter Rundschau", Ulrike Spitz, meint: „Es braucht mehr Vorbilder, mehr Frauen im Sportjournalismus und im Sport, aber auch in den Führungsebenen des Sports. Je tiefer das Thema in den Köpfen verankert ist, desto größer werden die Chancen, dass mutige Frauen nicht im Hintergrund bleiben, sondern sichtbar werden."

„**Die Mädchen**". Moderatorin Shary Reeves beobachtet im Sport- insbesondere im diesen prägenden Fußballjournalismus immer noch viele Züge einer vermeintlich überkommenen Männerwelt. „Das ist ein totaler Männerverein", sagt die Kölnerin, die zuletzt unter anderem bei der Champions League für „Prime Video" im Einsatz war, „und dann wird da immer von ‚die Mädchen' gesprochen. Chefredakteure sagen: ‚die Mädchen'." Reeves empfindet diese Vokabel als herabsetzend. Was sie auch stört: Die oftmals alkoholgetränkten Abende und Nächte rund um Europapokalreisen. Und dass es in einigen Redaktionen WhatsApp-Gruppen gibt, in denen diskutiert wird, welcher Mann, mit wem im Bett gelandet ist, verstärkt diesen Eindruck noch.

Mehr Frauen aus ökonomischen Gründen. Für den renommierten Fußball-Reporter Christoph Biermann indes ist eine Gegenbewegung längst überfällig. Für ihn muss der Sportjournalismus nicht notwendigerweise männerdominiert sein: „Schon aus ökonomischer Sicht würde ich es für sinnvoll halten, mehr Frauen zu

---

45 Quelle: https://www.fhm-onlineuniversity.de/presse-news/artikel?tx_news_pi1%5Baction%5D=detail&tx_news_pi1%5Bcontroller%5D=News&tx_news_pi1%5Bnews%5D=3182&cHash=a72e783575e0292ea8503988b8a46232, abgerufen 2022 (am 8. März 2023 nicht mehr verfügbar).

beschäftigen, weil sich mit ihnen Frauen als Zuseherinnen, Zuhörerinnen und Leserinnen identifizieren würden." Als Beispiel dafür, dass die Situation nicht so bleiben muss, nennt Biermann die ehemalige WDR-Hörfunk-Sportchefin Sabine Töpperwien, der es über Jahre gelungen ist, Frauen zu fördern. „Ich glaube, da wird noch einiges passieren. Es ist erstaunlich, dass es so lange gedauert hat, aber für mich ist quasi unabwendbar."

Kommentatorinnen gesucht. Der Pay-TV-Sender Sky wollte bei seinen Sport-Übertragungen gerne mehr Reporterinnen einsetzen. „Wir haben schon großartige Moderatorinnen, aber wir suchen händeringend nach Kommentatorinnen", sagte Sportchef Charly Classen in einem Interview der dpa[46]. „Claudia Neumann ist ein tolles Vorbild", betonte er und lobte die ZDF-Reporterin. Allerdings gibt es rund um Neumanns Einsätze insbesondere bei Fußballturnieren der Männer immer wieder Shitstorms in den sozialen Medien „Wir wissen, dass Kommentatorinnen in der Kritik stehen, aber wir würden ihnen den Rücken stärken", sagte Sky-Sportchef Classen. „Und wir wünschen uns auch mehr Frauen hinter der Kamera." Sky soll nach Angaben seines Sportchefs auch seine Inhalte weiblicher gestalten. „Was wir sehen, ist ein steigendes Interesse am Frauen-Sport", erklärte Classen: „Auch die Quoten steigen." Er gab zu: „Wir haben uns bisher auch nicht immer so intensiv darum gekümmert, wie wir es hätten tun können." Eine Folge: Mit dem monatlichen Frauensport-Magazin #GameCHANGERINNEN schafft „Sky Sport News" seit Juni 2022 mehr Sichtbarkeit für Sportlerinnen.

26.2 Frauensport als Thema

Sexismus. Ein erschütternd peinliches, aber bezeichnendes Beispiel von Berichterstattung über Sportlerinnen lieferte „Bild.de" im August 2022 am Tag nach dem EM-Triumph der 100-Meter-Läuferin Gina Lückenkemper. Spannende Geschichten um den Wettkampf gab es genug. Und für pointierte Aussage ist die Westfälin immer gut. Persönliche Geschichten über Hund und Freund ließen sich erzählen. Genug Stoff also auch und gerade für den Boulevard. Doch was machte „Bild.de"? Am Mittag nach dem Gold-Lauf kramte die Redaktion eine drei Jahre alte Geschichte hervor, die sexuell konnotiert und damit offenbar reizvoll für das Publikum war. „Vor drei Jahren besiegte Gina die Spanner-Kamera. Sie film-

---

46 Quelle: MoPo, 8.3.22, https://www.mopo.de/sport/fussball/sky-sucht-haenderingend-nach-kommentatorinnen/, abgerufen 16. März 2023.

te Sportlerinnen in den Schritt", lautete die Überschrift[47]. Es ging darum, dass bei der WM 2019 Kameras in die Startblöcke gebaut waren, die die Athletinnen und Athletin von unten filmten. Die Sportlerinnen fühlten sich damit – nachvollziehbarerweise – unwohl. Lückenkemper protestierte am lautesten. Diese olle Kamelle drei Jahre später wieder hervorzukramen, folgte der Gier, mit eben diesem sexuell aufgeladenen und möglicherweise die Fantasien mancher User anregenden Thema Klicks zu generieren. Auf Kosten der Athletinnen.

Geringer Anteil des Frauensports in den Medien. Aktuell bekommen Athletinnen, mit Ausnahme von Großveranstaltungen wie Olympischen Spielen und Paralympischen Spielen, in der Sportberichterstattung durchschnittlich nur 10 Prozent der medialen Aufmerksamkeit, heißt es beim Deutschen Olympischen Sportbund (DOSB). Frauensport ist in den Medien deutlich unterrepräsentiert. Und weil mögliche Werbeerlöse direkt mit der Medienpräsenz zu tun haben, haben es Frauen auch schwerer, mit dem Sport Geld zu verdienen.

Offener Brief des DOSB. In einem offenen Brief an die Medien appellierte der DOSB im Vorfeld der Olympischen Spielen 2021 in Tokio für eine Gleichstellung von Männern und Frauen in der Berichterstattung: „Unsere Forderung ist: das Gewährleisten einer ausgewogenen und gleichwertigen Sportberichterstattung – ohne stereotype und diskriminierende Darstellungen von Sportlerinnen in Wort und Bild. Wir appellieren an die Verantwortlichen, diese Forderung bei zukünftigen Redaktionsentscheidungen zu berücksichtigen. Nutzen Sie die Kraft und den großen Einfluss der Medien – aus Respekt und Fairness gegenüber den Tausenden von Sportlerinnen und Nachwuchssportlerinnen in Deutschland – für Gleichstellung in der Sportberichterstattung." Als Gründe für das Missverhältnis nennt der DOSB die überragende Bedeutung des Profifußballs und dass eben Männer über Männer schreiben.

Männlich dominierte Themenauswahl. Der Einfluss von Sportjournalistinnen auf die Programmgestaltung ist begrenzt, auch weil die Leitungspositionen mehrheitlich von Männern besetzt sind. Die heute bei Bayer Leverkusen beschäftigte ehemalige NDR-Sportjournalistin und -moderatorin Valeska Homburg beklagt einen männlich dominierten Blick bei der Themenauswahl. Bestimmte Vorschläge, die eher Frauen ansprechen würden, kämen häufig nicht durch, weil die Anzahl der Männer in Sportredaktionen immer noch deutlich überwiegt und die letztlich

---

47 Quelle: https://www.bild.de/sport/mehr-sport/sport-mix/leichtathletik-em-vor-3-jahren-besiegte-gina-lueckenkemper-die-spanner-kamera-81030614.bild.html, abgerufen 8. März 2023.

über das Programm entscheiden würden. „Das Argument, Themen wie Frauenfußball ließen die Einschaltquoten sinken, lässt Homburg nicht gelten: ‚Wenn wir über diese Sportlerinnen nicht berichten, wie sollen sich die Menschen sich denn dann für sie interessieren?'"[48]. An der Spitze der Sportredaktionen des öffentlich-rechtlichen Rundfunks standen Ende 2021 acht Männer und vier Frauen, die sechs Sportredaktionen der privaten TV-Sender leiteten durchweg Männer.

Nicht auf die Bühne. Als problematisch schätzen Sportjournalistinnen auch den Umstand ein, dass sich Frauen weniger gerne in den Medien exponieren. „Bei den täglichen Anfragen stellen wir fest: Es gibt kaum Expertinnen, die sich auf die Bühne trauen, es gibt kaum Interviewpartnerinnen, kaum Referentinnen, viele Autorinnen sind eher zurückhaltend," sagte Astrid Rawohl, Sport-Ressortleiterin beim Deutschlandfunk (DLF), auf einer gemeinsamen Sportkonferenz des DLF und des Journalistinnenbunds im November 2021.[49]

Neue Medienmacherin. Für Beachtung sorgte zuletzt das Portal „Sportfrauen. net", dessen Team ausschließlich über Frauensport in all seinen Facetten berichtet. Beim Wettbewerb „Die Goldenen Blogger 2021" bekamen Nina Probst und ihre Mannschaft den Preis „Beste neue Medienmacherin". Sie beklagt, dass Frauen in der Sportberichterstattung so selten vertreten waren. Schon im Volontariat bei einer Regionalzeitung war der Augsburgerin aufgefallen, dass „man große Schwierigkeiten hatte, Themen unterzubringen, die abseits des Männerfußballs stehen. Da habe ich kurzerhand beschlossen, mein eigenes Portal zu machen und über Frauensport zu berichten".

▶ **Tipp** In diesem Zusammenhang drängt sich ein kleiner Abstecher zu einem in jüngerer Vergangenheit hitzig diskutiert wurde: die geschlechtergerechte oder auch diskriminierungssensible Sprache. Weibliche und männliche Form, Unterstrich, Sternchen, Pause beim Sprechen? Gibt es alles und wird in den Medien praktiziert. Auf eine praxistaugliche Form haben sich die deutschsprachigen Nachrichtenagenturen geeinigt. Wichtig dabei ist die Betonung darauf, dass die Sprache stets im Wandel ist und damit Änderungen und Überprüfungen bzw. Anpassungen von Regeln in der Natur der Sache liegen.

---

48 Welchen Anteil haben Frauen an der publizistischen Macht in Deutschland?: https://www.pro-quote.de/wp-content/uploads/2022/04/ProQuote_Medien_Monitoring-Rundfunk21-online26_4_22.pdf, S. 77, aufgerufen am 21. März 2023.

49 Quelle: https://www.deutschlandfunk.de/sport-aktuell-sport-konferenz-frauen-in-der-sportberichterstattung-100.html, abgerufen 8. März 2023.

Folgende Pressemeldung dazu gaben die Agenturen heraus (21. Juni 2021): Berlin – Die deutschsprachigen Nachrichtenagenturen AFP, APA, dpa, epd, Keystone-sda, KNA, Reuters und SID haben ein gemeinsames Vorgehen vereinbart, um diskriminierungssensibler zu schreiben und zu sprechen. Das generische Maskulinum wird in kompakter Nachrichtensprache noch vielfach verwendet, soll aber schrittweise zurückgedrängt werden. Ob die Nachrichtenagenturen in einigen Jahren ganz darauf verzichten können, hängt von der weiteren Entwicklung der Sprache ab.

Noch ist unklar, ob und welches der Sonderzeichen (Genderstern, Unterstrich, Doppelpunkt etc.), die auch nicht-binäre Geschlechtsidentitäten abbilden sollen, sich im allgemeinen Sprachgebrauch durchsetzen wird. Bis auf weiteres verzichten die Nachrichtenagenturen daher auf die Verwendung dieser Zeichen. Bislang entsprechen sie auch weder dem amtlichen Regelwerk der deutschen Rechtschreibung noch dem allgemeinen Sprachverständnis beziehungsweise der allgemeinen Sprachpraxis. Aber viele andere Möglichkeiten zur Vermeidung diskriminierender Sprache und zur Sichtbarmachung von Diversität sind konsequent zu nutzen.

Die Nachrichtenagenturen wollen die Entwicklung der Sprache in den nächsten Jahren gemeinsam beobachten und in enger Abstimmung mit ihren Medienkunden regelmäßig neu bewerten.

Beispiele für diskriminierungssensible Formulierungen

- Doppelformen/Paarformen: Schülerinnen und Schüler.
- Geschlechtsneutrale Pluralformen: die Feuerwehrleute, die Angestellten, die Pflegekräfte, die Fachkräfte, die Lehrkräfte.
- Substantivierte Partizipien: die Studierenden.
- Sache statt Person: das Fachgremium, die Redaktion, die Teilnahmeliste.
- Neutrale Funktionsbezeichnung: Vorsitz, Leitung, Personal, Personalvertretung, Direktion, Team, Belegschaft.
- Syntaktische Lösungen: Wer raucht, hat eine kürzere Lebenserwartung. (Statt: Raucher haben eine kürzere Lebenserwartung.) Alle, die dieses Programm nutzen (statt: alle Nutzer dieses Programms).
- Plural statt Singular: alle, die … (statt: jeder, der …).
- Umschreibung mit Infinitiv: Der Antrag ist vollständig auszufüllen. (Statt: Der Antragsteller muss das Formular vollständig ausfüllen.)
- Partizip Perfekt: herausgegeben/betreut von (statt: Herausgeber/Betreuer).
- Adjektiv statt Substantiv: der ärztliche Rat (statt: der Rat des Arztes)

Übung

Setzen Sie sich zu zweit zusammen: ein Mann und eine Frau. Nehmen Sie ein Medium, das den Sport für das allgemeine Publikum abbildet – die örtliche Tageszeitung zum Beispiel. Analysieren Sie jeweils das Angebot. Welche Geschichten interessieren mich am meisten? Welche gar nicht? Was fehlt mir? Was ist zu viel? Wo hätte man einen anderen Zugang zum Thema wählen können? Sie werden feststellen: Die Zugänge von Frauen und Männern zum sportjournalistischen Angebot sind oftmals unterschiedlich.

Verwendete Quellen

- Diskussion um Frauen im Sportjournalismus: https://www.fh-mittelstand.de/news/artikel/diskussionsrunde-deckt-defizite-auf-warum-gibt-es-so-wenige-frauen-im-sportjournalismus-3182, abgerufen 8. März 2023.
- DOSB zur Gleichstellung in der Berichterstattung: https://gleichstellung.dosb.de/service/news/news-detail/fuer-gleichstellung-in-der-sportberichterstattung, abgerufen 8. März 2023.
- Portal für Frauensport: https://www.sportfrauen.net/, abgerufen 8. März 2023.
- https://www.fhm-onlineuniversity.de/presse-news/artikel?tx_news_pi1%5Baction%5D=detail&tx_news_pi1%5Bcontroller%5D=News&tx_news_pi1%5Bnews%5D=3182&cHash=a72e783575e0292ea8503988b8a46623, abgerufen 2022 (seit dem 8. März 2023 nicht mehr verfügbar).
- MoPo, 8.3.22, https://www.mopo.de/sport/fussball/sky-sucht-haenderingend-nach-kommentatorinnen/, abgerufen 16. März 2023.
- Bild.de: https://www.bild.de/sport/mehr-sport/sport-mix/leichtathletik-em-vor-3-jahren-besiegte-gina-lueckenkemper-die-spanner-kamera-81030614.bild.html, abgerufen 8. März 2023.
- Sportkonferenz im Deutschlandfunk: https://www.deutschlandfunk.de/sport-aktuell-sport-konferenz-frauen-in-der-sportberichterstattung-100.html, abgerufen 8. März 2023.
- Susanne Lang/Anne Passow, Welchen Anteil haben Frauen an der publizistischen Macht in Deutschland? Eine Studie zur Geschlechterverteilung in journalistischen Führungspositionen. Rundfunk 2021. (Hamburg, ProQuote Medien, 1. Aufl. 2022), https://www.pro-quote.de/wp-content/uploads/2022/04/ProQuote_Medien_Monitoring-Rundfunk21-online26_4_22.pdf, aufgerufen am 21. März 2023.

Gesprächspartner und -partnerinnen

- Shary Reeves, freie Moderatorin, Köln, 13. September 2022
- Christoph Biermann, Redaktionsmitglied „11Freunde" und Buchautor
- Nina Probst, sportfrauen.net, Augsburg, 14. November 2021

PR kontra Journalismus 27

Zusammenfassung

Vereine und Verbände, Institutionen und Unternehmen – alle versuchen sie Einfluss auf den Journalismus zu nehmen oder mit Mitteln und Methoden des Journalismus an die Öffentlichkeit zu gehen. Das ist im Sport nicht anders als in anderen Bereichen.

Stichworte

PR, Pressesprecher, Kommunikationsabteilung

27.1 Miteinander, gegeneinander, nebeneinander

Erhebliche Spannungsfelder. Gerade durch die immer größere wirtschaftliche und gesellschaftliche Bedeutung des Sports hat die Medienarbeit der Vereine und Verbände, der sie umgebenden Institutionen und Unternehmen exorbitant zugenommen. In der Regel ist es mittlerweile so, dass die Medienabteilungen etwa der Fußball-Bundesligisten zahlenmäßig weitaus stärker besetzt sind als die die jeweiligen Clubs betreuenden Redaktionen der klassischen Medien. In der dafür zuständigen Gesellschaft des FC Bayern München arbeiten mehr als 100 Personen. Sie bedienen die Öffentlichkeit, sie füttern die Journalistinnen und Journalisten mit Informationen. Sie filtern, sie geben eigene Publikationen heraus. Daraus ergeben sich erhebliche Spannungsfelder: wirtschaftlicher als publizistischer Natur.

Machtverschiebung. Christoph Bertling, stellvertretender Leiter des Instituts für Medien- und Kommunikationsforschung an der Deutschen Sporthochschule in Köln, sagt: „Die Kommunikationswelten werden immer größer, die Machtverschiebung zwischen PR und Sportjournalismus dürfte sich fortsetzen. Und je größer die Welt der Unterhaltung wird, desto stärker muss sich der Sportjournalismus darauf konzentrieren, die Dinge kritisch einzuordnen. Der Sportjournalismus muss seine klassische Aufgabe wiederfinden und sollte sich fragen: Gehöre ich nicht auf die andere Seite? Das wird wehtun. Aber daraus kann eine enorme Stärke entstehen. Die klassische Aufgabe des Journalismus ist wahnsinnig wichtig. Sonst hätten wir keine kritische Einordnung mehr. Wer sonst sollte die vornehmen? Daran hat ja niemand ein Interesse."

27.2 Selbstverständnis

Mit Mitteln des Journalismus. Die Seite zu wechseln, den anderen Part in der Kommunikation zu übernehmen, ist nichts Ungewöhnliches für Journalistinnen und Journalisten. Ich selbst habe das auch gemacht, als ich von der Deutschen Presse-Agentur in die Presse- und Öffentlichkeitsarbeit (ÖA) des Innenministeriums Nordrhein-Westfalen gegangen bin. Man muss sich nur klar machen: Man arbeitet in der ÖA mit Mitteln des Journalismus, setzt sie aber anders ein. Recherche, kundenorientierte Aufarbeitung relevanter Inhalte – so funktionieren Presse und Public Relations im Wesentlichen.

Schreiber am Hofe. Gregor Derichs war in leitenden Funktionen beim Sportinformationsdienst und in der Sportredaktion der dpa tätig, ehe er nach mehr als einem Jahrzehnt als freier Journalist ins Fach PR wechselte. Zu den wesentlichen Kunden, die er gemeinsam mit seinem Kompagnon Dirk Graalmann (ehemals unter anderem Sportchef der „Westdeutschen Allgemeinen Zeitung" und der „Ruhr Nachrichten") betreut, gehört der Bundesligist TSG Hoffenheim. Als Derichs in neuer Aufgabe mit alten journalistischen Wegbegleitern auf der Stadiontribüne ins Gespräch kam, sagten die: „Ah, du bist jetzt Hofschreiber." Derichs wusste zunächst nicht, ob er sich durch die Bemerkung herabgesetzt fühlen sollte, dachte ein wenig nach und erkannte dann: „Ja, das stimmt." So wie in früheren Jahrhunderten Schreiber am Hof von Adeligen Wissenswertes festhielten und verbreiteten, so ungefähr mache er das jetzt auch.

27.3 Agentur für Bundesligisten

Beratung für die Öffentlichkeitsarbeit. Seit August 2015 arbeitet die in Köln-Ehrenfeld ansässige Agentur Derichs & Graalmann Kommunikation für die TSG Hoffenheim. Es ging mit dem Magazin des Clubs los, das jährlich elfmal erscheint. Hinzu kam die redaktionelle Betreuung der Website inklusive Live-Ticker, die Erstellung des Medienspiegels und immer wieder auch die Beratung in Sachen Presse- und Öffentlichkeitsarbeit. Die Expertise von außen, der Blick aus einer anderen Warte ist gefragt, die Erfahrung früherer Journalisten für die Pressearbeit hilfreich.

Neues Großthema Nachhaltigkeit. Beratung gehört auch bei der Positionierung der TSG beim Thema Nachhaltigkeit dazu. Umweltbelange spielen in der Außendarstellung des Fußball-Unternehmens, das klimaneutral arbeitet, eine wesentliche Rolle. Für die Kommunikationsagentur „Derichs & Graalmann" stellt sich dann die Aufgabe: Wie kannst du solche Themen so aufbereiten, dass der Journalist ihre Relevanz erkennt? Dass der Fan sie spannend findet, dass über sie berichtet wird? Graalmann: „Wir wollen die Geschichten so schreiben, dass sie Wirkung entfalten, ein Mehrwert entsteht, für die Fans ebenso wie für die Medien." Die Agentur verfolgt einen hohen Anspruch an Darstellungsformen und inhaltlicher Tiefe, wie Derichs sagt: „Wir berichten über solche Themen, wie es auch die FAZ oder die SZ machen würde."

Clubmagazin als Quelle. Gerade über die für das Clubmagazin „Spielfeld" produzierten Inhalte sehen sich die beiden erfahrenen Journalisten auch als Makler zwischen den Redaktionen, die über den Bundesligisten berichten, und dem Club. „Mehr und mehr zitieren die Medien aus den Publikationen des Vereins", beobachten Derichs und Graalmann. „Das hat es vor 20 Jahren so noch nicht gegeben." Das über Jahre gewachsene Vertrauen und die Nähe zu den Protagonisten ermöglichten eine Tiefgründigkeit, die ungewöhnliche Ansätze und auch kritische Zwischentöne erlaube. „Wir haben mehr Platz, mehr Zeit. Und die Spieler fühlen sich sicher, reden befreit. Das zahlt sich aus", beobachtet Graalmann. Im Jahr 2019 gewannen sie mit dem „Spielfeld" den PR Report Award.
    Derichs: „Über das, was wir im Clubmagazin machen, können wir mit gutem Gewissen sagen, das hat nicht nur einen journalistischen Anstrich, sondern es ist journalistisch." Dennoch ist der Auftrag einer PR-Agentur natürlich klar umrissen: das Bild des Clubs positiv zu beeinflussen. Bedeutet: Dinge weglassen, Informationen nicht so groß werden lassen, wie sie vielleicht in unabhängigen Medien erschienen wären.

Mehr Jobzufriedenheit. Der Rheinländer Derichs und der gebürtige Ostfriese Graalmann betonen, dass sie die Arbeit für die TSG – wie auch für Bayer 04 Leverkusen, den anderen Großkunden aus der Bundesliga, für den sie vornehmlich Printprodukte herstellen – zu schätzen wissen. „Wir genießen hohes Vertrauen und sind immer dicht dran", sagt Graalmann. Die beiden Agentur-Gründer erinnern sich noch gut daran, wie sie der ehemalige TSG-Coach Markus Gisdol zum Einstand 2015 begrüßte: „Herzlich willkommen, jetzt seid ihr ja welche von uns."

Aus der Nähe betrachtet. In Graalmanns Zeit als Sportchef der „WAZ" schrieb er am Sonntagabend auch immer einen 60-Zeiler zur Deutung des Bundesliga-Spieltags. „Ich hatte am Sonntag immer Punkt 19:15 eine Meinung. In 60 Zeilen, straff, kommentierend. Aber oft genug auch mit einer großen Distanz, als Draufsicht von sehr weit oben", erinnert sich Graalmann. Das, was er heute aus nächster Nähe mitbekomme und verarbeite, sei „sicher nicht weniger fundiert". An Jobzufriedenheit fehlt es den beiden offenbar nicht.

Der Sport ist doch belanglos. Derichs sieht für sich kein Problem darin, im Auftrag eines wesentlichen Players Inhalte zu verbreiten und damit nicht vollständig unabhängig berichten zu können. „Wenn man es zuspitzt, kann man doch sagen, dass der Sport im Vergleich zu Politik und Wirtschaft belanglos ist. Hier geht es nicht um Leben und Tod", sagt er. Nichts Wesentliches, die Welt Veränderndes sei der Gegenstand ihrer Berichterstattung. Und wirklich kritische Journalistinnen und Journalisten von Rang gebe es im Sport vielleicht doch nur ein gutes Dutzend – wobei ihm zuerst Ronny Blaschke, Jens Weinreich und Thomas Kistner einfallen.

Hier der aufrechte Journalist. Graalmann wirft einen nüchternen Blick in die Medienlandschaft: „Wir haben nicht auf der einen Seite das inszenierte PR-Geschreibsel und auf der anderen Seite steht der aufrechte, kritische Journalist, der ganz objektiv und unvoreingenommen an die Themen herangeht. Diese Vorstellung war schon vor 20 Jahren nicht von der Realität gedeckt, erst recht nicht im Sport. Nun allerdings kommt auch noch der ökonomische Druck dazu, der Journalismus im Alltag tatsächlich erschwert." Weil es der Markt nicht finanziert. Das unabhängige Sammeln von Zitaten nach Spielen finde zum Beispiel kaum noch statt – auch wegen des Mangels an Kapazitäten der Reporterinnen und Reporter. Was sich in den Angeboten von Fachmagazinen, Lokalmedien und Agenturen findet, sind in der Regel dieselben Sprüche, die der Club via Website selbst veröffentlicht hat und die im Zweifel vom Fernseher abgeschrieben worden waren.

27.4 Krise des Journalismus

Ehemalige Zeitungsredakteure. An Expertise mangelt es der Agentur nicht. Neben den beiden Gründern gehören unter anderem der langjährige Bayer-04-Experte der „Rheinischen Post", Ralph Elsen, und der ehemalige „Stadt-Anzeiger"-Redakteur Michael Krämer zum Team. Auch die beiden gehören zu den vielen Kollegen, die in den vergangenen Jahren die Seite des Schreibtischs gewechselt haben – gerade, weil die ökonomischen und publizistischen Möglichkeiten im unabhängigen Journalismus immer weiter geschwunden sind. Ihre Redaktionen haben an Personal und an Budget etwa zur Begleitung von Auswärtsspielen ihrer Clubs oder auch zum Besuch bei internationalen Großereignissen verloren. Nebenbei: Elsen und Krämer beweisen mit ihrem Engagement in der PR, dass sich gut ausgebildete Redakteure keine Sorgen machen müssen, mit ein bisschen Flexibilität interessante Jobs zu finden. Derichs wirbt: „Ob Medizin, ob Sportwissenschaft, ob Psychologie, ob Finanzen als begleitende Disziplinen – für Journalisten bietet der Sport ein unglaublich attraktives Feld. Hinzu kommen die immer neuen analogen und digitalen Darstellungsformen, die ausprobiert werden wollen." Das gilt gleichermaßen für den Journalismus wie für die PR.

Keine Gatekeeper-Funktion. Der anhaltende Niedergang des Printjournalismus ist nicht nur für Graalmann, der einst bei der „Bild" und „Kicker" seine Karriere begann, sehr offenkundig. „Noch vor 20 Jahren hieß es bei uns launig: ‚Was wir nicht geschrieben haben, hat nicht stattgefunden.' Diese Deutungshoheit gibt es in Zeiten von Internet und Social Media nicht mehr."

Diese klassische Gatekeeper-Rolle haben die herkömmlichen Medien verloren. Wer sich über Cristiano Ronaldo informieren will, schaut sich auf dessen milliardenfach abonnierten Social-Media-Kanälen um. Dass es sich dabei um die ganz große Inszenierung handelt, steht außer Zweifel. Und wenn die 400-Meter-Läuferin Alicia Schmidt zum Star der Olympischen Spiele aufsteigt, gelingt das weniger durch spektakuläre Rundenzeiten, sondern durch ihr via Instagram promotetes Aussehen und Auftreten. An den Schleusentoren stehen heute nicht nur die Medien, sondern immer mehr auch die PR-Profis von zu Marken hochgejazzten Athletinnen und Athleten oder aus den PR-Abteilungen der Vereine. Bayer 04 Leverkusen zum Beispiel hat mittlerweile fast sieben Millionen Follower auf seinen Social-Media-Kanälen (s. Tab. 27)

Tab. 27   Social-Media-Ranking, Mai 2022

Rang	Bundesligist	Follower in Mio auf Facebook, Instagram, Twitter, Tiktok, Linkedin, Youtube, Twitch	Vergleich zum Vorjahr in Mio
1	Bayern München	109	11,1
2	Borussia Dortmund	46,3	6,2
3	Bayer Leverkusen	6,6	1,2
4	Borussia Mönchengladbach	3,5	0,8
5	RB Leipzig	3,4	1,0
6	VfL Wolfsburg	3,3	0,7
7	Eintracht Frankfurt	2,9	0,5
8	1. FC Köln	2,4	0,3
9	VfB Stuttgart	1,5	0,06
10	TSG Hoffenheim	1,2	0,17
11	Hertha BSC	1,2	0,02
12	FSV Mainz 05	1,0	0,15
13	SC Freiburg	0,8	0,05
14	FC Augsburg	0,7	0,04
15	FC Union Berlin	0,6	0,08
16	VfL Bochum	0,4	0,04
17	Arminia Bielefeld	0,4	0,03
18	SpVgg Greuther Fürth	0,2	0,04

Quelle: https://spobis.com/article/fussball-bundesliga-das-social-media-ranking-der-saison-202122, abgerufen: 28.2.2023.

Mit Herzblut. Dass bei aller Geschäftsmäßigkeit auch das Herz zum Sport gehört, willigen Derichs und Graalmann gern ein: „Wir freuen uns sehr, wenn Leverkusen und Hoffenheim in den Europapokal einziehen. Und wir ärgern uns, wenn es mal nicht so gut läuft. Diese Leidenschaft ist ungebrochen." Irgendwie ist der Sport ja dann doch noch ein besonderes Business.

Verwendete Quellen

- TSG Hoffenheim: https://www.tsg-hoffenheim.de/, abgerufen 22. März 2023.
- Bayer 04 Leverkusen: https://www.bayer04.de/de-de/, abgerufen 22. März 2023.
- Derichs & Graalmann Kommunikation: https://www.dg-komm.com/, abgerufen 22. März 2023.

Gesprächspartner und -partnerinnen

- Christoph Bertling, Deutsche Sporthochschule, Köln, 14. Juni 2022
- Gregor Derichs, Derichs & Graalmann Kommunikation, Köln, 14. Juni 2022
- Dirk Graalmann, Derichs & Graalmann Kommunikation, Köln, 14. Juni 2022

Automatisierter Journalismus

28

Zusammenfassung

Im automatisierten Journalismus werden Daten und Computerprogramme zur Produktion von Texten verwendet – vor allem da, wo große Mengen an Daten zur Verfügung stehen. Die Sportberichterstattung ist also ein wesentliches Feld für diese Anwendung. Der so genannte Roboterjournalismus ist ein Teilgebiet der Künstlichen Intelligenz.

Stichworte

Roboterjournalismus, Künstliche Intelligenz, automatisierter Journalismus

28.1 Von Menschen gemacht

Ohne mich! Ich kann mich noch gut an den von Entsetzen geprägten Ausruf eines Kollegen erinnern: „Solange ich diese Redaktion leite, werden keine Roboter unsere Texte schreiben." Im Jahr 2019 war das. Was er dabei übersah: Texte aus einer maschinenartigen Massenproduktion prägen schon viel zu lange Teile des Sportjournalismus. Teils weil es den Autorinnen und Autoren an handwerklichen Qualitäten und Kreativität fehlt, teils weil sie glauben: Sporttexte müssen so uniform sein, wie sie sie ihren Redaktionen liefern.

Verloren in der Vorschauwüste. Bei der Weiterentwicklung der lokalen Sportberichterstattung eines westdeutschen Medienhauses stand ich mal vor der Aufgabe, die von Vorberichten auf Ereignisse des Wochenendes geprägten Ausgaben zu analysieren, also die Freitag- und Samstagausgaben. Die Analyse betraf einen ländlichen Raum, unterklassiger Fußball, etwas Tischtennis und ein wenig Handball prägten die lokalen Sportteile. Struktur und Inhalte aller (wirklich aller!) Vorschauen waren gleich, ganz so, als habe ein Roboter sie auf Knopfdruck ausgespuckt. Es kamen immer drei Elemente vor:

1. Interpretation des Tabellenstands und Rückgriff auf die vergangenen Spiele – Wo stehen die Clubs in der Tabelle? Wie waren ihre jüngsten Ergebnisse? Wie haben sie zuletzt gegeneinander gespielt?
2. Nichtssagende Trainerkommentare à la „Das nächste Spiel ist immer das schwerste" oder „Höchste Konzentration ist nötig". Und übrigens war es in meiner Analyse immer der Trainer, nie ein Spieler oder Funktionär, der sich äußern durfte.
3. Der Krankenstand. Welcher Spieler fehlt, weil die Achillessehne zwickt? Wer kann nicht spielen, weil er sich auf Uni-Klausuren vorbereitet? Wer muss zum 80. Geburtstag der Oma?

So entstehen seitenweise Vorschauwüsten, die unter Garantie bestenfalls von einer Handvoll Menschen gelesen werden. Diese Art von menschgemachtem Roboterjournalismus gibt es schon lange und ist nur deshalb noch nicht konsequent abgeschafft worden, weil es sich Verlage und Redaktionen offenbar nicht mit der starken Lobby der Vereinsvertreter verscherzen wollen.

28.2 Schnellschüsse von Mensch und Maschine

Algorithmus verarbeitet Daten in Sekundenschnelle. Doch es gibt im Sportjournalismus auch nachrichtliche, nicht von Kreativität geprägte Texte, die Maschinen in erstaunlicher Qualität liefern. Dabei ist vor allem der Schnellschuss zu nennen. Ich habe in dem entsprechenden Kapitel beschrieben, dass diese Form sehr stark von einer Standardisierung geprägt ist. Der Anbieter Retresco erklärt in einem Lexikon auf seiner Website: „Analog zu Texten aus der Feder eines Journalisten basieren automatische generierte Texte auf Fakten und Daten. Der entscheidende Unterschied: im Roboterjournalismus übernimmt ein Programm die Analyse, Interpretation und Organisation der strukturierten Daten. In Bruchteilen von Sekunden verarbeitet ein Algorithmus große Mengen an bereitgestellten Informationen wie Namen, Orte, Beträge, Rankings, Statistiken und andere Zahlen in einen sogenannten Storyplot."⁵⁰ Dieser Storyplot bildet die Erzählstruktur eines Textes ab. Im Fall eines Fußballberichtes ist das die Schilderung der Partie: Wie viele Zuschauer waren da? Wer schoss die Tore? Wann und wer wurde ausgewechselt? Wie wirkt sich der Ausgang auf die Tabelle aus? Welche Spieler wurden ausgewechselt? Retresco: „Die statistischen Antworten auf solche Fragen gießt eine Software in Textform und erzeugt so einen für menschliche Leser eingängig lesbaren Beitrag."

Mehr Kapazitäten für Investigatives? Der Präsident des Bundesverbands Digitalpublisher und Zeitungsverleger (BDZV), Mathias Döpfner, ermutigte Medienhäuser bei einem Digitalkongress im Juni 2022 in Berlin, sich stärker in neuen digitalen Innovationen auszuprobieren. Er nannte als ein Beispiel den Einsatz von Bots bei der Sportberichterstattung. Seine Empfehlung sei, die Möglichkeiten zu nutzen, um mehr Kapazitäten für investigativen Journalismus, Kommentare oder Reportagen zu schaffen. Ob das die wirtschaftlichen Realitäten in den Verlagen hergeben? Zweifel sind zumindest angebracht.

28.3 Dritte Liga

Aus dem Stadion. Im Dezember 2021 war ich mit meinem Seminar der Macromedia-Hochschule Köln beim Drittligaspiel zwischen Viktoria Köln und Eintracht Braunschweig (s. Abb. 28). Wir haben dort den Schnellschuss unter Echt-Bedingungen geübt. Im Nachgang haben wir auch Texte verglichen: einen von einem Autor der örtlichen Zeitung, einen von uns geschriebenen und einen automatisch generierten Text, der unmittelbar nach dem Abpfiff auf der Website der „Welt" erschienen war. An dieser Stelle vergleichen wir nur die Einstiege.

Beispiel Website des „Kölner Stadt-Anzeigers". „Der FC Viktoria Köln hat am 19. Spieltag der Dritten Liga einen Achtungserfolg verpasst: Gegen Eintracht Braunschweig, Zweitliga-Absteiger und Mitfavorit auf den sofortigen Wiederaufstieg, verlor die Viktoria nach einer intensiven Partie unglücklich mit 1:2 (0:1) und sollte das letzte Heimspiel vor der Winterpause am Freitag gegen Viktoria Köln nun unbedingt gewinnen, um beruhigt Weihnachten feiern zu können. ‚Wir haben einen enormen Aufwand betrieben. Aber so ist leider der Fußball', sagte der enttäuschte Kapitän Marcel Risse später."⁵¹

---

50 Retresco-Lexikon: https://www.retresco.de/ressourcen/lexikon/lexikoneintrag/roboterjournalismus, aufgerufen am 21.03.2023.
51 Quelle: https://www.ksta.de/sport/viktoria-koeln/dritte-liga-viktoria-koeln-verpasst-achtungserfolg-gegen-braunschweig-338842, abgerufen 8. März 2023.

Abb. 28 Mit Studierenden der Macromedia-Hochschule beim Drittliga-Fußballspiel bei Viktoria Köln

Es folgen die Schilderung der Partie und die Nennung der Torschützen. Ein bisschen spät wird Risses besondere Rolle deutlich. Er hatte zu Beginn einen Strafstoß verwandelt, in der Schlüsselszene in der Schlussphase scheiterte er aber mit seinem zweiten Elfmeter. Mal abgesehen von ein paar handwerklichen Kleinigkeiten (Nennung der Sportart fehlt. Viktoria verlor nicht nach einer intensiven Partie, sondern in einer intensiven Partie) ist das ein solider Text, wie er gleich nach Schlusspfiff auf der Website eines lokalen Mediums seine Berechtigung hat.

Beispiel aus dem Seminar. „Offensivspieler Marcel Risse war der tragische Held bei der 1:2 (0:1)-Niederlage des FC Viktoria Köln im letzten Hinrundenspiel der Dritten Fußball-Liga gegen Aufstiegsanwärter Eintracht Braunschweig. Der ehemalige Bundesligaspieler verwandelte am Samstag vor 2005 Zuschauern einen Foulelfmeter (3.), scheiterte aber mit einem Handelfmeter in der Schlussphase (78.) an Gäste-Torwart Jasmin Fejzic. Für den Braunschweiger Sieg sorgten Lion Lauberbach (47.) und der eingewechselte Benjamin Girth (86.) mit einem Schuss in den Torwinkel."

Die Auswirkungen in der Tabelle und der Blick auf die anstehenden Spiele folgen im nächsten Absatz. Man kann sich darüber streiten, ob die Formulierung

„tragischer Held" etwas abgegriffen ist. Grundsätzlich finde ich es aber empfehlenswert, den prominentesten Spieler schon im ersten Satz zu nennen, wenn er eine so zentrale Rolle in der Begegnung übernommen hat.

Beispiel Website der „Welt". „Mit einem Tor Unterschied endete die Partie, die Eintracht Braunschweig mit 2:1 gegen den FC Viktoria Köln für sich entschied. Köln erlitt gegen Braunschweig erwartungsgemäß eine Niederlage. In der dritten Minute verwandelte Marcel Risse einen Elfmeter zum 1:0 für Viktoria. Die Mannschaft von der Schäl Sick führte zur Halbzeit knapp mit einem Tor Vorsprung. Michael Schiele vom BTSV nahm zum Wiederanpfiff einen Wechsel vor: Sebastian Müller blieb in der Kabine, für ihn kam Luc Ihorst. Für das erste Tor des Gasts war Lion Lauberbach verantwortlich, der in der 47. Minute das 1:1 besorgte." Unter diesem Schnellschuss steht: „Dieser Artikel wurde automatisch von unserem Partner Retresco anhand von Spieldaten erstellt."[52]

Ein Text mit Mängeln. Der gravierendste: Auf den ersten Zeilen wird weder der Schütze des entscheidenden Tores erwähnt, noch geht es um die besondere Rolle des im Drittliga-Maßstab prominenten Risse. Das geht sicher mit mehr Vorgaben für den Textroboter noch besser, aber es geht.

Abhängig von den Daten. „Die Welt macht es recht exzessiv", sagt Clemens Boisserée von der „Rheinische Post". „Man sieht da die großen Schwächen, die das noch birgt. Sportberichterstattung lebt zum großen Teil von Emotionen. Und nicht nur schlicht von Fakten." Der Schnellschuss funktioniere, wenn nichts Außergewöhnliches passiert. Boisserée verweist allerdings auf ein Beispiel aus der Regionalliga. Zwei Stunden vor geplantem Beginn wurde das Spiel Borussia Dortmund II gegen Wuppertaler SV abgesagt. In den Daten wurde eingetragen: Ging 0:0 aus, hat nicht stattgefunden. Es wurde also ein Spielbericht zu einem 0:0 geschrieben. „Das ist noch fehleranfällig, wenn die Daten unsauber sind. Pyro-Feuerwerk, 20 Minuten Spielunterbrechung, Comeback nach zwei Jahre des Spielers xy – wenn so etwas in den Daten nicht drinsteht ... du bist den Daten auf Gedeih und Verderb ausgeliefert."

---

52 Quelle: Die Welt, 11.12.21, https://www.welt.de/sport/fussball/3-liga/article235535296/FC-Viktoria-Koeln-Eintracht-Braunschweig-Erst-eingewechselt-dann-eingeschoben-Joker-Girth-erzielt-Siegtreffer-3-Liga.html, abgerufen 16. März 2023.

28.4 Wahlen, Verkehr und US-Sport

Texte aus jedem Wahlkreis. Die „Rheinische Post" stellt automatisierten Content etwa im Rahmen von Wahlen bereit. So wurden bei der nordrhein-westfälischen Landtagswahl 2022 alle Daten rund um die Wahl in großer Quantität verschriftlicht. Boisserée: „In Düsseldorf haben wir rund 50 Wahlbezirke. Jeder bekommt automatisiert einen Artikel. Eine Software wird entsprechend gespeist. Man gibt ein Textgerüst vor. Die Software analysiert und gleicht mit aktuellen Daten ab." Für die Verkehrsnachrichten gilt ähnliches: „Für jede Autobahn in Nordrhein-Westfalen bekommt man im Fünf-Minuten-Rhythmus aktualisiert und verschriftlicht die aktuelle Verkehrslage."

Keine Lust auf die Verkehrslage. Boisserée kennt die Argumente der Zweifler an dieser Art der Nachrichtenproduktion: „Der Purist in mir sagt ja auch: Das ist kein klassischer Journalismus. Aber wenn man ehrlich ist: Kein Journalist hat Bock, morgens am Desk zunächst mal die Verkehrslage in Nordrhein-Westfalen zu checken und daraus einen Artikel zu machen. Das hat ja auch wenig mit Journalismus zu tun. Auch nicht, wenn er alle 30 Minuten aktualisiert wird. Aber wir haben Technik, die das für uns macht. Wir nutzen die Kapazitäten, die frei werden, für echten Journalismus. Bei uns im Verlag wurde gesagt: Hier fällt nicht eine Redakteursstelle wegen automatisierter Artikel weg, im Gegenteil. Wir schaffen Kapazitäten, um auf wirklich relevante Themen, die menschliche Recherche brauchen, eingehen können."

Neue Reporter-Aufgaben: Weil die RP-Reporter etwa bei Borussia Mönchengladbach den Schnellschuss für die Website nicht mehr selbst schreiben, sondern von den Agenturen nehmen oder irgendwann vielleicht automatisiert herstellen lassen, „haben wir nicht einen Reporter weniger im Stadion", sagt Boisserée. „Ich finde es gut, wie zum Beispiel der Boulevard bei ‚bild.de' rund um Spiele berichtet. Das Sportliche spielt noch eine Rolle. Aber die Geschichten drumherum sind viel wichtiger. Dafür musst du aber a) im Stadion sein und b) Zeit haben, dich drum zu kümmern. Bei ‚bild.de' kriegst du die Videos zum Spiel unmittelbar nach Spielschluss. Früher musstest du bis 18.30 Uhr auf Bewegtbilder warten. Der klassische, geschriebene Spielbericht verliert an Wert, im Interessensfokus stehen andere Themen."

US-Beispiele. „Der US-Sport ist für Datenjournalisten super", findet Boisserée. Dort stellen die Ligen Daten kostenlos in Hülle und Fülle zur Verfügung. Die Nachrichtenagentur AP macht deshalb die Berichterstattung über die Minor League Baseball nur in automatisierter Version. „Der US-Sport ist dem deutschen

Sport, vor allem dem Fußball, meilenweit voraus: Er produziert diese Daten und veröffentlicht sie. Finde mal für die Deutsche Fußball-Liga (Live-)Daten, die über Zweikämpfe, Torschüsse und Expected Goals hinausgehen – da muss man schon Kunde teurer Datendienste sein."

Verwendete Quellen

- Beispiele für automatisierte Berichterstattung: https://www.retresco.de/branchen/medien, abgerufen 8. März 2023.
- Retresco-Lexikon: https://www.retresco.de/ressourcen/lexikon/lexikon eintrag/roboterjournalismus, aufgerufen am 21.03.2023.
- Kölner Stadt-Anzeiger: https://www.ksta.de/sport/viktoria-koeln/dritte-liga-viktoria-koeln-verpasst-achtungserfolg-gegen-braunschweig-338842, abgerufen 8. März 2023.
- Die Welt, 11.12.21, https://www.welt.de/sport/fussball/3-liga/article235535 296/FC-Viktoria-Koeln-Eintracht-Braunschweig-Erst-eingewechselt-dann-eingeschoben-Joker-Girth-erzielt-Siegtreffer-3-Liga.html, abgerufen 16. März 2023.

Gesprächspartner und -partnerinnen

- Clemens Boisserée, Leiter redaktionelle Produktentwicklung, „Rheinische Post", Düsseldorf

Monokultur Fußball 29

Zusammenfassung

Immer nur Fußball! Vertreter von weniger publikumsträchtigen Sportarten klagen über die Dominanz des Fußballs in den Medien. Doch was bedeutet das große – auch von den Medien gemachte Interesse – an Deutschlands Sportart Nummer eins für Journalistinnen und Journalisten?

Stichworte

Fußball, Events, Skispringen, Biathlon, Darts

29.1 Fußball und dann lange nichts

Vom Radball zum Sommermärchen. Wer kannte sie nicht, die Pospisils? Als „Gebrüder" wie die Grimms wurden Jan und Jindrich bezeichnet, wenn sie in den 1970er Jahren mal wieder einen ihrer zahlreichen Weltmeistertitel eingespielt hatten. Im Radball! Und das kam im Fernsehen. Regelmäßig. Im ZDF. Genau wie Segelfliegen. Ausführliche Berichte lieferte Karl Senne von Langstrecken-Wettkämpfen über den Weiten Australiens. Oder Motorrad-Sandbahnrennen mit Egon Müller. Heute kaum noch vorstellbar.

Sommermärchen gibt Schub. Auch in den vermeintlich guten alten Zeiten stand König Fußball über allem und die Weltmeistermannschaft von 1974 sang zu Recht voller Inbrunst: „Fußball ist unser Leben". Die Dominanz war jedoch bei weitem nicht so erdrückend wie heute. Auch in den 1990ern mit den Tennis-Superstars Steffi Graf, Boris Becker und Michael Stich, mit Formel-1-Weltmeister Michael Schumacher, mit Jan Ullrichs Tour-de-France-Sieg 1997, mit den schillernden Boxern um Henry Maske und Graciano Rocchigiani gab es viel beachtete weitere Sportarten. Die Wende hin zu noch mehr oder fast nur noch Fußball kam möglicherweise mit der WM 2006, dem so genannten Sommermärchen.

Fast nur Fußball in Top 30. Die Übertragung vom EM-Aus der deutschen Fußball-Nationalmannschaft war die erfolgreichste Sport-Sendung 2021 im deutschen Fernsehen. 24,49 Millionen Menschen sahen am 29. Juni den Sieg des englischen Teams gegen die DFB-Auswahl in der ARD. Trotz des schwachen Abschneidens der deutschen Elf dominierte das Turnier das TV-Verhalten der Sportfans in diesem Jahr. Die vier EM-Spiele der DFB-Mannschaft sowie das Finale mit Italiens

Tab. 29.1 Meistgesehene Sportübertragungen 2010 bis 2019

Rang	Turnier Runde	Spiel	Zuschauer in Mio Sender
1	WM 2014 Finale	Deutschland – Argentinien	34,6 ARD
2	WM 2014 Halbfinale	Deutschland – Brasilien	32,5 ZDF
3	WM 2010 Halbfinale	Deutschland – Spanien	31,1 ARD
4	EM 2016 Halbfinale	Deutschland – Frankreich	29,9 ZDF
5	WM 2010 Vorrunde	Deutschland – Ghana	29,3 ARD
6	EM 2016 Viertelfinale	Deutschland – Italien	28,5 ARD
7	WM 2014 Achtelfinale	Deutschland – Algerien	28,13 ZDF
8	EM 2016 Achtelfinale	Deutschland – Slowakei	28,1 ZDF

Quellen: ARD, ZDF, https://de.statista.com/statistik/daten/studie/171190/umfrage/interesse-an-sport uebertragungen-oder-sportsendungen-im-fernsehen/, abgerufen 8. März 2023.

Sieg gegen England kamen über die 20-Millionen-Grenze. Die EM-Berichterstattung dominierte die Quoten-Bilanz: 27 Live-Spiele schafften es in die Top 30 der Sport-Übertragungen.

Aufgabe der Journalisten. Vertreter kleinerer Sportarten und auch die Sportpolitik klagen darüber, dass jenseits des Fußballs selten die Scheinwerfer der Medien strahlen und sich daher nur in überschaubarem Maße Finanzierungsmöglichkeiten für Athletinnen und Athleten ergeben. Doch es ist nicht Aufgabe des Journalismus, bestimmte Sportarten zu pushen und Verdienstmöglichkeiten zu schaffen. Und so wird in diesem Kapitel auch nicht durchdekliniert, wie der große Unterschied entstehen konnte. Viel mehr werden Schlaglichter auf einzelne, für Journalisten wichtige Tendenzen gelegt.

Innovativer werden. Für Christoph Bertling, den stellvertretenden Leiter des Instituts Medien- und Kommunikationsforschung an der Deutschen Sporthochschule in Köln, lässt sich die Monokultur Fußball aus verschiedenen Perspektiven betrachten. Die eine: „Wenn man es rein unternehmerisch und vom Fußball aus betrachtest, ist es eine rein positive Sache für die Sportart. Sie hat eine ganz andere Wirtschaftsstruktur, wie sie viele Randsportarten nicht haben. Sie ist innovativer als andere." Die andere: „Aus Sicht einer Randsportart würde ich die Übermacht des Fußballs natürlich als kritisch einschätzen." Aber darin sieht er eben auch eine Pflicht für diese Sportarten: „Da kann man auch seine Hausaufgaben besser machen und innovativer werden." Bertling warnt jedoch: „Ich würde nie den Fußball als Messlatte nehmen, das ist einfach eine andere Welt. Ich würde mich als kleinere Sportart immer fragen: Was wollen wir erreichen? Wollen wir die Mitgliederzahl vielleicht verdoppeln? Wollen wir die Infrastruktur verbessern? Man braucht ein stärkeres strategisches Management. Und das haben meines Erachtens relativ wenige Vereine und Verbände, dass sie wirtschaftlich und medial denken und das mit ihren ehrenamtlichen Strukturen verknüpfen."

Beispiele im Wintersport. Bertling: „Skispringen war ja eine Zeitlang sehr en vogue. Da war es ein RTL-Format. Sehr stark auf Stars bezogen. Das hat funktioniert. Aber es war auch klar, wenn keine Stars mehr da sind, rutscht die ganze Sache wieder runter. Es hat sehr gut funktioniert. Es war eine mediale Sporthochzeit." Als nachhaltiger sieht er die Entwicklung im Biathlon: Da wurden Wettkampfformate und Regeln medientauglich entwickelt, so dass sich ein Stammpublikum entwickeln konnte. Nebenbei: In meiner Zeit bei dpa kam im Wochenrhythmus eine stellvertretende Chefredakteurin zu uns an den Desk, um sich über die Startzeiten im Biathlon zu informieren, damit sie ihre Wochenendeinkäufe entsprechend timen konnte. Die Leute richten ihr Leben eben nicht allein nach Fußball aus.

Bayern und dann lange nichts. Gerade auf den großen Online-Sportplattformen steht der Fußball hoch über allem. Martin Volkmar, derzeit Chef vom Dienst bei ran.de und bis 2018 fast zwei Jahrzehnte verantwortlicher Redakteur in der Digitalredaktion von Sport1: „In meiner Zeit lag der Fußballanteil bei 90 bis 95 Prozent. Den Rest hast du quasi noch zusätzlich reingegeben." (s. Tab. 29.1) Und dann auch noch mit einem übergroßen Anteil an Meldungen über München: „Wenn du die Top Ten bei den Zugriffszahlen angeguckt hast, war da manchmal nur der FC Bayern." (s. Abb. 29)

Abb. 29 Video Martin Volkmar, „ran" (Video: Beils)

Zwischen den Spielen. Doch es sind ja längst nicht mehr die Spiele allein, die die Aufmerksamkeit auf sich ziehen. So erklärte der Spielerberater Mino Raiola, er und andere Berater hätten „in den letzten 20 Jahren ein zweites Spiel kreiert", abseits vom Rasen. „Das ist der Calcio Mercato (ital. Transfermarkt, Anm. d. Red.). Normalerweise war es so: Man spricht vier, fünf Tage über das Spiel. Heute spricht man zwei Tage über das Spiel und fünf Tage über das Geschäft."[53] So hat Springer mit dem Portal „Transfermarkt.de" dieses Segment stark besetzt. Und am so genannten Deadline Day, jeweils dem letzten Tag der Transferperiode im Sommer

---

53 Quelle: T-Online.de, 30. 4. 22, https://www.t-online.de/sport/fussball/id_92101960/spielerberater-mino-raiola-54-ist-tot-hass-war-ein-kompliment-fuer-ihn.html, abgerufen 16. März 2023.

und im Winter überschlagen sich die einschlägigen Medienhäuser europaweit mit Live-Tickern und den Tag füllenden Sondersendungen.

29.2 Events im Blickpunkt

Events ziehen. Ob eine Leichtathletik-WM (wenn sie nicht gerade in einer für das deutsche Publikum ungünstigen Zeitzone stattfindet), die Tour de France im Juli oder die Handball-WM oder -EM im Januar – haben sich Lücken im Fußballkalender gesucht und füllen sie konsequent aus. Mitunter zum Nachteil der Sportler. Die Handballer etwa klagen darüber, dass sie jedes Jahr im Januar ein kraftraubendes Großereignis bestreiten müssen und deshalb nicht angemessen regenerieren können. Die internationalen Verbände wollen aber genau diesen Platz im Jahreskalender dauerhaft behaupten. Neben der Formel 1 kommt für Volkmar noch Tennis als traditionelle Sportart hinzu, die regelmäßig ihr Publikum findet: „Aber nur bei den Grand-Slam-Turnieren." Und von November bis März das große Programm des Wintersports. „Die Leute halten sich gern den ganzen Tag per Live-Ticker auf dem Laufenden", beobachtet er. „Wobei die Zugriffe je nach Altersstruktur der User von Portal zu Portal unterschiedlich sind."

Krasser Unterschied. Dass nicht vorrangig die Sportart, sondern mehr das Event zieht, macht NDR-Sportchef Gerd Gottlob (2018) an einem Beispiel deutlich: „Olympia, Halbfinale Beachvolleyball. Ludwig/Walkenhorst wollen 8,5 Millionen Zuschauer im Ersten sehen. Einen Monat später übertragen wir die deutsche Beachvolleyball-Meisterschaft aus Timmendorf live im NDR-Fernsehen. 30 000 Menschen wollen sich das angucken." Ein krasses Missverhältnis, wenn man nur die Sportart an sich und nicht den Eventcharakter als Kriterium betrachtet.

Volltreffer zum Jahreswechsel. Als Paradebeispiel dafür, eine Lücke im Veranstaltungskalender gekonnt zu füllen, dient die Vierschanzentournee der Skispringer, die zwischen Weihnachten und Dreikönig das größte Interesse auf sich zieht. Im Dezember findet seit einigen Jahre auch die Darts-WM im Londoner Alexandra Palace ihr (deutsches) TV-Publikum. „Den Organisatoren der Darts-WM darf man gratulieren", meint, Reinhard Schüssler, der ehemalige Sportchef der Neuen Rhein-/Neuen Ruhr-Zeitung, „ihr Sport, lange Zeit als Kneipensport belächelt, hat es inzwischen in die Hauptnachrichtensendungen in Deutschland geschafft. Vom Ergebnis eines Finals der Volleyball-, Hockey-, Basketball- oder Tischtennis-WM wird hierzulande niemand in der Tagesschau oder im Heute-Journal etwas erfahren, selbst Endspiele großer Tennisturniere finden dort keine Erwähnung mehr, es sei denn ein deutsches Team oder ein deutscher Spieler ist beteiligt. Das Darts-

Duell zwischen dem Schotten Peter Wright und dem Engländer Michael Smith war dagegen der Tagesschau um 20.15 Uhr einen ausführlichen Bericht wert." Die mediale Aufmerksamkeit, die Darts inzwischen erfährt und „Sport1" Jahr für Jahr Rekord-Einschaltquoten beschert, sei das Ergebnis einer bemerkenswerten Marketing-Strategie, meint Schüssler. „Von der können sich andere Sportarten – Achtung, Kalauer – eine Scheibe abschneiden." Nachvollziehbare Regeln, Inszenierung, Karnevalsstimmung im Saal – so funktioniert es.

Showorientierte Unterhaltungssportart. Für Berling kommt bei Thema Darts noch ein Aspekt hinzu: „Die WM ist ein Medienprodukt, bei dem nicht auf Verbandsstrukturen Rücksicht genommen werden muss." Er bezeichnet Darts als „showorientierten Unterhaltungssportart. Da spielen das Mediale und die Show noch eine viel größere Rolle. Wenn du das mit einer anderen Sportart machst, sagen die Leute, das geht gar nicht." Gerade in Deutschland seien solche Entwicklungen weg von der Tradition schwierig, denn „bei uns ist der Sport auch sehr stark ein Kulturgut."

29.3 Folgen für Journalisten

Fußball muss sein. Ohne Fußball-Kenntnis und -Affinität haben es Journalistinnen und Journalisten schwer. Wer in den Beruf möchte, braucht in der Regel ein Basiswissen Fußball, um die entsprechenden Dienste in der Redaktion versehen und das Publikumsinteresse erfüllen zu können. Meine Gruppen von Studentinnen und Studenten unterscheiden sich interessanterweise sehr stark. An der Macromedia-Hochschule liegt der Fokus vieler fast allein auf dem Fußball. An der Sporthochschule ist das Interesse vielfältiger. Das liegt auch daran, dass die Studierenden hier in ganz unterschiedlichen Disziplinen ihre persönliche sportliche Heimat haben. Sie sind selbst im Judo, Schwimmen oder Hockey als Aktive sozialisiert worden.

Chance zur Berichterstattung. Übrigens ergeben sich gerade aus der Zuspitzung auf Events auch manche Möglichkeiten für junge Reporterinnen und Reporter. Ein schönes Beispiel dafür ist Patrick Reichardt, der sich bei der Deutschen Presse-Agentur frühzeitig für die Darts-Berichterstattung eingesetzt hat und mittlerweile federführend für ein umfangreiches und beispielgebendes Angebot geworden ist. Den richtigen Riecher muss man eben haben. Interessante Nischen tun sich immer mal auf.

Verwendete Quellen

- Beitrag über Bedeutung des Fußballs in den Medien: https://www.deutsch landfunk.de/sport-im-tv-warum-immer-nur-fussball-100.html, abgerufen 22. März 2023.
- T-Online.de, 30. 4. 22, https://www.t-online.de/sport/fussball/id_92101960/ spielerberater-mino-raiola-54-ist-tot-hass-war-ein-kompliment-fuer-ihn. html, abgerufen 16. März 2023.

Gesprächspartner und -partnerinnen

- Christoph Bertling, stv. Leiter, Institut für Kommunikations- und Medienforschung, Deutsche Sporthochschule Köln
- Martin Volkmar, „ran", Dortmund, 14. Mai 2022
- Reinhard Schüssler, ehemaliger Sportchef der Neuen Rhein-/Neuen Ruhr-Zeitung

Internationalisierung 30

Zusammenfassung

Der Fokus der Sportberichterstattung hierzulande liegt weitgehend auf den deutschen oder in Deutschland aktiven Athleten. Doch durch die Globalisierung ändern sich die Interessen. Der US-Profisport ist vielen heute näher als die heimische Fußball-Landesliga.

Stichworte

NBA, NFL, NHL, Trikots, Frühschiene

30.1 Blick weiten

In Bewegung. Zu den Fähigkeiten, die Fußball-Berichterstatter mit der Zeit zwangsläufig erwerben, gehört es, Spieler an ihren Bewegungsabläufen und ihrem Verhalten auf dem Platz zu erkennen. Sie müssen also nicht mehr auf die Rückennummer oder den auf das Trikot geschriebenen Namen achten. Ich kann mich noch gut daran erinnern, wie Fußball-Autor Christoph Biermann einmal bei einem Champions-League-Spiel neben mir in Leverkusen auf der Tribüne de BayArena saß und stöhnte. Es reiche ja mittlerweile nicht mehr, jeden Bundesliga-Spieler auf dieses Weise zu erkennen, sondern durch die immer weiterwachsende

Bedeutung der Champions League müsse man auch immer mehr internationale Spieler draufhaben. Diese kleine Episode ist bezeichnend.

Fokus auf die Superstars. Gerade der Blick auf den Vereinsfußball ist in den vergangenen zwei Jahrzehnten viel internationaler geworden. Die Champions League, aber auch die englische Premier League sowie die Topclubs in Spanien sind in den deutschen Medien immer präsenter geworden und treten damit im Kampf um Aufmerksamkeit in Konkurrenz mit dem nationalen und dem regionalen Fußball (und Sport überhaupt).

30.2 US-Sport am mitteleuropäischen Morgen

Morgens frische Informationen. Für die digitalen Sportmedien ist es ein Segen, dass die Erde eine Kugel ist. So passiert den lieben langen Tag auf dem Globus irgendetwas, was weltweit – und damit auch bei uns in Mitteleuropa – sein Publikum findet. Besonders hilfreich ist da der Profisport in den Vereinigten Staaten, insbesondere in der NBA der Basketballer, der NFL im American Football und der NHL im Eishockey. Die Spiele dort finden in der Regel in der mitteleuropäischen Nacht statt. Wer also morgens in Deutschland in den Redaktionsdienst startet, kann frische Informationen von der anderen Seite des Atlantiks verarbeiten und dem Publikum servieren. Das war gerade in der hohen Zeit des Basketball-Stars Dirk Nowitzki immer ein interessantes Angebot.

Bedeutung der Frühschiene. In der Welt des Online-Journalismus haben die frühen Morgenstunden noch einmal an Bedeutung gewonnen. Wer guckt nach dem Aufwachen nicht als Erstes auf sein Handy, um zu sehen, was in der Nacht auf der Welt passiert ist? Und neben kriegerischen Auseinandersetzungen, großer Politik und Showbusiness darf es dann auch gern immer wieder ein bisschen Sport sein: Da gibt es dann Aussagen aus Interviews, die zum Beispiel die Tageszeitungredaktionen vorab verbreitet wissen wollen, es gibt den Nachlauf von Fußballspielen am Abend zuvor oder eben frischen Stoff zum Beispiel aus NBA oder NFL.

Drive Time als Prime Time. Radiosender haben die Zeit zwischen 6 und 9 Uhr immer schon als ihre Hoch-Zeit erachtet, weil sie zu der Zeit ein besonders großes Publikum erreicht haben, das sich in der „Drive Time" zur Arbeit per Autoradio informiert hat. Für Mobile-Nutzer, die mit öffentlichen Verkehrsmitteln unterwegs sind, gilt das heute mehr denn je. Zwischen 16 und 18 Uhr liegt dann die „Drive Time" für die Heimfahrt. Sie entspricht der „Prime Time" des Fernsehens ab 20.15 Uhr. Wer mit Aussagen in den Medien vorkommen will, nutzt diesen

Rhythmus geschickt. So rief der frühere FDP-Politiker Jürgen Möllemann regelmäßig in aller Herrgottsfrühe bei Hörfunksendern an, um ihnen seine Sicht der Dinge zu schildern und damit möglicherweise ein Thema zu setzen, das den ganzen Tag über läuft.

30.3 Marketing der US-Ligen

Unternehmertum ausgeprägt. Christoph Bertling von der Deutschen Sporthochschule erklärt die Mechanismen des US-Sports: „Die großen US-Ligen machen ein extremes Content-Marketing. Sie versuchen, in die Fan-Communities reinzukommen. Bei der NFL merken wir das besonders. Dieses Unternehmerische im internationalen Maßstab ist da sehr ausgeprägt. Märkte erobern, das ist eine strategische Entwicklung, die neu ist. Sie versuchen, mit der Digitalisierung alle Zielgruppen zu bedienen." Genauso sei es auch mit der Premier League des englischen Fußballs: „Da war der englische Markt gar nicht so wichtig. Der internationale Markt ist größer und wichtiger."

Aufmerksamkeit durch Michael Jordan. Die NBA im Basketball bezeichnet Bertling hingegen als „einen komischen Fall": „Die NBA war nie so wahnsinnig professionell. Sie hat sich stark auf Michael Jordan und die Superstars konzentriert. Dann ist Jordan mehrmals nach Rücktritten zurückgekommen." Erst danach seien Konzepte der Vermarktung entwickelt worden. Die NBA fährt mittlerweile zweigleisig: Seriell mit dem Sport und den Spielen im Vordergrund und dann Events mit Digitalprodukten. „Dadurch haben sie ein Dauerbrennen, das sie gut vermarkten können. Im E-Sport, mit dem Liga-Pass, mit Doku-Serien. Das ist ein komplett anderes Denken. Sie gehen auf eine sehr internationale Streuung."

Grundinteresse an der NBA. Allerdings bestand am US-Basketball in Deutschland immer schon ein Grundinteresse, weil die Sportart auch hierzulande eine Basis hat und weil sie durch Pioniere wie den Leverkusener Detlef Schrempf bei den Seattle Supersonics oder später vor allem durch Nowitzki starke Persönlichkeiten zur Anknüpfung hatte. Doch dass der US-Basketball in der Aufmerksamkeit in Deutschland an der heimischen Basketball-Bundesliga vorbeiziehen konnte, lag in erster Linie an den medialen Möglichkeiten der Digitalisierung. Noch in den 1980ern war der ZDF-Sportkorrespondent Ben Wett der Einzige, der immer mal wieder mit US-Basketball-Schnipseln auf den Sender kam. Und wenn ein Schulkamerad mit den Eltern in die USA reiste und NBA-T-Shirts mitbrachte, waren das ganz besonders kostbare Souvenirs, die gehegt und gepflegt wurden.

Dauerflimmern der NFL. Noch konsequenter habe die NFL ihr weltweites „Dauerflimmern" aufgebaut. Bertling: „Nicht nur der Super Bowl zieht. Jeder kommt irgendwann mit der NFL in Berührung. Dafür brauchst du Content ohne Ende." Der Konsum von NFL und NBA ist ganz einfach. Stefan Klüttermann, Sportchef der „Rheinischen Post": „Man braucht keinen chinesischen Piratensender dafür. Oder illegale Streams. Den Super Bowl hätte ich in Deutschland auf drei verschiedenen Plattformen ansehen können. Heute guckt sich jeder Jugendliche die Instagram-Kanäle der Stars an." Für Klüttermann hat American Football einen besonderen Charme im Vergleich zum Fußball: „Er ist ehrlich mit sich, indem er sagt: Wir sind von vorn bis hinten durchkommerzialisiert. Der Fußball will aber Volkes Stimme sein und gibt sich in die Rolle der Volkstümlichkeit, den man ihm immer weniger abnimmt."

Internationaler Fußball. Die wachsende Bedeutung des internationalen Vereinsfußballs auf dem deutschen Markt beobachtet Digital-Spezialist Martin Volkmar seit den „Nuller-Jahren und der damals wachsenden Fernseh-Coverage". Bei den großen Clubs sei es ja tatsächlich so, „die haben ein ganz anderes Flair und ziehen generell ein ganz anderes Interesse auf sich. Real Madrid, FC Barcelona, Juventus, Chelsea, Manchester United zählt er als Beispiele auf. Hinzu kommt „diese Upper Class von Superstars. Es ist sehr fokussiert, sehr konzentriert auf die Topclubs und die Topspieler und die Top Events. Aber da ist ein großes Interesse da, da möchte man auch mitreden".

Besuch auf dem Bolzplatz. Machen Sie sich die Mühe und zählen Sie mal, welche Trikots Kinder auf Bolzplätzen, Schulhöfen oder sonst irgendwo im Straßenbild tragen. Klar, Bayern München und vielleicht noch der führende örtliche Club werden vorn liegen. Doch dann kommen schon internationale Topclubs wie der FC Barcelona oder die Vereine der Superstars wie Ronaldo oder Messi. Als Ergebnis werden Sie eine interessante Rangliste bekommen, die natürlich nicht repräsentativ ist, aber einen guten Eindruck von der Internationalisierung gibt. Klüttermann von der RP stellt fest: „Auf den Fußballplätzen haben die Kinder auch Trikots von Neymar und Messi und nicht nur von Fortuna Düsseldorf an."

30.4 Herausforderung für Journalismus

In der Internationalisierung und in der immer breiter werdenden Fächerung des Sportangebots liegt eine besondere Aufgabe für den Sportjournalismus: Was ist das richtige Angebot für meine Kundschaft? Wer morgens um 6.30 Uhr auf den NBA-Button drückt, „dem muss ich nicht erklären, wer die Wagner-Brüder sind"

(Klüttermann). Doch wie viel muss ich denjenigen erklären, die sich nur für die NFL interessieren, wenn der Superbowl naht und im Aldi-Prospekt seitenweise US-Produkte wie Chicken Wings dazu angeboten werden? Dann gilt wieder mehr der Grundsatz des voraussetzungsfreien Schreibens. Lieber etwas mehr über die Zusammenhänge, die Personen, die Fachbegriffe erklären. Das schadet nicht. Und hier kommt wieder eines meiner journalistischen Vorbilder zum Einsatz: Die Maus aus der „Sendung mit der Maus". Oder der „Sesamstraßen"-Song: „Wieso, weshalb, warum? Wer nicht fragt, bleibt dumm." Klüttermann: „Das ist eine Herausforderung für den gesamten Sportjournalismus, der mehrere Kanäle bespielen muss. Ich muss dabei immer auf mein Publikum achten. Es ist eine Herausforderung, Zielgruppen richtig zu bedienen."

▶ **Tipp** Suchen Sie sich eine internationale Liga oder eine Sportart, die irgendwo auf der Welt größeres Interesse auf sich zieht. Vielleicht tut sich hier eine Nische für Sie auf, die Sie auch mal beruflich nutzen könnten. So entsteht etwa alle vier Jahre im Umfeld einer Weltmeisterschaft plötzlich eine Rugby-Begeisterung. Da sind dann regel- und historienkundige Kolleginnen und Kollegen gefragt. Oder folgen Sie dem Beispiel meines dpa-Kollegen Steffen Trumpf: der hat ein Buch über den Fußball auf den Färöern verfasst. Absolut etwas für Liebhaber. Glauben Sie mir: Diese Jobs machen besonders viel Spaß.

Übung

Nehmen Sie sich ein Thema aus dem US-Sport. Zum Beispiel: Verpflichtung eines deutschen Eishockey-Torwarts in der NHL. Überlegen Sie, wie sie das Thema für verschiedene Medien ufarbeiten würden:
- Website für Eishockey-Experten
- Portal eines überregionalen Medienhauses
- Boulevardangebot
- Fitness-Zeitschrift
- Schöner Wohnen

Machen Sie sich dabei immer klar, wie die potenzielle Kundschaft ist. Wieviel Fachwissen können Sie voraussetzen? Welche Sprache ist angemessen? Wie wäre die Geschichte zu bebildern? Lassen Sie Ihrer Kreativität freien Raum. Jens-Uwe Meyer (2009, Seite 102) nennte diese Kreativtechnik den „Fünf-Brillen-Blick". Er dient dazu, auf die Schnelle einen Perspektivwechsel auf ein Thema hinzubekommen.

Verwendete Quellen

- Steffen Trumpf, Ellivu Freunde müsst ihr sein: Die Färöer und der Traum vom großen Fußballwunder, (Göttingen, Verlag Die Werkstatt, 1. Aufl. 2022)
- Jens-Uwe Meyer, Journalistische Kreativität (Konstanz: UVK, 1. Aufl. 2009)

Gesprächspartner und -partnerinnen

- Stefan Klüttermann, „Rheinische Post", Düsseldorf, 2. Juni 2022
- Christoph Bertling, Deutsche Sporthochschule, Köln, 13.Juli 2022
- Martin Volkmar, Chef vom Dienst, ran, München

E-Sport

Zusammenfassung

Sollten die Sportmedien über E-Sport berichten? Was ist das überhaupt genau? Und welches Publikum kann damit erreicht werden? Einige klassische Medien haben in den vergangenen Jahren angefangen, eine regelmäßige Berichterstattung aufzubauen.

Stichworte

Fifa, Games, Sportpolitik

31.1 E-Sport – was ist das?

Strategiespiele, Taktik-Shooter und Sportsimulationen. Für den Verband der deutschen Games-Branche ist E-Sport „der Wettkampf der digitalen Generation", der sich „innerhalb weniger Jahre von einem Nischen- zu einem Massenphänomen entwickelt" hat[54]. Der Begriff E-Sport (auch Esport, eSports oder e-Sport geschrieben) bezeichnet den professionellen Wettkampf in Computer- und Videospielen. Wie bei klassischen Sportarten geht es auch beim E-Sport um den

---

54 Quelle: Informationen des Branchenverbands: https://www.game.de/esport/, abgerufen 16. März 2023.

© Der/die Autor(en), exklusiv lizenziert an Springer Fachmedien Wiesbaden GmbH, ein Teil von Springer Nature 2023
M. Beils, *Sportjournalismus*, Journalistische Praxis,
https://doi.org/10.1007/978-3-658-40904-3_31

Wettkampf beziehungsweise das Messen mit anderen in einer Disziplin. Die Basis von E-Sport bilden Computer- und Videospiele, die wettkampfmäßig als Einzeldisziplin oder in Teams gespielt werden können. Zu den wichtigsten Titeln zählen Games wie League of Legends (Riot Games), Dota 2 (Valve), Counter-Strike: Global Offensive (Valve), Tom Clancy's Rainbow Six: Siege (Ubisoft), Overwatch (Blizzard) oder die FIFA-Reihe (Electronic Arts).

Millionenpublikum. Rund um solche Echtzeit-Strategiespiele, Taktik-Shooter und Sportsimulationen haben zahlreiche Ligen und Turniere etabliert, in denen E-Sportlerinnen und E-Sportler auf nationaler und internationaler Ebene gegeneinander antreten. Events wie die League of Legends Worlds, die ESL One oder The International füllen dabei ganze Stadien. Das Finale der League of Legends Worlds 2020 sahen sich nach Angaben des Verbands gleichzeitig knapp 4 Millionen Zuschauer im Livestream an.

Politische Debatte. Im Mittelpunkt der Berichterstattung standen zunächst die Vorstellung des Phänomens E-Sport und die politische Debatte unter der Arbeitsüberschrift „Ist das überhaupt Sport?" So taucht der E-Sport als förderungswürdig sogar in den Koalitionsverträgen der Großen Koalition ab 2018 und der folgenden Ampelkoalition im Bereich forcierter Digitalisierung auf. Parallel lief die von den Interessenverbänden des E-Sports vorangetriebene Debatte über die Anerkennung als Sport von Seiten des Dachverbands Deutscher Olympischer Sportbund (DOSB). Im Hintergrund steht vor allem die Möglichkeit, dass die Anerkennung als Sport die Gemeinnützigkeit und damit Steuervorteile ermöglicht. Die Argumente der Gegenseite sind oft genannt: Bewegungsmangel, Förderung von vermeintlichen Ballerspielen, Kommerz regiert.

31.2 E-Sport in den Medien

Gamer und Nicht-Gamer in Parallelwelten. „Zeitungen und TV-Sendungen berichten über das Thema. Leitmedien schreiben via Internet zum E-Sport, und Bücher entstehen, schreibt Tim Schöber (2022, S. 8). E-Sport gehört dennoch zu den Themen, mit denen sich der etablierte Sport – und damit auch der alteingesessene Sportjournalismus – insbesondere in den 2010er-Jahren sehr schwertat und es immer noch tut. Nach Schöbers Einschätzung sind für den E-Sport-Journalismus deshalb Portale von „besonderer Wichtigkeit, die sich in den Bereichen Gaming und E-Sport bewegen". In der Nische also.

Bis zu achtstellige Preisgelder. Dass wettkampforientierte Computerspiele an Bedeutung gewannen, war offensichtlich. Dass diese Wettbewerbe in Veranstaltungshallen oder auf digitalen Plattformen wie Twitch, ein zuvor ungeahnt großes Publikum erreichten, trat langsam ins Bewusstsein der Medienhäuser. Gigantische Summen, Personalien, Skandale – der E-Sport hat viele Parallelen zum herkömmlichen Sport (s. Tab. 31). Bis zu achtstellig fallen die Preisgelder bei den internationalen Turnieren aus. Doch lange fassten ihn die reichweitenstarken Medien mit spitzen Fingern (oder auch gar nicht) an.

Tab. 31 Weltweiter Umsatz im E-Sport-Markt

Jahr	Umsatz in Mio US-Dollar
2018	776,4
2019	957,5
2020	996,0
2021	1136,5
2022 Prognose	1384,0

Quelle: https://www.iwkoeln.de/studien/vera-demary-henry-goecke-die-games-branche-440620.html, abgerufen: 28.2.2023

Schalke und das IOC. Neben der Diskussion um die Haltung des DOSB bekam die Berichterstattung in den Medien durch zwei Trends weitere Impulse: 1. Die Annäherung des Internationalen Olympischen Komitees an das Thema; 2. Die Rolle von Profifußball-Teams im E-Sport. So führte das IOC im Vorfeld der wegen der Corona-Pandemie auf 2021 verlegten Olympischen Spiele eine „Olympic Virtual Series" in Kooperation mit den Internationalen Verbänden Baseball, Radsport, Rudern, Segeln und Motorsport sowie Game Publishern durch. Bei vielen Profifußballvereinen war E-Sport da längst mit dem Schwerpunkt der Fußball-Simulation Fifa etabliert. Ganz interessant dabei ist das millionenschwere Engagement des FC Schalke 04, der sich auf der einen Seite versucht, die Tradition aus der Kuzorra-Szepan-Bergmanns-Ära zu pflegen und auf der anderen Seite Millionenbeträge im E-Sport bewegt. Schalke 04 baute sein Engagement neben den Disziplinen Fifa und Pro Evolution Soccer auch in League of Legends aus, bis es Mitte 2021 als Folge des Abstiegs aus der Fußball-Bundesliga seinen Startplatz in der höchsten Spielklasse, der League of Legends European Championship, für 26,5 Millionen Euro wieder verkaufte.

Punktuell in den etablierten Medien. Der „Kicker" präsentiert sein E-Sport-Angebot auf seiner Startseite auf einem Reiter. Doch bei den meisten wesentlichen Medien des Sports taucht er allenfalls versteckt auf. Soziale Medien wie Twitter oder Reddit sind Informationsbörsen für die Szene. Besonders präsent ist E-Sport auch auf den Kanälen von „Sport1". Seit 2015 schon berichtet der Sender über E-Sport, unter der Leitung von Dirc Seemann ging 2019 der kostenpflichtige Kanal „eSPORTS1" an den Start, „den Zuschauern als anerkanntes Leitmedium einen Kompass durch die Informationsflut" zu bieten.

31.3 E-Sport in klassischen Medien

Ernsthaft berichten. E-Sport sei ein „gesellschaftliches Phänomen, über das wir ernsthaft berichten sollten", sagt Benedikt Wenck im Interview mit dem Branchendienst „Horizont" (2019) bei der dpa-Chefredakteurskonferenz[55]. Schon die Zahl der Interessierten, der Zuschauerinnen und Zuschauer dient ihm als Argument dafür. Die Kontrollfunktion der Medien („Vierte Gewalt") fordert dazu auf, sich mit so einem weit in die Gesellschaft ragenden Phänomen kritisch auseinanderzusetzen. Wenck ist bei der Agentur als Koordinator für E-Sport tätig und leitet dabei ein Team von freien Mitarbeiterinnen und Mitarbeitern. Zu der Aufgabe, die eine Mischung aus Redakteur und Produktmanager ist, kam er im Nachgang zu einem Text, den er zu dem Thema im internen Forum der dpa geschrieben hatte. In einem Digitalprodukt berichtet dpa seitdem schwerpunktmäßig über Counter Strike, League of Legends, Dota und Fifa.

Warum im Sportressort? Bei der Deutschen Presse-Agentur ist der E-Sport im Sportressort angesiedelt mit Schnittstellen insbesondere zur Wirtschaftsredaktion. „Wir sehen, dass sich im E-Sport Strukturen wie im klassischen Sport herausbilden, die schauen sich das so ein bisschen ab. Es bilden sich Vereine, es gibt Sponsorenverträge, es gibt Turnierveranstalter", sagt Wenck, „es gibt den Underdog, der nach oben kommt, und den Favoriten, der vom Thron stürzt. Deswegen haben wir uns bei dpa entschieden, dass wir Sportjournalisten und -journalistinnen darauf ansetzen. Die kennen das ja im Endeffekt schon, müssen sich nur eine neue Sportart angucken." Und unabhängiger Journalismus sei noch Mangelware in diesem Themenbereich, „viele Inhalte kommen von den Leuten, die da wirtschaftliche Interessen haben. Deshalb ist es eine sehr große Aufgabe für den deutschen Journalismus da reinzugehen und auch kritisch darüber zu berichten". Do-

---

55 Quelle: https://www.turi2.de/aktuell/ein-gesellschaftliches-phaenomen-benedikt-wenck-ist-e-sport-koordinator-der-dpa/, abgerufen 8. März 2023.

ping und Spielmanipulation nennt Wenck beispielhaft für solche Geschichten. Auf die Frage, was die Sportberichterstattung vom E-Sport lernen könne, sagte Wenck im „Tessa"-Interview: „Mehr Offenheit für Themen."

31.4 Real und virtuell

Jubeln wie Computerfiguren. Dem Franzosen Antoine Griezmann diente das Computerspiel Fortnite bei der Weltmeisterschaft 2018 als Inspiration. Er überführte das „Take the L" von der digitalen Welt in die reale. Der Angreifer zappelte nach Toren wie ein Hampelmann und hielt dabei die Hand über dem Kopf, Daumen und Zeigefinger zu einem „L" für „Loser" geformt. Es gibt immer mehr solcher Jubelgesten, die nur Menschen verstehen, die in beiden Welten beheimatet sind.

▶ **Tipp** Als dpa-E-Sport-Koordinator verbringt Benedikt Wenck viel Zeit vor Bildschirmen. Im „Tessa"-Interview rät er aber jungen Kolleginnen und Kollegen zum Gegenteil, und zwar: Rausgehen, auf Menschen zugehen, das Gespräch suchen: „Redet mit den Leuten! Nehmt nicht irgendwelche Tweets und berichtet darüber, sondern versucht, mit den Leuten zu sprechen. Das ist nicht immer ganz so einfach, weil manche Leute und Gruppen im E-Sport sehr verschlossen sind. Aber versucht, mit den Leuten zu reden und darüber eure Texte zu erstellen, weniger über Social Media, auch wenn es einfacher ist."

Verwendete Quellen

- Jonas Walter/Timo Schöber, Esportpedia – E-Sport und Journalismus (Aachen: Verlag Meyer & Meyer, 1. Aufl. 2022)
- IOC zu E-Sport: https://olympics.com/ioc/news/international-olympic-committee-makes-landmark-move-into-virtual-sports-by-announcing-first-ever-olympic-virtual-series, abgerufen 22. März 2023.
- Informationen des Branchenverbands: https://www.game.de/esport/, abgerufen 22. März 2023.
- Informationen des Instituts der deutschen Wirtschaft: https://www.iwd.de/artikel/e-sport-begeistert-millionen-556635/, abgerufen 22. März 2023.
- Turi2: https://www.turi2.de/aktuell/ein-gesellschaftliches-phaenomen-benedikt-wenck-ist-e-sport-koordinator-der-dpa/, abgerufen 8. März 2023.

Gesprächspartner und -partnerinnen

- Benedikt Wenck, dpa, Köln, 11. Oktober 2022

Nähe und Distanz 32

> **Zusammenfassung**
>
> Dürfen Journalisten und Sportler miteinander befreundet sein? Oder ist das unprofessionell? Wie viel Fan darf im Sportjournalisten stecken? Diese Fragen werden seit Jahrzehnten diskutiert. Mit ganz unterschiedlichen Ergebnissen.

> **Stichworte**
>
> Berufsethik, Geschenke, Reisen, Duzen, Siezen

32.1 Distanz als Prinzip

Prinzipientreu. Es gibt (Lehr-)Sätze im Journalismus, die scheinen unverrückbar. Quasi in Stein gemeißelt steht im Eingangsbereich des „Spiegel"-Gebäudes in der Hamburger Speicherstadt das Postulat des Magazin-Gründers Rudolf Augstein: „Sagen, was ist." Ein anderer Grundsatz, der nicht nur jungen Journalistinnen und Journalisten seit Jahrzehnten mitgegeben wird, stammt von Hanns Joachim Friedrichs, dem langjährigen Moderator von „Tagesthemen" und ZDF-Sportchef, von einem also der in Politik und Sport zu Hause war. Sein Kernsatz: „Einen guten Journalisten erkennt man daran, dass er sich nicht gemein macht mit einer Sache – auch nicht mit einer guten Sache; dass er überall dabei ist, aber nirgendwo dazu gehört." Der Ruf nach Klarheit und Wahrheit erschallt also. Doch geht das im Sportjournalismus? Muss man nicht Gutfreund mit Athleten und Funktionären sein, umspannende Informationen für sein Publikum zu gewinnen. Gelangt man nicht nur hinter sonst verschlossene Türen, wenn man ein enges Verhältnis zu den Sportlern pflegt?

Der Berufsethik verpflichtet. Vom Grundsatz her ist Sportjournalismus nichts anderes als Politik-, Wirtschafts- oder Gesellschaftsjournalismus. Und wer sich als „vierte Macht" im Staat versteht, ist der Berufsethik und damit der Distanz verpflichtet. Wo die anfängt, wo sie aufhört, entscheidet jedes Medium unterschiedlich. „Bild" etwa sucht die kuschelige Nähe, Vertreter der „Süddeutschen" beschimpfen mitunter Kollegen für zu große Nähe zu Athletinnen und Athleten, bezeichnen sie als Fans, die von der Tribüne über den Zaun aufs Spielfeld gesprungen sind. Der Pressekodex, wenngleich nur eine freiwillige Selbstverpflichtung der Medien und oft als zahnloser Tiger belächelt, dient ebenfalls als Orientierung.

Beklemmende Enge. Hilfreich bei der Einordnung sind auch Aussagen des früheren Yellow-Press-Reporters Philipp Jessen im Medium Magazin (Jessen 2022, S. 48–52): „Nähe bringt vielleicht etwas auf kurze Zeit. Solange der oft beschriebene Aufzug nach oben fährt. Solange das Medium und der Star gleich relevant sind. Solange der Star keinen Mist baut. Solange es positive Schlagzeilen und Geschichten regnet. Aber fährt der Fahrstuhl runter, dann wird aus der Nähe plötzlich eine beklemmende Enge. Die nur zur Trennung und großer Enttäuschung auf beiden Seiten führen kann."

Fanreporter auch in Parteipolitik. Auch wenn ich in der Politik ebenfalls viele Fanreporter jedweder Couleur erlebt habe, so ist die Versuchung die Distanz aufzugeben, im Sport doch besonders groß. Jubelnde Reporter auf der Pressetribüne von Borussia Dortmund (und nicht nur dort) zum Beispiel gehören zum gewohnten Bild; Leichtathleten und Journalisten klatschen sich nach Erfolgen ab und fallen sich in die Arme. Und ehrlicherweise war es mir als Reporter auch immer lieber, der 1. FC Köln spielt in der Ersten als in der Zweiten Bundesliga, und Bayer Leverkusen erreicht die Champions League und nicht nur die Europa League. Je höher der sportliche Wert, desto größer ist ja auch das Gehör für die eigenen Geschichten.

Nicht mit dem Fernglas. Wohl gemerkt: Es geht hier nicht darum, dass Journalisten einen großen Bogen um Sportlerinnen und Sportler machen und sie nur mit dem Fernglas beobachten. Nein, intensive Recherche, auch und gerade durch Gespräche mit Entscheidungsträgern und Protagonisten sind unerlässlich im Sportjournalismus. Hier geht es vielmehr darum, Kumpanei in Frage zu stellen. Das fängt schon im unterklassigen Fußball an, wo jeder Trainer eines Bezirksligisten darauf bedacht ist, ein gutes Verhältnis zum Lokalreporter zu pflegen, ihm Informationen stecken, um selbst in der Berichterstattung gut präsentiert zu werden. Das funktioniert auf Dauer nicht.

32.2 Duzen oder siezen?

Im Auftrag im Stadion. Als entschiedener Verteidiger solch journalistischer Prinzipien tritt Anno Hecker, der Sportchef der „Frankfurter Allgemeinen Zeitung", immer wieder in Erscheinung. „Sportjournalismus ist Journalismus wie jeder andere auch", betont er. „Das heißt, man braucht die gleichen Qualitäten." Er weist auf den Auftrag der Journalisten hin, nämlich: „Das Erlebte möglichst professionell umsetzen für diejenigen da draußen, für die man eigentlich im Stadion sitzt." Die Journalisten säßen ja nicht auf der Tribüne, weil sie so eine Leidenschaft für den Sport haben: „Die hat uns vielleicht dahingetrieben. Ich glaube, auch ein Politikjournalist oder ein Wissenschaftsjournalist, gehen dahin, weil sie ein Faible für das haben."

Duzen oder siezen? Für Heckers Geschmack duzen sich Sportjournalisten und Athleten zu selbstverständlich: „Das ist so dieses Sportkameradenverhalten. Wenn man zusammen Fußball spielt, duzt man sich auch, und wenn man als Journalist dasteht, duzt man sich auch. Das mag auch ein bisschen damit zusammenhängen, dass die Sportler in der Regel sehr jung sind. Die lassen sich das auch gefallen und man selbst lässt es sich auch gefallen." Als Duz-Maschine wurde Moderator und Reporter Waldemar Hartmann für seine Interviews kritisiert. Anno Hecker dazu: „Das muss jeder für sich entscheiden, wie er das machen will. Ich sehe nur in dem Duzen den ersten Ansatz für die Aufhebung einer Grenze. Natürlich kann ich einen Menschen meines Alters auch duzen. Aber ich suggeriere gleich eine Nähe, die ich problematisch finde, wenn ich das in einem Live-Interview mache."

Das Du: Beim Sport und in Köln. Moderatorin Shary Reeves sieht hingegen kein Problem darin, die Gesprächspartnerinnen und -partner vor der Kamera zu duzen. Für sie als ehemalige Bundesligaspielerin wirkt das Sie im Sport verkrampft. „Im Sport duzen wir uns. Und bei uns in Köln duzen sich viele Menschen mit größter Selbstverständlichkeit im Alltag." Deshalb bevorzugt sie die Du-Form, auch wenn die Mikrofone offen sind. Und da ja immer mehr Ex-Sportlerinnen und -Sportler als Reporter oder Moderatoren vor der Kamera stehen, desto gequälter wirkt ihrer Ansicht nach das Sie.

Sich selbst hinterfragen. Dass das Einhalten solcher Grenzen nicht einfach ist, weiß Hecker aus seiner langjährigen Erfahrung auch als Reporter: „Ich mache mich mal frei von dem Gedanken, dass wir Journalisten Objektiv-Monster sind, die immer alles aus allen Perspektiven betrachten. Das ist ja Blödsinn. Wir haben ja unsere Sympathien, aber wir müssen sie dann tatsächlich immer wieder überprüfen." Wie geht das? „An der Stelle, wo ich als Journalist zu der Erkenntnis komme, ich duze jemanden und ich bin mir darüber im Klaren, dass ich gewisse Dinge etwas leichter nehme, die ich schwerer nehmen müsste. Dann gilt es, Halt zu sagen." Hecker setzt also zumindest auf eine Sensibilisierung für die Problematik. Der „FAZ"-Sportchef betont: „Distanz bedeutet eben auch, kritische Fragen zu stellen oder Fragen zu stellen, die der andere nicht gerne hört. Und darüber muss man sich hinwegsetzen."

Im selben Boot. Hecker berichtet unter anderem über Sportpolitik. „Ich lerne jemanden kennen, der in eine Funktion kommt. Das Erste, was ich ihm zu verstehen gebe, dass ich nicht mit ihm in einem Boot sitze. Ich bin nicht dazu da, irgendeinen Verein, irgendeinen Athleten, irgendeinen Verband zu unterstützen bei seinen Zielen. Das ist nicht mein Job. Ich berichte über ihn." Ob die Person oder der Verband beim Leser dann gut ankommt, „das ist nicht mein Problem und das darf es auch nicht sein. Ich muss nur überprüfen, ob das, was ich geschrieben habe, der Wahrheit entspricht. Grundlage einer sauberen Arbeit sind die Regeln der Verdachtsberichterstattung, unter anderem das Gegendarstellungsrecht. Warum nicht gleich den Menschen anrufen, kontaktieren, der, von wem auch immer, kritisiert wird? Das gehört zum Standardprogramm. Zweifellos wäge ich an bestimmten Stellen auch schon mal ab, was ich schreiben kann und wie ich es schreibe. Und ich mir nicht sicher bin, ob eine Darstellung, eine daraus entwickelte Kritik angemessen ist, dann recherchiere ich weiter. Das kann, ja, auch dazu führen, dass die Geschichte nie geschrieben wird, oft genug vorgekommen. Aber besser als Halbgares zu servieren. Aber wenn ich mir sicher bin, dann gibt es keinen Grund, sich zurückzuhalten. Journalismus ist kein Privatvergnügen, er verpflichtet, wenn man sich ihm verpflichtet hat."

Begeisterung ist erlaubt. Für Anno Hecker ist der Sport aus Sicht der Zuschauer zwar Unterhaltung, „aber wir haben ja auch ein Wertesystem darin, das wir beäugen, wir Journalisten." Kritische Analyse ist gefragt. Was wollen die Protagonisten mit ihrem Auftreten gegenüber den Medien bewirken? Auf der anderen Seite will Hecker aber auch Begeisterung transportieren, auch das ist ja die Aufgabe. Anders als beim inszenierten Wrestling, das etwas vortäuscht, ist ein begeisternder Spielzug im Fußball ja etwas Reales. Hecker: „Das Entertainment ist, dass Eintracht Frankfurt im letzten Moment das 4:3 schießt. Und diese Dramatik umzusetzen, das finde ich, ist unbedingt auch ein Teil unseres Jobs. Der muss gemacht werden, weil es zu einer guten Kritik dazu gehört. Ich kann so eine Szene auch ganz nüchtern beschreiben, aber dann fehlte etwas, was unmittelbare Wirkung hat, auf die Mitspieler, auf den Gegner, die Zuschauer. Ich halte es für einen qualitativen Makel eines Journalisten, wenn er das nicht kann oder will. Ich habe aber keinen kennengelernt, der das nicht wollte. Eher stelle ich fest, dass es nicht gelingt, den Moment angemessen zu beschreiben, die richtigen Worte zu finden zur Beschreibung, ohne mit Wertung der Kategorie Superlative zu langweilen. Ein Text dazu sollte Bilder freisetzen, nicht Wertungen transportieren. Ein Beispiel. Ich kann sagen, dass einem Spieler ein grandioses Tor gelungen ist. Das muss der Leser dann so hinnehmen. Beschreibe ich präzise, wie er das gemacht hat, dann kann der Leser selbst entscheiden, ob es grandios war."

32.3 Räumliche Nähe

Weniger Reisen. „Nähe ist indes durch nichts zu ersetzen, wenn wir örtliche Nähe meinen", betont Hecker. Die Möglichkeit für Journalisten, vom Ort des Geschehens zu berichten, nehmen aber immer weiter ab. Das hat im Wesentlichen wirtschaftliche Gründe. Wenn man die Informationen im Netz zusammenklauben kann oder per Videocall erhält, warum soll ein Medienhaus seine Beschäftigten um die halbe Welt reisen lassen? Hinzu kommt eine neue Fragestellung: Muss ich mich als verantwortungsvolles Unternehmen aus Gründen des Umweltschutzes nicht immer fragen, insbesondere welche Flugreisen unbedingt notwendig sind? Die Zeiten, in denen Reporter von Regionalzeitungen zu den Australian Open im Tennis nach Melbourne geflogen sind, scheinen deshalb ein für alle Mal vorbei.

Wie beim Konzert. Doch wo räumliche Nähe möglich ist, muss sie der Journalist nutzen. Hecker vergleicht das Live-Erlebnis beim Sport mit dem des Musikkritikers, der sich ein Konzert anhört. Das sei im Konzertsaal ja auch etwas völlig anderes als eine Aufnahme zu hören. „Diese ganzen Stimmungen, die Vibrationen, die Entwicklungen, wenn man selbst vor Ort ist, sind anders nicht zu empfinden." Sprich: mit digitalen Mitteln aus der Distanz. „Ich gehe eine Wette ein, dass zwei Journalisten, die die gleiche Formulierungskunst und den gleichen Blick haben für die Dinge zu unterschiedlichen Ergebnissen kommen. Dass derjenige, der im Stadion sitzt, der dem Ereignis und den handelnden Personen näher ist, wesentlich mehr von dem aufnehmen kann, was passiert zwischen den Menschen. Ein Kollege oder eine Kollegin, die aus der Distanz arbeiten, etwa eine Fernsehberichterstattung anbieten, werden niemals spüren können, was in der Luft liegt", sagt Hecker. „Das ist auch unsere Erfahrung in der Redaktion."

Im Ereignis leben. Reisen (wohlgemerkt: solche, die der Arbeitgeber bezahlt) haben noch eine andere Facette. Die Reporter leben für die Zeit ihrer Anwesenheit bei einer Formel-1-Woche in Saudi-Arabien oder beim Reitturnier CHIO in Aachen die ganze Zeit in einem Umfeld, aus dem sie langfristig Eindrücke, Erkenntnisse und Kontakte schöpfen. Hecker: „Wenn ich dort bin, habe ich eine teils tagelange Vorbereitung hinter mir, kriege mit, was passiert. Ich treffe die Menschen, die eine Rolle spielen. Da kommt einer um die Ecke spazieren, sagt: Mensch, lange nicht gesehen. Wir kommen ins Gespräch und ich erfahre Dinge, die das Bild vervollständigen oder in Frage stellen. Auch Zufälle führen dazu, aber die persönlichen Begegnungen sind letztlich keine Zufälle, sondern die Folge der Reise. Auch die Beobachtungen gehören dazu." Während der Pandemiezeit ging dem Journalismus vieles von dem, was Themen bereichert, verloren, meint Hecker.

Keine oder kleine Geschenke? Kleine Geschenke erhalten die Freundschaft, heißt es. Im Pressekodex steht: „Schon der Anschein, die Entscheidungsfreiheit von Verlag und Redaktion könne beeinträchtigt werden, ist zu vermeiden. Journalisten nehmen daher keine Einladungen oder Geschenke an, deren Wert das im gesellschaftlichen Verkehr übliche und im Rahmen der beruflichen Tätigkeit notwendige Maß übersteigt. Die Annahme von Werbeartikeln oder sonstiger geringwertiger Gegenstände ist unbedenklich." Heißt im Klartext: Die Einladung zu einem üblichen Abendessen ist okay, den Kugelschreiber mit Werbeaufdruck darf man selbstverständlich mitnehmen. Dennoch gerät man dabei schnell an Grenzen.

Radsport im Januar. So hat das Radsport-Team Telekom/T-Mobile in seinen erfolgreichsten Zeiten Journalisten mit Chartermaschinen im Januar zum Trainingslager der Profis nach Mallorca geflogen, sie erstklassig verköstigt, sie untergebracht, sie zu Radausfahrten eingeladen und noch in der Hausfarbe Magenta eingekleidet. Die Klamotten habe ich heute noch im Kleiderschrank. Auch zur Mahnung: So geht's nicht! Zum Glück haben sich solche Auswüchse in den vergangenen Jahren gelegt, weil auch in Unternehmen auf Compliance geachtet wird.

Themen werden falsch gewichtet. Jeder, der dort eingeladen war, wird von sich behaupten, dennoch unabhängig und bei den folgenden Dopingthemen kritisch berichtet zu haben. Doch das ist Selbstbetrug. Der Fokus auf die Themen ändert sich. Die eigenen Urteile fallen milder aus. Eine wahrscheinlichere Folge: Themen, die man so aus der Nähe präsentiert bekommt, werden von Journalisten überbewertet und finden in größerem Umfang in die Medien, als es angemessen gewesen wäre. Radsport-Doyen Hartmut Scherzer, jahrzehntelang ein nicht immer distanzierter Begleiter des Spitzensports, wunderte sich jedenfalls stets darüber, wie umfangreich auf einmal Mitte Januar die Berichterstattung über diese Sommersportart in deutschen Medien stattfand. Noch einmal Anno Hecker dazu: „Wir alle wissen, dass wir instrumentalisiert werden sollen, instrumentalisiert werden und es ist uns allen schon passiert, mir jedenfalls. Mitunter merkt man das erst später. Man ist ja nicht immer so schlau, wie man es gerne von sich selbst glaubt."

Übung

Probieren Sie es mal mit dem Sie! Es mag einem zunächst fremd vorkommen, wenn Berufsanfänger Menschen im gleichen Alter nicht mit Du, sondern mit Sie ansprechen. Möbelhäuser duzen mittlerweile ja auch ihre Kunden, und bei vielen deutschen Unternehmen ist das Du bis in die höchste Leitungsebene Usus. Kollegen werden Sie scheel angucken. Doch versuchen Sie es mit dem Sie mal beim gleichaltrigen Basketballer! Vielleicht passt diese Anrede nicht zu Ihnen und zu Ihrem Gesprächspartner. Mit Sicherheit verläuft so ein Gespräch anders als auf Du-Ebene. Welche die für Sie und die jeweilige Person passende Form ist, müssen Sie dann selbst herausfinden.

▶ **Tipp** Weg vom Bildschirm! Saugen Sie Sportereignisse mit allen Sinnen auf. Gehen Sie so oft wie möglich raus zur Berichterstattung. Fühlen, schmecken, hören, sehen, tasten statt Googeln, Wikipedia durchorgeln oder telefonieren. Wenn die Redaktion das aus wirtschaftlichen Gründen oder wegen fehlender Kapazitäten nicht zulässt, machen Sie es in Ihrer Freizeit. Ob beim Profisport oder beim ländlichen Reitturnier – machen Sie Übungsbeiträge aller Genres draußen in freier Wildbahn.

Verwendete Quellen

- Hanns Joachim Friedrichs, Journalistenleben (München: Droemersche Verlagsanstalt, 1. Aufl. 1994)
- Philipp Jessen, „Ich dachte, wir sind Freunde!", Medium-Magazin 3/2022, Frankfurt/Main, S. 48–52
- Hartmut Scherzer, Welt Sport – 60 Jahre Erlebnisse einer Reporter-Legende (Frankfurt/Main: Frankfurter Societäts-Medien GmbH, 1. Aufl. 2020)
- Pressekodex: https://www.presserat.de/pressekodex.html, abgerufen 16. März 2023.

Gesprächspartner und -partnerinnen

- Anno Hecker, „Frankfurter Allgemeine Zeitung", 14. Januar 2022
- Shary Reeves, Moderatorin, u. a. Champions League und „Wissen macht Ah!"

Rassismus 33

Zusammenfassung

Es wäre weit hergeholt, dem Sportjournalismus strukturellen Rassismus zu unterstellen. Doch besondere Sensibilität ist erforderlich, weil Herkunft, Abstammung und Hautfarbe von Athletinnen und Athleten thematisiert werden.

Stichworte

Rassismus, Schwarze Adler, Olympiamannschaft

33.1 Sensibilität besonders in Live-Situation

Drei Deutsche am Start. Die stimmungsvollen Leichtathletik-Europameisterschaften 2022 neigten sich in München dem Ende zu, als die 10 000-Meter-Läufer auf die Bahn gingen. Drei deutsche Athleten liefen. Nils Voigt war auf Platz 8 der Beste. Samuel Fitwi Sibhatu war als Neunter knapp dahinter. Filimon Abraham wurde 19. beim Sieg des Italieners Yemaneberhan Crippa vor dem Norweger Zerei Kbrom Mezngi. Vier der fünf genannten Läufer sind schwarz und in einem anderen Land geboren als in dem, für das sie starteten. In seiner Kommentierung ging ZDF-Leichtathletik-Experte Peter Leissl umfangreich auf Hautfarbe und Herkunft der Läufer ein, und Interviewer Norbert König trieb das Thema in den anschließenden Fragen noch weiter.

Besondere Gefahr in Live-Situationen. Gerade in den deutschen Olympiamannschaften und da wieder insbesondere in der Leichtathletik sind viele Menschen mit Zuwanderungsgeschichte. Diese zu thematisieren, ist selbstverständlich Aufgabe eines Reporters oder einer Reporterin. Die Gefahr, einen falschen Zungenschlag in die Berichterstattung zu bringen oder auch einen zumindest umstrittenen Schwerpunkt zu setzen, besteht gerade in stressigen Live-Situationen.

Auch positive Zuschreibungen können rassistisch sein. Der Deutsche Leichtathletikverband hat eigens eine Sonderbeauftragte für dieses Thema eingesetzt. Dr. Nkechi Madubuko, Diversity-Trainerin und frühere Dreispringerin, sagt in einem Interview auf der Website des Verbandes: „Unsere Trainingsgruppe war in Bezug auf die Herkunft divers aufgestellt, die Hautfarbe war kein Thema. Ich habe im Wettkampf ein großes Maß an Selbstbestätigung für mich erfahren – aber auch Zuschreibungen in Bezug auf meine Hautfarbe von anderen Athletinnen und Athleten. Mein Schwarzsein wurde mit Erwartungen an meine Leistung verbunden, so nach dem Motto ‚Sie ist schwarz, dann hat sie es drauf'. Das waren Zuschreibungen, für die ich nichts konnte. Rassismus hat viele Gesichter. Es können auch positive Zuschreibungen sein."[56]

33.2 Rassismus als Thema

Mexiko 68 und „Black lives matter". Dass Rassismus als Gegenstand der Berichterstattung ein Thema für den Sportjournalismus ist, ist unstrittig. Gesellschaftliche Entwicklungen, die den Sport tangieren oder im Sport wegen dessen Strahlkraft besonders zur Geltung kommen, erfordern das. Angefangen beim berühmten Protest schwarzer US-amerikanischer Sprinter bei den Olympischen Spielen 1968 in Mexiko bis zu den von den Vereinigten Staaten ausgehenden „Black lives matter"-Protesten, bei denen sich Athletinnen und Athleten als Zeichen des Protests gegen Diskriminierung vor dem Anpfiff auf ein Knie stützen. Als mit der Partie zwischen dem MSV Duisburg und dem VfL Osnabrück in der dritten Liga des deutschen Profifußballs erstmals ein Spiel wegen vermeintlicher rassistischer Rufe abgebrochen wurde (die Ermittlungen der Polizei bestätigten den Verdacht rassistischer Beleidigungen später freilich nicht), war die Berichterstattung in Deutschland allerdings erstaunlich überschaubar.

---

56 Quelle: https://www.leichtathletik.de/news/news/detail/75457-dr-nkechi-madubuko-sensi bilitaet-ist-der-schluessel, abgerufen 8. März 2023.

Von Kostedde bis Tönnies. Alexander Hefliks Biografie „Erwin Kostedde – Deutschlands erster schwarzer Nationalspieler" zeigt historisch die Problematik auf. „Der Rassismus ist ein Oberthema, aber mein Gedanke war nicht: Ich muss jetzt noch über Rassismus berichten", sagt der Autor in einem Interview der „Münsterschen Zeitung"[57]. In dem Buch werden Begriffe wie „schwarze Perle" oder „brauner Bomber" zitiert – bis hin zu Kosteddes Sehnsucht, „einer wie Muhammad Ali" zu sein. Heflik: „Dass er als der „deutsche Pelé" bezeichnet wurde, hat Erwin Kostedde eben hingenommen. Man hört ja immer noch Ausdrücke wie „schwarze Gazelle"; rassistische Ausfälle sind dem Fußball immanent: Ein schlimmes Beispiel kam vom langjährigen Aufsichtsratsvorsitzenden des FC Schalke 04, Clemens Tönnies, der dann seinen Posten räumen musste."

Medien setzen sich mit dem Thema auseinander. „Rassismus gibt es immer noch", stellt die Moderatorin und frühere Fußball-Bundesligaspielerin Shary Reeves fest. „Aber die Art und Weise der Berichterstattung ist in der Tat eine andere, als es früher der Fall war. Denn früher ist es so ein bisschen unter den Tisch gekehrt worden, da hat sich keiner wirklich mit auseinandersetzen wollen. Man muss dazu ehrlicherweise sagen, dass es auch bei uns in Deutschland bis vor einigen Jahren auch noch so war. Es ist halt so ein bisschen erwähnt worden, aber es ist keine große Baustelle aufgemacht worden. Was ich aber gut finde ist, dass man sich in den Medien grundsätzlich überhaupt mittlerweile damit auseinandersetzt." In ihrer Fußball-Karriere fühlte sie sich häufig – auch durch Schiedsrichter – diskriminiert: „Das ist mir nicht nur einmal passiert. Ich habe mir sehr häufig in meinem Leben Bundesligaspiele angeguckt. Und es ist schon sehr auffällig gewesen, dass sehr viele afrikanische Spieler benachteiligt wurden."

Stereotypen in der Berichterstattung. „Die Zeiten, in denen Souleyman Sané oder Anthony Yeboah von Sportjournalisten als „schwarze Perle" bezeichnet wurden, während es von den Rängen Bananen regnete, sind zwar glücklicherweise vorbei", schreibt der Journalist Christoph Ruf in einem Beitrag für den „Verband deutscher Sportjournalisten.[58] „Doch das bedeutet nicht, dass eine Berichterstattung, die auf rassistischen Vorstellungen basiert, ausgestorben wäre." Der Journalist Malcolm Ohanwe, der unter anderem für den Bayerischen Rundfunk arbeitet und den Podcast „Kanackische Welle" betreut, sagt in Rufs Stück: „Mir scheint,

---

57 Quelle: Münstersche Zeitung, https://www.muensterschezeitung.de/sport/lokalsport/muenster/alexander-heflik-erzahlt-die-geschichte-des-deutschen-fussballers-erwin-kostedde-1029390, abgerufen 16. März 2023.
58 Rassismus-Report, https://www.sportjournalist.de/news/meldungen-und-medien/rassismus-report-teil-i-fb-1072/, abgerufen 8. März 2023.

dass besonders dann, wenn bei Live-Übertragungen Zeit zu überbrücken ist, gerne auf Stereotypen zurückgegriffen wird, um die Zeit totzuschlagen." Dann werde von körperbetont spielenden Ghanaern oder filigranen Japanern gesprochen.

Auf athletische Fähigkeiten reduziert. Das Unternehmen RunRepeat hat in Kooperation mit der englischen Profifußballer-Vereinigung 2073 Statements von Kommentatoren in 80 Fußballspielen der Saison 2019/20 auf die Nennung von Attributen für Spieler unterschiedlicher Hautfarbe analysiert. Ein wesentliches Ergebnis: Spieler mit dunkler Hautfarbe werden häufiger auf ihre athletischen Fähigkeiten reduziert, bei Akteuren mit heller Hausfarbe stehen Intelligenz und harte Arbeit im Vordergrund.

In Zahlen:

- Wenn Kommentatoren über Intelligenz sprechen
  - 62.60 % des Lobs erstreckt sich auf Spieler mit hellerer Hautfarbe
  - 63.33 % der Kritik bezog sich auf Spieler mit dunklerer Hautfarbe.
- Wenn Kommentatoren über Kraft sprechen, ist die Wahrscheinlichkeit um 6,59 Mal höher, dass es um Spieler mit dunklerer Hautfarbe geht.
- Wenn sie über Laufgeschwindigkeit reden, ist die Wahrscheinlichkeit um 3,38 Mal höher, dass es um Spieler mit dunklerer Hautfarbe geht.
- Wenn sie über Arbeitsethos reden, richtet sich das Lob zu 60,4 Prozent an Spieler mit hellerer Hautfarbe.

Fast keine schwarzen Manager. Der Autor Christoph Biermann (2022, S. 78) weist darauf hin, dass die Wahrnehmung von afrikanischen Profis „als Naturtalente oft rassistisch gefärbt ist". Schwarze Profis stünden weiterhin bemerkenswert selten im Tor, als Cheftrainer seien sie krass unterrepräsentiert, und schwarze Sportdirektoren gebe es fast gar nicht. Biermann (2022, S. 84): „Das zeigt die Beharrlichkeit rassistischer Vorstellungen, denn Torhüter müssen besonders zuverlässig sein, Trainer und Manager sind per Definition Führungspersönlichkeiten. Beides wird Schwarzen nach wie vor abgesprochen."

33.3 Fehlende Vielfalt in Redaktionen

Homogenität unter den Reportern. Einen Grund für die immer noch vorhandene Problematik sieht Ruf in der Homogenität der Reporter gerade in der Fußball-Bundesliga. Bis auf wenige Ausnahmen handelt es sich um weiße Männer. Frauen sind bei weitem in der Unterzahl. Und auch der Anteil der Berichterstatter mit Zuwanderungsgeschichte entspricht bei weitem nicht der, wie er in der Gesamtbevölkerung vertreten ist. Auch für den Journalisten Ronny Blaschke sind die Monokulturen von weißen Männern im Sportressort ein Problem. Deswegen würden sich dann auch Vorurteile in der öffentlichen Meinung manifestieren, dass Subsahara-Läufer per se ausdauerstärker seien, sagte er im Sportgespräch des „Deutschlandfunks".

Weniger Mitte, mehr Marzahn. Die Erkenntnis, dass den Redaktionen eine größere Vielfalt an Lebensgeschichten ihrer Beschäftigten guttut, hat sich in der Medienlandschaft in jüngerer Vergangenheit durchgesetzt. So bringt es dpa-Chefredakteur Sven Gösmann auf die Formel „Wir brauchen weniger Mitte und mehr Marzahn", heißt: weniger wohl behütet und geradlinig in Stadtteilen wie Berlin-Mitte beheimateten Nachwuchs als viel mehr den aus Plattenbausiedlungen und mit Brüchen in den Lebensläufen. Nur so lassen sich die gesellschaftlichen Entwicklungen – die sich ja auch im Sport sichtbar niederschlagen – erkennen und darstellen. Besonders auffällig ist der Mangel an Vielfalt auf der Leitungsebene. In einer Studie der Neuen Medienmacher (2020) hatten nur acht von 126 befragten Medienverantwortlichen reichweitenstarker und publizistisch wichtiger deutscher Medien im Befragungssample einen Migrationshintergrund.

Verwendete Quellen

- Alexander Heflik, Erwin Kostedde – Deutschlands erster schwarzer Nationalspieler (Göttingen, Verlag Die Werkstatt, 1. Aufl. 2021)
- Christoph Biermann, Um jeden Preis: Die wahre Geschichte des modernen Fußballs von 1992 bis heute (Köln, Kiepenheuer & Witsch, 1. Aufl. 2022)

- Münstersche Zeitung, https://www.muensterschezeitung.de/sport/lokalsport/muenster/alexander-hcflik-erzahlt-die-geschichte-des-deutschen-fussballers-erwin-kostedde-1029390, abgerufen 16. März 2023.
- Deutscher Leichtathletikverband: https://www.leichtathletik.de/news/news/detail/75457-dr-nkechi-madubuko-sensibilitaet-ist-der-schluessel, abgerufen 8. März 2023.
- Rassismus-Report, https://www.sportjournalist.de/news/meldungen-und-medien/rassismus-report-teil-i-fb-1072/, abgerufen 8. März 2023.
- Broschüre zu Diversity im deutschen Journalismus: https://neuemedien macher.de/fileadmin/dateien/PDF_Borschueren-Infomaterial-Flyer/202005 09_NdM_Bericht_Diversity_im_Journalismus.pdf, abgerufen 22. März 2023.
- Studie zu Rassismus in englischer Fußball-Berichterstattung: https://run repeat.com/racial-bias-study-soccer, abgerufen 22. März 2023.

Gesprächspartner und -partnerinnen

- Shary Reeves, freie Moderatorin, Köln, 12. Juni 2022
- Sven Gösmann, dpa, Berlin, 15. Mai 2019

Lokalsport 34

> **Zusammenfassung**
>
> Kaum etwas ist in den regionalen Medienhäusern so umstritten wie der Lokalsport. Wer liest das? Wer guckt das? Minderheitenprogramm! Dennoch gibt es eine Daseinsberechtigung für die lokale Sportberichterstattung – wenn sie sich an den Kundinnen und Kunden orientiert.
>
> **Stichworte**
>
> Lokalsport, Readerscan, Lesewert, Themenmix, Gattungsmix.

34.1 Nah an der Kundschaft

Servicegedanke bestimmt. Etwas kokettierend rühme ich mich gern meines größten Erfolgs als Sportjournalist. Der hatte nichts mit Olympischen Spielen oder Fußball-Weltmeisterschaften zu tun, es war nichts Investigatives und es gab auch keinen Preis oder so. Es war ein Produkt soliden Handwerks und der simplen Orientierung am Kundeninteresse. Kurzgefasst: Ergebnisse der Kreisliga C montags aktuell im Blatt.

Aus einer anderen Zeit. Mitte der 1990er-Jahre, als sich das Internet gerade erst daran machte, zum Massenmedium zu werden, hatte die Tageszeitung gerade auf lokaler Ebene immer noch eine Vormachtstellung in Sachen Aktualität – auch und insbesondere, was den örtlichen Sport anging. Abgesehen von Mundpropaganda, Telefonketten und mancherorts Aushängen von Ergebnissen an Sonntagabenden an Redaktionsgebäuden boten die Montagausgaben der Tageszeitungen den ersten Überblick über das Geschehen im Amateur-Fußball. Quasi-Live-Übermittlung der Geschehnisse auf Asche oder Kunstrasen via Smartphone, wie sie nun längst etabliert ist, war damals noch Science-Fiction.

Am Niederrhein. 1998 hatte ich den Auftrag, für die „Rheinische Post" einen eigenen Lokalsport-Teil für die Orte Xanten, Sonsbeck, Rheinberg und Alpen am Niederrhein aufzubauen. Zuvor war der Sprengel stiefmütterlich von der südlicher gelegenen Redaktion Moers mitbetreut worden. Mehr Quantität, menschelnde Geschichten, Qualitätssteigerung bei den Fotos – all das ging ich mit der gebotenen Professionalität oder der Begeisterung für die Aufgabe an. Die Leserschaft dankte es mit wohlmeinenden Wortmeldungen beim Redaktionsleiter. Wunderbar!

Die Bedeutung der 1:0-Berichterstattung. Doch viel wichtiger war es, dass es uns gelang, unterklassige Ergebnisse bereits montags im Blatt zu haben. In Moerser Zuständigkeit waren die immer erst in den Mittwochausgaben veröffentlicht worden, nachdem der Staffelleiter die Resultate ganz offiziell an die Redaktionen übermittelt hatte. Die von Moers vorgebrachten Gründe gegen einen montäglichen Überblick bis hinunter zur Kreisliga C: geringer sportlicher Wert; interessiert doch keinen; großer Aufwand, die Ergebnisse herein zu telefonieren; übermittelte Resultate stimmen oft nicht. All die Bedenken waren gerechtfertigt. Dennoch: Die Mühe lohnte sich im Sinne des Produkts und damit der Leserinnen und Leser. Blanke Ergebnisse plus Tabelle – das hatte damals einen Mehrwert auf unterer Ebene. Die viel geschmähte 1:0-Berichterstattung fand ihr Publikum.

Nähe und Gesprächswert. Heute ist so ein Angebot längst überholt. Alle Resultate stehen nicht zuletzt über die jedermann zugänglichen Angebote der Fußballverbände unmittelbar nach Schlusspfiff zur Verfügung. Das Beispiel zeigt aber, dass das Interesse des Publikums an Sportereignissen gerade im Lokalen nicht mit dem sportlichen Wert im Sinne von Höher, Weiter, Stärker gleichzusetzen ist. Die (soziale) Nähe zu den Akteurinnen und Akteuren und der Gesprächswert sind viel entscheidender als Zeiten und Weiten.

Größer als die Champions League. Auch deshalb haben wir in einem anderen Lokalteil der „Rheinischen Post", der „Rhein-Wupper-Zeitung", die Handball-Duelle in der Verbandsliga zwischen dem Leichlinger TV und dem TuS 82 Opladen in den 1990er-Jahren journalistisch so extensiv und intensiv begleitet, dass der Umfang der Berichterstattung bisweilen den über den Champions-League-Fußball-Club Bayer Leverkusen im selben Lokalteil übertraf. Mit dem ganzen Repertoire an Darstellungsformen: Doppel-Interview mit den Trainern, historische Stücke über die Rivalität der Clubs, Porträts der wichtigsten Akteure, Tipps örtlicher Prominenter usw.

34.2 Abwechslung als Prinzip

Nichts neu erfinden. Im Kapitel über automatisierten Journalismus wird auch die Eintönigkeit in Teilen des Sportjournalismus beklagt. Immer wieder die gleichen Formen, der gleiche Rhythmus, die gleiche Sprache: Vorschau, Spielbericht, Nachdreher. Das musste in analogen Zeiten nicht sein, und das muss im Digitalen erst recht nicht sein. Um aus dieser Ödnis auszubrechen haben der damalige Leverkusener Lokalsportredakteur Stefan Klüttermann und ich in ein Konzept erarbeitet, das die Abwechslung zum obersten Prinzip erhoben hast. Ganz nach dem Lehrsatz: Du sollst nicht langweilen. Das Schöne daran ist, dass im Grunde nichts neu erfunden werden muss. Darstellungsformen und gute Zugänge zu Geschichten gibt es ja mehr als genug. Optimal dafür ist die Kommunikation zwischen Lokalsportkolleginnen und -kollegen benachbarter Redaktionen eines Hauses, das kann so etwas wie ein physischer oder virtueller Stammtisch oder auch ein informeller Austausch sein. Und: Gute Ideen dürfen gern auch aus anderen Medien abgeguckt werden. Bei „Bild", im „Kicker", bei „11Freunde" oder auch bei der „Gazzetta dello Sport" in Mailand, der „Equipe" in Paris oder bei „Dagens Nyheter" in Stockholm. Statt Ideenklau nennt man das dann am besten im Berater-Deutsch „Best-practice-Studie".

34.3 Leserforschung

Erschütternde Quoten. Spätestens seitdem der Schweizer Carlo Imboden mit dem Verfahren „Readerscan" in den 2000er-Jahren das Leseverhalten von analysierte, steht der personell und damit finanziell aufwändige Lokalsport überall unter Rechtfertigungs- und Veränderungsdruck. Die Lesequoten im Lokalsportteil seien oft unterirdisch, sagte er beim 25. Forum Lokaljournalismus 2018 in Bremerhaven. Als erste deutsche Zeitung nutzte die „Main-Post" aus Würzburg das „Readerscan"-Verfahren, bei dem die Leser mit einem Stift die letzte Zeile des Artikels markieren, bis zu der sie gelesen haben. Ergebnis: Nur 3,5 Prozent der Leser eines Artikels im Lokalsport lesen bis zum Schluss. Imbodens Analyse: Die Artikel würden eigentlich nicht für die Leser geschrieben, sondern für die Vereine und ihre Funktionäre, die sich repräsentiert sehen wollen. Deswegen orientiere sich die Berichterstattung an den Spieltagen, die der Saisonkalender vorgibt, und nicht daran, was die Leserinnen und Leser eigentlich interessiere.

Analysen helfen auch online. Die Mehrwertmacher GmbH aus Dresden hat das Imboden-Verfahren weiterentwickelt und bietet es als „Lesewert" seit 2012 an. Testleserinnen und -leser markieren bei ihrer täglichen Lektüre mit einem Signalstift, welche Artikel sie wahrgenommen haben und an welcher Stelle sie jeweils ausgestiegen sind. Aus den Daten werden Kennzahlen wie der Lesewert ermittelt, der angibt, wie attraktiv ein Text für die Leser insgesamt ist. Diese Analysen helfen parallel auch, die Steuerung der Themen auf den Online-Portalen zu verbessern.

Gesellschaftliche Relevanz. Christian Eißner, Leitender Redaktionscoach bei „Lesewert", stellt besonders hohe Werte bei Lokalsportthemen da, die eine Relevanz auch jenseits der Kreidelinie des Spielfeldes haben. Freizeitsport-Stücke etwa über interessante Mountainbike-Strecken oder Gesundheitsthemen zählt er dazu. Aber auch wenn es um die gesellschaftliche Bedeutung des Sports und der seiner Vereine geht. Und dann geht es um die journalistische Herangehensweise. Eißner: „Was kann ich bieten? Einordnung und Kritik funktionieren meistens gut." Spielberichte hingegen gar nicht. Ausnahme sind Berichte ausschließlich über die jeweiligen Topclubs am Ort, also meist aus dem Fußball, örtlich auch vom Handball oder aus dem Eishockey.

Starke Lobby. Der Kampf um die Leserinnen und Leser ist gerade im Lokalsport eine komplizierte Angelegenheit. Es gibt einerseits eine zahlenmäßig kleine, aber sehr lautstarke Lobby aus Funktionären, die die 08/15-Spielberichterstattung einfordern. Diese wiederum haben durch ihre Vernetzung durchaus Einfluss in einer treuen Kernleserschaft des Lokaljournalismus auch über den Sport hinaus – und das lassen sie Redaktion und Verlag gern spüren.

34.4 Veränderung in Pandemie

Krise als Chance. Als 2020 die Corona-Pandemie Sportbetrieb gerade auch auf lokaler Ebene praktisch zum Erliegen brachte, geriet der Lokalsport in den Medienhäusern in noch größeren Rechtfertigungszwang. Umfänge wurden reduziert, Personal wurde umgesetzt. Doch pfiffige Redaktionen erkannten in der beispiellosen Krise eine Chance. Die „Rems-Murr-Zeitung" zum Beispiel.

Weg vom Wettkampfsport. „Wir möchten weg von der Einengung auf den Wettkampfsport hin zum weiten Feld sportlicher Betätigung, möchten auch jenen Lesern etwas bieten, die sich bisher den Sport schnell beiseitegelegt haben", schrieb die Redaktion ihren Leserinnen und Lesern via Website, „der neue lokale Sportteil wird anders sein und für manchen auch gewöhnungsbedürftig. Er hat ein großes Ziel: Er will alle unsere Leser erreichen, nicht nur die Sportler. Wir hoffen aber, damit genauso unseren Wettkampfsportlern jede Menge spannenden Lesestoff zu bieten." Zeiten und Weiten, Rekorde und Resultate sollen den Lokalsport nicht mehr mit selten hinterfragter Selbstverständlichkeit prägen. Ganz nach dem immer gültigen Mann-beißt-Hund-Prinzip soll das Außergewöhnliche in den Mittelpunkt. Dazu emotionale Geschichten rund um Menschen. Und Service-Stücke etwa über Mountainbike-Strecken oder im Großkomplex Bewegung und Gesundheit.[59]

Berater Eißner beobachtete freilich, dass sich in vielen Medienhäusern die althergebrachte Berichterstattung über den Wettkampfbetrieb wieder etablierte, als nach der Hochphase der Pandemie die Ligen wieder normal liefen.

▶ **Tipp** Es hört sich so selbstverständlich an und ist es doch nicht. Achten Sie darauf, dass Namen richtig geschrieben werden. Das ist immer und überall wichtig, im Lokalsport aber ganz besonders. Das ist eine Frage der Professionalität und des Respekts. Falsch geschriebene Namen erschüttern die Glaubwürdigkeit ihres Produkts wie wenige andere Fehler. Als ich bei einem Tennis-Turnier in Langenfeld in einem Namen einen Buchstabendreher hatte. Ich war damals freier Mitarbeiter und der Tennisspieler hatte sich beim zuständigen Redakteur beklagt – zu Recht. Selten war etwas in meinem Berufsleben so nachhaltig wie der Anschiss, den ich danach von dem Redakteur bekam.

Übung

In den Links finden Sie einen Bericht über die Diskussion rund um Völkerball im Schulsport. Wäre das ein Thema für die lokale Sportberichterstattung? Mit Sicherheit! Ein emotionales Thema, jeder hat seine eigenen Erfahrungen. Wie könnten Sie das Thema umsetzen? Ein Artikel reicht vermutlich nicht, es könnte sich eine ganze Themenkarriere entwickeln. Denken Sie auch daran, wie Sie die Leserinnen und Leser in die Berichterstattung einbinden können.

---

59 Quelle: Gisbert Niederführ, 7.8.20, https://www.zvw.de/sport/unser-neues-lokalsport-kon zept_arid-210596, abgerufen 16. März 2023.

Verwendete Quellen

- Informationen zum Amateurfußball-Angebot FuPa: https://kress.de/news/detail/beitrag/139260-aus-liebe-zum-fussball-wie-fupa-gruender-michael-wagner-erfolgreich-wirtschaftet.html, abgerufen 22. März 2023.
- Gisbert Niederführ, 7. 8. 20, https://www.zvw.de/sport/unser-neues-lokalsport-konzept_arid-210596, abgerufen 16. März 2023.
- Bericht über Völkerball (zur Übung): https://www.infranken.de/ueberregional/entmenschlichendes-spiel-im-schulsport-forscher-wollen-voelkerball-abschaffen-art-5062176, abgerufen 22. März 2023.

Gesprächspartner und -partnerinnen

- Christian Eißner, „Lesewert", Dresden, 17. Oktober 2022

Vorsicht, Falle! 35

Sprachliches und Faktisches – im Journalismus lauern viele Fallen. Sprachliche Ungenauigkeiten, fachliche Mängel und überstrapazierte Formulierungen. Zugegeben: Manches ist ein bisschen besserwisserisch.

35.1 Sportfachliches

0:1-Siege ... gibt es nicht. Bei einem Sieg steht der höhere Wert immer vor dem Doppelpunkt, bei einer Niederlage dahinter. Es ist falsch, wenn auf einem Social-Media-Post der Handball-Bundesliga steht: „Mit 32:35 konnten sich die Dänen nach Verlängerung gegen Frankreich durchsetzen." Richtig ist: Die Dänen setzten sich mit 35:32 im Spiel um Platz drei der Europameisterschaft durch. Dabei ist es übrigens egal, wer auswärts und wer zu Hause spielt. Der VfL Bochum kann beim 1. FC Köln mit 1:0 gewinnen, nicht aber einen 0:1-Sieg in Müngersdorf feiern. So will es die Konvention.

Weltmeisterschaft oder Weltmeisterschaften? Das hangt von der Zahl der Entscheidungen ab. Die Fußball-Weltmeisterschaft bleibt im Singular, weil dort nur ein Titel vergeben wird. Anders bei den Leichtathletik-Weltmeisterschaften. Hier ist der Plural erforderlich, weil viele Wettbewerbe durchgeführt werden.

Olympische Sommerspiele ... gibt es nicht. Es gibt die seit 1896 (gemeinhin im Sommer) ausgetragenen Olympischen Spiele und die seit 1924 stattfindenden Olympischen Winterspiele. Nach reiner Lehre ist der Vierjahreszeitraum, der mit dem Jahr der Olympischen Spiele beginnt, eine Olympiade. Der Duden lässt allerdings diesen Begriff auch als Synonym für die Spiele zu. Puristen halten das allerdings für unzulässig.

Sponsorennennung. Umgangssprachlich hat es sich bei vielen Stadien durchgesetzt, sie mit dem Sponsorennamen zu nennen. Die „Allianz Arena" in München ist ein fester Begriff. Puristen, die sich nicht zum Transporteur von Werbebotschaften machen wollen, sprechen vielleicht von der „WM-Arena in Fröttmaning". Doch das trägt eher zur Verwirrung als zur Erhellung bei. Die Orientierung am Landläufigen kann hier nur leiten. Schwierig wird es bei den Arenen, wenn sie in kurzer Abfolge umbenannt werden wie in Hamburg. Bis 2001: Volksparkstadion, 2001 bis 2007: AOL Arena, 2007 bis 2010: HSH Nordbank Arena, 2010 bis 2015: Imtech Arena, seit 2015: Volksparkstadion, im Gespräch: Uwe-Seeler-Stadion.

Grundsätzlich ist die Sponsorennennung im Sportjournalismus ein Problem. Florian Naß, ARD-Kommentator der Tour de France, räumte ein, dass er den Namen des 2022 siegreichen Teams „Jumbo Visma", bestimmt rund 35-mal je Übertragung gesagt und damit Werbung für eine niederländische Supermarktkette gemacht habe. Und als noch drei deutsche Teams bei der Tour antraten („T-Mobile", „Gerolsteiner", „Milram") nannte er sie auch alle. Was hätte er auch sonst sagen sollen? Im Motorsport ist die Nennung der Marken ja auch gang und gäbe. Ganz schwierig ist es, wenn Veranstaltungen einen Zusatznamen eines Sponsors haben. Der legt in der Regel viel Wert darauf, auch in den Medien genannt zu werden. Entsprechend gibt es auch mal Anrufe von Veranstaltern in der Redaktion, wenn das nicht im Sinne der Sponsoren läuft. Selbst habe ich das beim World Team Cup, der Tennis-Mannschaftsweltmeisterschaft in Düsseldorf, erlebt. Die wechselte auch alle paar Jahre ihren Namen. Lösung: Bei der ersten Nennung im Text wird der Sponsor mitgenannt, danach nicht mehr.

Transkription. Die Übertragung von Namen, die ursprünglich nicht in unserer lateinischen Schrift verfasst wurden, ist ein Problem. Meistens tritt es auf, wenn der Name eigentlich auf Kyrillisch geschrieben werden müsste, also etwa bei Russinnen und Russen. Üblicherweise gibt es dann zwei Varianten für westliche Schreibweisen: die deutsche Transkription und die englische. Die deutschsprachigen Medien verwenden dann – naheliegend – die deutsche Übertragung. Der frühere sowjetische Präsident wurde hierzulande Michail Gorbatschow geschrieben, während er im Englischen als Mikhail Gorbatchev lief. So funktioniert es folgerichtig auch bei Sportlerinnen und Sportlern. Nun steht auf den Trikots von Fußballstars aber auch in Deutschland normalerweise die englische Fassung. Und der „Kicker" als ein Leitmedium im deutschen Fußballjournalismus hat sich dieser Schreibweise im Blatt und in den Digitalmedien angeschlossen. Einen aus Armenien stammenden früheren Dortmunder Mittelfeldspieler gibt es als Henrikh Mkhitaryan und als Henrich Mchitarjan.

Eine Fleißaufgabe haben übrigens immer die Agenturen vor Olympischen Spielen und großen Fußballturnieren zu bewältigen. Dann müssen viele, viele Namen vom Kyrillischen in die deutsche Transkription umgewandelt werden. Hilfreich ist dabei, wenn einige zum Redaktionsteam gehören, die in der DDR groß geworden sind und dort in der Schule Russisch gelernt haben.

Ortsangaben (1). In der Regel wird bei deutschen Sportlern der Sitz des Vereins, für den der Athlet startet, als Ortsangabe verwendet. Die 5000-Meter-Europameisterin Konstanze Klosterhalfen steht deshalb in den Ergebnislisten mit dem Hinweis „TSV Bayer 04 Leverkusen" und sie wird als Leverkusenerin bezeichnet. Sie lebt aber die meiste Zeit im US-Staat Oregon, wurde in Bonn geboren und stammt aus Königswinter. In einem Lokalmedium – etwa dem „General-Anzeiger Bonn" – würde man sie dann durchaus auch als Athletin aus Königswinter oder aus Bonn bezeichnen. Im Tennis wird oftmals der ursprüngliche Heimatort des Sportlers genannt, so bleibt Boris Becker auf ewig „der Leimener". Im Profiradsport wird in den Ergebnislisten in der Regel der Wohnort genannt. Ganz konsequent wird man es wahrscheinlich nicht hinbekommen, da viele Athleten mehrere Wohnorte haben oder auch verschiedenen Vereinen angehören.

Ortsangaben (2). ZDF-Sportreporter-Legende Rolf Töpperwien hatte es sich zur Gewohnheit gemacht, bei der Nennung der Schiedsrichter immer deren Herkunftsort zu erwähnen – sei er auch noch so klein und unbekannt. Das war eine Marotte und eine nette Verbeugung vor den dörflichen Vereinen. Inhaltlich brachte es dem Publikum allerdings wenig, wenn nicht klar gemacht wurde, in welchem Landstrich der jeweilige Ort lag. Auch in der Wintersportberichterstattung finden Dörfer mit seltenen Namen immer wieder Erwähnung als Herkunftsorte der Stars. Bischofswiesen zum Beispiel, Großbreitenbach oder Oberwiesenthal – da hilft es dem Publikum schon, wenn sie erfahren, dass die Orte in Oberbayern, Thüringen, Sachsen liegen.

Ortsangaben (3). Nice oder Nizza? Mailand oder Milano? Üblicherweise orientiert sich der Sportjournalismus am allgemeinen deutschen Sprachgebrauch. Wenn es gebräuchliche deutsche Namen gibt, werden üblicherweise die ganzen Vereinsnamen eingedeutscht: Inter Mailand oder Benfica Lissabon zum Beispiel. Manchmal ist es aber auch einfach schick, mit dem Originalnamen zu operieren oder es ist eine Varianz zur sonst gewählten deutschen Bezeichnung. Milan wird so gern als Synonym für den AC Mailand verwendet.

FC Arsenal und FC Chelsea. Es brauchte manchmal nicht viel, um den späteren „Express"-Sportchef Denis Canalp auf die Palme zu bringen. Es musste nur jemand FC Arsenal London sagen (oder schlimmer noch: schreiben). Nein, polterte der RP-Onliner dann, es heißt nur FC Arsenal ohne „London". Genau wie es nur FC Chelsea heißt. Alternativ: der FC Arsenal aus London.

ManU ... ist als Problem verwandt dazu. In England nennt man Manchester United in Kurzform ManUnited oder nur United, nicht aber ManU, wie es in deutschen Medien immer mal wieder vorkommt. Eine Erklärung: Das phonetisch ähnliche „manure" heißt „düngen" oder „jauchen".

Club oder Klub? Egal, Hauptsache einheitlich. Wer es mit der englischen Tradition hat, wählt „Club". Da auch die meisten großen „Clubs" wie der 1. FC Nürnberg (der Club schlechthin), der 1. FC Köln oder etwa der SC Magdeburg das „C" pflegen, ist mir diese Abkürzung am sympathischsten. dpa aber hat sich für „Klub" entschieden. Und Verein wird meist als Synonym verwendet. Kompliziert wird es, wenn es sich bei der Rechtsform gar nicht um einen Verein handelt, sondern um eine Firma wie die Bayer 04 Leverkusen Fußball GmbH. Oder wenn im US-Sport Franchises unterwegs sind. Wer es nicht allzu kompliziert machen will, rettet sich meistens in Begriffe wie „Mannschaft" oder „Team" und beschäftigt sich nur mit den Akteuren auf dem Platz.

Damen oder Frauen, Herren oder Männer? Es empfiehlt sich, sich hier an die Konventionen in den Sportarten zu halten. Beim Hockey heißt es nun einmal Damen und Herren, in der Leichtathletik spricht man von Frauen und Männern.

Randsport/Restsport. Die Begriffe klingen abwertend und werden von den Vertretern von Sportarten, die nicht im Mittelpunkt stehen, auch nicht gern gehört. Aber wie bezeichnet man dann solche Sportarten? Mir gefällt der unter anderem bei „Bild" seit langem gebräuchliche Begriff Buntsport in Abgrenzung zum sonst alles überragenden Fußball gut. Das wirkt fröhlich und positiv in Abgrenzung zum grauen Einerlei.

Derby. Frank Lußem vom „Kicker" sagt: „Immer, wenn ich junge Kollegen sagen höre, Dortmund gegen Schalke sei die Mutter aller Derbys, läuft es mir eiskalt den Rücken hinunter. Das ist es nun nicht. Als noch keiner der beiden Clubs existierte, elektrisierten die Spiele 1. FC Nürnberg gegen SpVgg Fürth die Massen." Der Begriff wird gern für Nachbarschaftsduelle verwendet. Seinen Ursprung hat der Begriff wie so vieles im Sport in England, wo sich in einer Vorläufervariante unseres Fußballs Teams aus der Region Derbyshire gegenüberstanden. Was

Fans als Derby empfinden, hat übrigens nicht allein mit räumlicher Nähe, sondern vornehmlich mit Tradition zu tun. So ist für die Anhänger des 1. FC Köln nicht das Spiel gegen Bayer Leverkusen das wahre Derby (20 Straßenkilometer liegen zwischen den Stadien), sondern das gegen Borussia Mönchengladbach (50 Kilometer) wegen der besonderen Rivalität insbesondere in den 1970er-Jahren.

Olympionike, Olympionikin. Kommt aus dem Griechischen (nike – Sieger) und bezeichnet deshalb den Olympiasieger oder die Olympiasiegerin. Wird oft als Begriff für Olympiateilnehmer missbraucht.

Autorisieren. Schwieriges Thema. Es ist im deutschen Journalismus (im englischen und im amerikanischen übrigens nicht!) dem Gesprächspartner einen niedergeschriebenen Interviewtext noch einmal vorzulegen. Das ist mehr noch in Politik und Wirtschaft Usus als im Sport. Schöner Effekt: Gerade Politprofis spitzen ihre Aussagen dann noch einmal zu und machen den Text besser. Im Sport autorisieren seltener die Athletinnen und Athleten als viel häufiger deren Pressestellen und/oder Berater die Interviews. Und das wird dann oft zur Weichspülerei, pointierte Aussagen überleben die Autorisierung selten. Für Journalistinnen und Journalisten stellt sich deshalb häufig die Frage, ob ein Interview die richtige Darstellungsform ist oder eine andere Textgattung im Zweifel besser geeignet wäre.

Einer meiner früheren Chefredakteure hat gern provozierend gesagt: „Wenn einem Journalisten nichts mehr einfällt, macht er ein Interview. Durchgeschriebene Stücke sollte man nie zur Freigabe aus der Hand geben, allenfalls das Autorisieren der verwendeten Zitate hat sich durchgesetzt. Der langjährige Sportchef der „Neuen Osnabrücker Zeitung", Harald Pistorius, sieht in der überhandnehmenden Autorisierungspraxis auch einen Verlust an Authentizität. Der Website des Verbands deutscher Sportjournalisten sagte er: „Wenn selbst Drittligisten verlangen, dass wir Zitate von Spielern einreichen oder Berater ein Interview ihres Klienten vorher lesen wollen, ist die Grenze überschritten. Natürlich hat der Gesprächspartner das Recht, nach einem langen Gespräch das gestaltete Interview zu lesen und Änderungen vorzuschlagen. Aber Autorisierung heißt nicht, dass der Interviewte oder gar die Pressestelle Änderungen anweisen kann. Das muss, sagen wir mal, Verhandlungssache sein."

Lieblingsverein. Es ist sicher nichts dagegen einzuwenden, wenn Sportreporterinnen und -reporter Lieblingsclubs haben. Doch soll man sie auch öffentlich nennen? Oder macht man sich damit angreifbar? Ja und ja. Wer wie der TV-Journalist Arndt Zeigler seit Jahr und Tag Stadionsprecher bei Werder Bremen ist und vor dem Anpfiff mit Spielern und Trainer abklatscht, kann schlecht sagen, der HSV sei tatsächlich sein Verein. Wer häufig über den FC Bayern berichtet, gilt automatisch als Bayern-Fan, obwohl er das gar nicht sein muss. Seinem Lieblingsverein steht man in der Berichterstattung ja vielleicht besonders kritisch gegenüber, um sich nicht dem Verdacht der Parteinahme auszusetzen. Ich ziehe mich übrigens immer auf den ersten Club zurück, dessen Heimspiele ich besucht habe. Das war der damalige Zweitligist Union Solingen im Stadion am Hermann-Löns-Weg in Ohligs, der längst aus dem bundesweiten Fokus verschwunden ist. Übrigens ist die Nennung der Union auch immer wieder ein schöner Einstieg in Partygespräche, die dann zwangsläufig ins Nostalgische gleiten – nicht nur bei uns im Bergischen Land.

Tipps abgeben. Sollte ich mich als Sportjournalist an Tippspielen beteiligen? Warum nicht? Die Erfolgsaussichten sind erfahrungsgemäß aber auch nicht besser als die weniger professionell mit der Materie befasster Mitspielerinnen und Mitspieler. Und die Häme ist umso größer, wenn ein vermeintlich Wissender in der Rangliste dann weit hinten steht. Bei Fußballturnieren tippe ich immer mit System (darf man das dann überhaupt noch Tippen nennen?). Bei mir gewinnt immer die in der Fifa-Weltrangliste besser platzierte Mannschaft mit 2:1. Das hat mir schon ein paar Euro eingebracht.

Sportlicher Wert. Je höher der sportliche Wert, desto ausführlicher muss die Berichterstattung sein – so könnte man meinen. Entscheidend ist aber in der Regel eben nicht der sportliche Wert, den man zum Beispiel am Trainingsaufwand der Sportlerinnen und Sportler festmachen könnte. Kriterium für die Gewichtung in den Medien ist das Publikumsinteresse und das bemisst sich – es wurde bereits erwähnt – in aller erster Linie am Gesprächswert der Ereignisse. Was interessiert das Publikum? Unternehmerisches Denken gehört eben auch zum Sportjournalismus.

Edin Terzic rotiert in Kopenhagen. Diese Formulierung findet sich immer häufiger, wenn ein Trainer seine Mannschaft kräftig umgestellt hat. Doch er rotiert natürlich nicht. Man stelle sich nur vor, wie der Dortmunder Coach Terzic durch die dänische Hauptstadt kreiselt.

Plural für Vereine. Auch wieder eine Übertragung aus dem Englischen, die im Deutschen schlicht falsch ist. In der Musikberichterstattung heißt es etwa „Queen haben Pläne, noch einmal gemeinsam aufzutreten". Das ist genauso falsch wie „Manchester United trennen sich von Cristiano Ronaldo". Sowohl die Band als auch der Club stehen im Deutschen im Singular. „Manchester United trennt sich von Cristiano Ronaldo."

Noch zehn Minuten zu gehen. Die Geher in der Leichtathletik haben in ihren Wettbewerben über 20 oder 50 Kilometer immer noch eine gewisse Strecke zu gehen. Die Formulierung „zu gehen" macht sich aber leider für Zeitangaben breit. „Noch fünf Minuten zu gehen beim Handballspiel des VfL Gummersbach". Tatsächlich bewältigen die Spieler diese Spanne überwiegend laufend und nicht gehend.

Trainerentlassung. Was gemeinhin als Trainerentlassung bezeichnet wird, ist in der Regel arbeitsrechtlich eine Freistellung oder eine Beurlaubung. Mit der Formulierung „XY trennt sich von Trainer Z" liegt man dagegen richtig.

Der 27-Jährige wechselte 2017 von Werder Bremen zu Bayern München. Gemeint war Nationalspieler Serge Gnabry. Der war bei seinem Wechsel aber noch nicht 27 Jahre alt, sondern erst 21. Im Moment der Berichterstattung ist er 27. Hier stimmt der Bezug nicht.

Zurück aus einer Verletzung. Immer häufiger zu hören. Gemeint ist in der Regel: Nach einer Verletzungspause zurück in der Mannschaft.

35.2 Inflationär verwendet

Historischer Erfolg. Diese Formulierung wird im Sportjournalismus inflationär verwendet und verliert damit an Kraft. Nicht alles, was zum ersten Mal passiert, ist historisch. In der Geschichtswissenschaft spricht man von einem historischen Ereignis, wenn die Zeit in ein Davor und ein Danach getrennt wird. Die Anschläge vom 11. September 2002 oder Russlands Angriff auf die Ukraine sind nachvollziehbare Beispiele. Natürlich muss der Maßstab gerade im Sport nicht so hoch sein. Es gibt auch für eine Sportart oder für eine Region sporthistorische Ereignisse. Eine Eilmeldung von „t-online" von den Olympischen Winterspielen in Peking hatte die Überschrift: „Historisch – Deutsche Skeletoni gewinnen Gold und Silber". Hat dieser Erfolg die Zeit geteilt? Eher nicht. Also: etwas mehr Zurückhaltung beim Wort „historisch".

Reißleine ziehen. Das Bild vom Fallschirmspringen wird gern verwendet – zu gern und zu häufig. Wenn sich ein Verein von seinem Trainer trennt, steht garantiert in vielen Medien, der Verein habe die Reißleine gezogen. Mal drauf achten!

Baustelle. Überall Baustellen: auf der Autobahn, auf Bahnlinien, am eigenen Haus und in der Sportberichterstattung. Das Wort, das als Metapher oft trifft, wird überstrapaziert. Also: nur selten einsetzen.

Rote Laterne. Die rote Laterne oder das Schlusslicht als Bild fürs Tabellenende. Ich kann es nicht mehr hören und lesen.

Paukenschlag. Festnahme im EU-Parlament, Politikerrücktritt, Trainerverpflichtung, überraschendes Resultat – all das verlangt nicht immer nach dem Wort Paukenschlag. Das gehört vorzugsweise in Konzertberichte.

Junge Wilde. Ebenfalls zu oft abseits der Kunst, aus der der Begriff ursprünglich stammt, eingesetzt.

Akribischer Arbeiter. Als solcher wird jeder neue Trainer bezeichnet, der sich bei einem Club einarbeitet. Gähn! Spannend wäre nur, wenn der Neue nicht genau und gewissenhaft arbeiten würde.

Ausgerechnet. Auch hier wieder: viel zu häufig verwendet. „Ausgerechnet der im Sommer von A nach B gewechselte Stürmer traf gegen seinen früheren Verein." Wer hat das noch nie geschrieben.

Insgesamt. Dieses Wort kommt im Sport häufig vor, lässt sich aber meistens ersatzlos streichen. Der für seine Sprachtipps bekannte Mannheimer Journalist Stephan Töngi verdeutlicht den problemlosen Verzicht auf „insgesamt" unter der Überschrift „schlanke Sprache" an folgenden Beispielen: „Dafür wurden Anfang November insgesamt 1022 Bürger interviewt, die mindestens 16 Jahre alt sind." Oder: „In einer gemeinsamen Pressemitteilung erklärten Polizei und Staatsanwaltschaft Mannheim, dass die Ermittler insgesamt 19 Beschuldigte namentlich identifiziert haben." Doch auch ohne „insgesamt" bleiben die 1022 Bürger 1022 Bürger. Ebenso drückt „19 Beschuldigte" hier auch ohne Füllwort die Gesamtzahl aus. Hingegen hilft „insgesamt" im Sinne der Lesbarkeit, um zwei Zahlen voneinander zu trennen. Nach dem Muster: „So starben im September 2019 insgesamt 217 Menschen bei Verkehrsunfällen."[60]

Am Ende des Tages. Seit sich der ehemalige Vorstandschef des FC Bayern, Karl-Heinz Rummenigge, etwa von den Mikrofonen zurückgezogen hat, dankenswerterweise nicht mehr ganz so häufig zu hören. Eingedeutschte Fassung des englischen „At the end of the day".

---

60 Richtig schreiben für Journalisten: Schlankheitstipp Nummer 2 vom 12.06.2020 auf Newsroom.de, https://www.newsroom.de/news/aktuelle-meldungen/ausbildung-13/richtig-schreiben-fuer-journalisten-schlankheitstipp-nummer-2-908692/, aufgerufen am 21. März 2023.

35.3 Allgemein Sprachliches

In oder mit? Auch wenn das hier kein besonderes Problem des Sports ist, möchte ich an dieser Stelle darauf hinweisen: auf das Mit-Problem. Beispiel ist eine Textkachel, die HSV-Präsident Marcell Jansen zum Tod des DFB-Ehrenspielführers Uwe Seeler auf seinen Social-Media-Kanälen veröffentlichte. Optik: Ein in Schwarz und Weiß gehaltenes Foto der beiden. Text darüber: „Mit Uwe Seeler ist heute der größte HSVer aller Zeiten von uns gegangen …" Das wirkt unfreiwillig komisch, denn wenn mit Seeler einer gegangen wäre, dann wäre in dieser Komposition Jansen nicht mehr unter den Lebenden. Ich weiß, das ist schon sehr spitzfindig. Richtiger ist die sprachliche Konstruktion „In Uwe Seeler ist heute …". Denn dieses „in" steht als Kurzform für „in Gestalt von" oder „in Person von".

Neuer Rekord. Der neue Rekord ist ein klassischer Pleonasmus – so wie der berühmte weiße Schimmel. Das Adjektiv neu bringt keine neue Information, denn ein Rekord, also eine Bestleistung ist definitionsgemäß etwas Neues.

Geschuldet. Wird gern gebraucht in Verbindung mit positiven Eigenschaften. „Dem Können", „der Überlegenheit", am besten: „dem Reichtum" geschuldet. Muss aber heißen: gedankt.

Sinn machen. Ist ein Anglizismus („to make sense") und meint eigentlich: Sinn ergeben. Gehört mittlerweile allerdings zum deutschen Sprachgebrauch.

Vorprogrammiert. Ist eine Dopplung. Programmiert reicht.

Super-Gau. Eins zuviel. Der GAU ist bereits der Größte anzunehmende Unfall.

Scheinbar, anscheinend. Mit anscheinend wird die Vermutung umschrieben, dass etwas ist, wie es erscheint. Mit scheinbar, dass es nicht in Wirklichkeit so ist, wie es erscheint. Er ist anscheinend ein erfahrener Trainer. Das war nur scheinbar ein Tor.

In 2023. Erneut eine leider im Deutschen populär gewordene Formulierung aus dem Englischen. Der Duden verwendet folgendes Beispiel aus der Wirtschaftssprache: Die Konsolidierung dieser Geschäftsbereiche wurde in 2003 abgeschlossen. Wenn in 2525 die Menschheit noch existiert … Laut Duden wird dieser Anglizismus allerdings nicht allgemein akzeptiert. Als standardsprachlich gilt die Jahreszahl ohne Präposition oder die Fügung im Jahre + Jahreszahl: Die Konsolidierung dieser Geschäftsbereiche wurde [im Jahre] 2003 abgeschlossen. Wenn [im Jahre] 2525 die Menschheit noch existiert ...

Aller Zeiten. Muhammad Ali wird gern als größter Boxer aller Zeiten bezeichnet. Gemeint ist, dass er der Beste der bisherigen Boxgeschichte war. Vielleicht kommt ja noch ein besserer. Okay, das ist ein bisschen spitzfindig.

Die USA. Die Runde der ARD-Expertinnen und Experten beim WM-Spiel 2022 zwischen dem Iran und den USA war eine Qual. Nicht wegen des Inhalts. Sondern weil irgendwann alle die USA in die Einzahl setzten. Also: „Die USA hat eine Torchance." Richtig wäre gewesen: „Die USA haben eine Torchance." Die USA stehen im Plural, weil die sie den Mehrzahl-Begriff „United States of America" als Grundlage hat.

Die Niederlande. Auch hier muss der Plural verwendet werden. „Die Niederlande wollen Weltmeister werden". Nicht, wie leider oft gebraucht: „Die Niederlande will Weltmeister werden." Das ganze Land nach dem Namen der beiden Nordsee-Provinzen als Holland zu bezeichnen, ist zwar nicht richtig, in unserem Nachbarland aber durchaus gebräuchlich.

35.4 Umgangsformen

Hand geben. Egal in welcher Sportredaktion ich im Laufe meiner Berufsjahrzehnte gearbeitet habe: Die Kolleginnen und Kollegen begrüßten und verabschiedeten sich mit Handschlag. Damit unterschied sich der Sport von den meisten anderen Ressorts. In der Corona-Krise hat das zwar nachgelassen, auch weil sich viele gar nicht mehr physisch begegneten, aber der körperliche Kontakt etabliert sich hoffentlich wieder. Tipp für Neulinge: Einfach ganz selbstverständlich beim Händeschütteln mitmachen!

Verwendete Quellen

- Interview über das Miteinander von Vereinen und Medien: https://www.sportjournalist.de/VDS-Nachrichten/Interviews/;4648-NOZ-Urgestein_Harald_Pistorius, abgerufen 22. März 2023.
- Zur Praxis der Autorisierung: https://www.zeit.de/sport/2010-07/bierhoff-interview-stenger-presse-autorisierung, abgerufen 22. März 2023.

- Richtig schreiben für Journalisten: Schlankheitstipp Nummer 2 vom 12.06. 2020 auf Newsroom.de, https://www.newsroom.de/news/aktuelle-meldungen/ausbildung-13/richtig-schreiben-fuer-journalisten-schlankheitstipp-nummer-2-908692/, aufgerufen am 21. März 2023.

Gesprächspartner und -partnerinnen

- Frank Lußem, Leiter Sportredaktion West, „Kicker"

Stilblüten 36

Zusammenfassung

Zu den wichtigsten Aufgaben des Redakteurs gehört in der analogen, wie in der digitalen Welt das Redigieren von Texten – das drückt sich ja schon in der Berufsbezeichnung aus. Hier gibt es eine Sammlung der schönsten Stilblüten nach Art des „Hohl-Spiegels", wie er immer auf der vorletzten Seite des „Spiegels" erscheint.

Stichworte

Plattitüden, Redigieren, Lokalsport

36.1 Redigieren

Bernd Jolitz ist seit Jahrzehnten für den Düsseldorfer Lokalsport der „Rheinischen Post" zustandig. Bei den in der Regel von freien Mitarbeitern eingereichten Texten findet er immer wieder Formulierungen, die ihn den Kopf schütteln, öfter aber noch schmunzeln lassen. Oftmals ist der vermeintliche Zwang, Formulierungen aus der Sportsprache verwenden zu müssen, der Grund. Liebevoll und in aller Ruhe und Freundlichkeit weist Jolitz die Schreiber auf ihre, nun ja, Kuriositäten hin. Fehler unterlaufen uns allen. Und über Fehler darf man auch mal lachen – und sich sogar lustig machen. Am besten ist aber, wenn man aus ihnen lernt. Dank Jolitz' Aufmerksamkeit ist keine dieser Stilblüten im Blatt oder online erschienen.

Und: Einige der (anonymisierten) Autoren sind heute in herausgehobenen Stellungen bei bedeutenden Medienhäusern tätig.

36.2 Düsseldorfer Blüten

Hier eine Auswahl aus seiner Sammlung, die sein Kollege Ulf May begonnen hatte:

- Die jungen und zum Teil hübschen Damen des TuS Rheinfranken …
- Was wir in diesen Wochen über uns ergehen lassen mussten, war Rufmordschädigung.
- Die Lücke im Etat von 250 000 Euro soll bald in trockenen Tüchern sein.
- Gegen Menden siegten die Rams in heimlicher Halle 8:3.
- Trotzdem will P. die Operation Titelverteidigung noch nicht ganz abhacken.
- Jetzt werden die Würfel wieder neu gemischt.
- Mit dem 6:4-Satzgewinn machten R./G. den Sack perfekt.
- Das 1:2 sorgte für die endgültige Vorentscheidung.
- In einem Klub, wo vor nicht allzu langer Zeit weibliche Bundesligaluft wehte.
- Heike H. beendet heute ihre fast über 20-jährige Fußballkarriere.
- S. fordert von seinen Spielern, die Arme hochzukrempeln.
- Christian L. steht mit einer Schleimbeutelentzündung im rechten Knie der Trainerin immer noch nicht zur Verfügung.
- Der VfL Benrath will das Glück bezwingen.
- Ein Schlaganfall Weihnachten 2000 beendete ihre Karriere als Tennisspielerin und Autofahrerin.
- Definitiv verzichten muss er wahrscheinlich auf Torjägerin Anne-Marie S.
- Alexander O. entpuppte sich in diesen beiden Spielen als Torjäger par Echselanze und erzielte elf Tore.
- Am sechsten von vier Spieltagen der Radball-Verbandsliga mussten sich die Düsseldorfer mit zwei Siegen zufriedengeben.
- Die Metro stellt der DEG dem Vernehmen nach jährlich einen Betrag in geringem siebenstelligen Millionenbereich zur Verfügung.
- Die 32 Grad Außentemperatur und die hohe Luftfeuchtigkeit in Zweibrücken lähmten den Kampfgeist zusätzlich. Bei E. schwappte der Scheiß sogar aus den Inline-Skatern heraus.
- Das Sorgenkind ist die dünne Personaldecke.
- Beim DSC geben sich gute und schlechte Spiele die Klinke in die Hand.

Expertinnen und Experten 37

Folgende Journalistinnen und Journalisten u. a. haben dankenswerterweise in ausführlichen Gesprächen wesentliche Inhalte für dieses Buch beigesteuert (alphabetische Reihenfolge):

- Jessica Balleer, Deutsche Sporthochschule, Köln
- Tom Bartels, ARD, Köln
- Felix Becker, Redakteur WDR („Sport inside")
- Christoph Bertling, stv. Leiter, Institut für Kommunikations- und Medienforschung, Deutsche Sporthochschule Köln
- Christoph Biermann, Redaktionsmitglied „11Freunde" und Buchautor
- Lovis Binder, Journalist, Sportschau und Funk
- Clemens Boisserée, Leiter redaktionelle Produktentwicklung, „Rheinische Post", Düsseldorf
- Frank Buschmann, Sportmoderator, SKY, RTL
- Rafael Buschmann, Leiter Investigativteam, „Der Spiegel", Hamburg
- Denis Canalp, Leiter Sportredaktion, „express.de", Köln
- Gregor Derichs, Geschäftsführer D&G, Köln
- Christoph Dernbach, dpa
- Dominik Dünwald, Redakteur, WDR, Köln
- Ralph Durry, Fußballchef, Sportinformationsdienst, Köln
- Christian Eißner, Leitender Redaktionscoach, „Lesewert", Dresden
- Sven Gösmann, dpa, Berlin
- Pit Gottschalk, Chefredakteur, Sport1, München
- Dirk Graalmann, geschäftsführender Gesellschafter D&G, Köln

© Der/die Autor(en), exklusiv lizenziert an Springer Fachmedien Wiesbaden GmbH, ein Teil von Springer Nature 2023
M. Beils, *Sportjournalismus*, Journalistische Praxis,
https://doi.org/10.1007/978-3-658-40904-3_37

- Anno Hecker, Verantwortlicher Redakteur, Sport, „Frankfurter Allgemeine Zeitung", Frankfurt
- Christian Hollmann, Leiter Sportredaktion, dpa, Berlin
- Froben Homburger, dpa
- Bernd Jolitz, Lokalsport, Rheinische Post, Düsseldorf
- Christian Kamp, „Frankfurter Allgemeinen Zeitung"
- Stephan Klemm, redaktionelle Koordination, „Kölner Stadt-Anzeiger", Köln
- Stefan Klüttermann, Leiter Sportredaktion, „Rheinische Post", Düsseldorf
- Norbert Küpper, Zeitungsdesign, Meerbusch
- Frank Lußem, Leiter Sportredaktion West, „Kicker", Frechen
- Andreas Mayer, Geschäftsführer, Redaktionsbüro Fred Wipperfürth, Köln
- Nina Probst, sportfrauen.net, Augsburg
- Shary Reeves, Moderatorin, u. a. Champions League und „Wissen macht Ah!"
- Ronald Reng, Buchautor und Journalist, Bozen/Südtirol
- Frank Rumpf, dpa
- Holger Schmidt, Leiter Sportredaktion West, dpa, Düsseldorf
- Reinhard Schüssler, ehemaliger Sportchef der Neuen Rhein-/Neuen Ruhr-Zeitung
- Jörn Verleger, Präsident Internationaler Faustballverband, München
- Martin Volkmar, Chef vom Dienst, ran, München
- Gerhard Vowe, Universität Düsseldorf
- Benedikt Wenck, dpa, Köln
- Oliver Wurm, Sportjournalist und Publizist

Als Käufer dieses Buches können Sie kostenlos das eBook zum Buch nutzen. Sie können es dauerhaft in Ihrem persönlichen, digitalen Bücherregal auf **springer.com** speichern oder auf Ihren PC/Tablet/eReader downloaden.

Gehen Sie bitte wie folgt vor:
1. Gehen Sie zu **springer.com/shop** und suchen Sie das vorliegende Buch (am schnellsten über die Eingabe der eISBN).
2. Legen Sie es in den Warenkorb und klicken Sie dann auf: **zum Einkaufswagen/zur Kasse.**
3. Geben Sie den untenstehenden Coupon ein. In der Bestellübersicht wird damit das eBook mit 0 Euro ausgewiesen, ist also kostenlos für Sie.
4. Gehen Sie weiter **zur Kasse** und schließen den Vorgang ab.
5. Sie können das eBook nun downloaden und auf einem Gerät Ihrer Wahl lesen. Das eBook bleibt dauerhaft in Ihrem digitalen Bücherregal gespeichert.

EBOOK INSIDE

eISBN 978-3-658-40904-3
Ihr persönlicher Coupon

Sollte der Coupon fehlen oder nicht funktionieren, senden Sie uns bitte eine E-Mail mit dem Betreff: **eBook inside** an **customerservice@springer.com**.

The manufacturer's authorised representative in the EU is Springer Nature Customer Service Centre GmbH, Europaplatz 3, 69115 Heidelberg, Germany. If you have any concerns regarding our products, please contact ProductSafety@springernature.com

Printed and bound by CPI Group (UK) Ltd, Croydon, CR0 4YY
25/03/2026
02078182-0006